工业和信息化普通高等教育
“十三五”规划教材立项项目

U0615367

ENTERPRENEURIAL MANAGEMENT

创业管理
——理论、方法与案例

✚ 郎宏文 安宁 郝婷 编著

ECONOMICS AND MANAGEMENT

人民邮电出版社
北京

图书在版编目（CIP）数据

创业管理 ：理论、方法与案例 / 郎宏文，安宁，郝婷编著. -- 北京 ：人民邮电出版社，2016.8（2019.7重印）
21世纪高等学校经济管理类规划教材. 高校系列
ISBN 978-7-115-42828-8

Ⅰ. ①创… Ⅱ. ①郎… ②安… ③郝… Ⅲ. ①企业管理－高等学校－教材 Ⅳ. ①F270

中国版本图书馆CIP数据核字(2016)第136622号

内 容 提 要

创业基础知识是创业者知识结构中必备的组成部分。本书比较全面系统地阐述了创业管理的基本理论和方法，具有较强的实用性和操作性。本书主要内容包括导论、创业者与创业团队、创业机会与创业风险、创业资源与融资管理、商业模式的开发与评估、新企业设立、商业计划书、初创企业管理、企业成长管理、企业再创业管理十个部分。全书围绕创业者在创业过程中不同阶段所遇到的实际问题进行编写，涵盖了创业管理中的主要核心内容。

本书可作为大学生创业类课程的教材，适合本科生和研究生使用，也可作为广大创业者及相关研究、管理人员的参考书，以及大学生创业大赛和各种创业培训项目的培训教材。

◆ 编　　著　郎宏文　安　宁　郝　婷
责任编辑　许金霞
责任印制　沈　蓉　彭志环

◆ 人民邮电出版社出版发行　　北京市丰台区成寿寺路 11 号
邮编　100164　　电子邮件　315@ptpress.com.cn
网址　http://www.ptpress.com.cn
北京捷迅佳彩印刷有限公司印刷

◆ 开本：700×1000　1/16
印张：15.5　　2016 年 8 月第 1 版
字数：337 千字　　2019 年 7 月北京第 2 次印刷

定价：38.00 元

读者服务热线：(010)81055256　印装质量热线：(010)81055316
反盗版热线：(010)81055315

前言 FOREWORD

在高等学校开展创业教育，是服务国家加快转变经济发展方式、建设创新型国家和人力资源强国的战略举措。当前，我们已经进入创业时代，自主创业和创新已成为经济发展的重要引擎。据《2015 中国统计年鉴》数据，截至 2014 年年底，我国私营企业已达 1546.4 万户（其中投资者有 2963.1 万人），个体工商户已达 4984.1 万户，在私营企业和个体工商户中就业的人数已达 24975 万人。与《2010 中国统计年鉴》中的 2009 年年底数据相比，五年间私营企业户数增长了 108.9%（其中投资者增加了 79.5%），个体工商户增长了 55.9%，在私营企业和个体工商户中就业的人数增加了 64.4%。一个大众创业、万众创新的时代已经来临。

为深入贯彻落实《国家中长期教育改革和发展规划纲要（2010～2020 年）》以及教育部《关于全面提高高等教育质量的若干意见》（教高〔2012〕4 号）精神，推动高等学校创业教育科学化、制度化、规范化建设，切实加强普通高等学校创业教育工作，2012 年 8 月教育部办公厅印发了《普通本科学校创业教育教学基本要求（试行）》，要求学校通过创业教育教学，使学生掌握创业的基础知识和基本理论，熟悉创业的基本流程和方法，了解创业的法律法规和相关政策，激发学生的创业意识，提高学生的社会责任感、创新和创业能力，促进学生创业就业和全面发展。2015 年 5 月，国务院办公厅颁布了《关于深化高等学校创新创业教育改革的实施意见》（国办发〔2015〕36 号），指出要坚持创新引领创业、创业带动就业，主动适应经济发展新常态，要使学生的创新精神、创业意识和创新创业能力明显增强，加快培养规模宏大、富有创新精神、勇于投身实践的创新创业人才队伍，为建设创新型国家，实现“两个一百年”奋斗目标和中华民族伟大复兴的“中国梦”提供强大的人才智力支撑。

在这样的宏观背景下，学习创业基础知识、锻炼创业能力、培养创业精神成为学校创业教学的重要内容。深入研究新创企业的创业规律，既有扩展已有创业创新理论的学术价值，又有提升新创企业创新能力和促进创业活动开展的现实意义。

本书是为希望了解创业过程和创业知识的读者而编写的，以培养和强化创业精神，锻炼和提升创业能力为主要目的。学习本书并不一定是让读者都去创建自己的企业，重点在于传授给读者创业知识，培养创业思维，使之了解创业活动过程的内在规律与所涉及的关键问题，以及可能遇到的困难和风险，帮助其理性地规划职业发展路径。许多技术创业者失败的原因不是缺乏技术，也不是开发的产品没有市场，而是他们不知道如何将技术变成满足社会需求的商品，无法实现其社会价值。缺乏创业知识和技能，对创业过程不了解，可能就会导致创业活动的失败。学习创业管理并不一定能保证创业者获得成功，但可以降低创业失败的风险，这就是创业教育的贡献。

本书主要介绍了创业、创新与创业管理三者的关系，成为一个合格的创业者需要做哪些准备，如何发现适合自己的创业机会，如何设计新企业的商业模式，如何组建团队，创业过程中如何筹措资金，需要注意哪些法律问题，以及如何管理新企业及让新企业不断成长和创新等。

本书围绕创业者在创业过程不同阶段所遇到的实际问题进行编写，全书涵盖了创业管理中的主要核心内容。根据教学需要，本书在每章前设定了学习目标，在每章后给予总结，并设置了思考题和案例讨论，使相关知识得以拓展和延伸。本书的主要特点是：关注理论知识的系统性，注重案例与理论的紧密结合，强调创新，突出实用性。

本书的编写参考和引用了国内外许多专家和学者的著作与经典案例，吸取了国内外最新的管理技术和研究成果，在此我们向原作者以及所有帮助过我们的人表示深切的敬意和谢意。

编　者

2016 年 6 月

目录 CONTENTS

第1章 导论

有研究表明，人的创造力在24~40岁最佳。牛顿发现万有引力定律时24岁，爱因斯坦发表相对论时26岁，比尔·盖茨创立微软公司时年仅19岁。“大众创业、万众创新”如今已经成为时代发展的最强音。青年人，作为社会中最具创造力的群体，是国家创新创业的生力军，理应用实际行动回应时代最强音的召唤。这既是当代青年人自我实现的内在需求，也是现实经济环境下国家赋予青年人的历史使命。虽然并非每个青年人都能取得辉煌的成就，但如果不在创造力最旺盛的年纪去做一些自我超越与突破的尝试，难免会留下人生的遗憾。青年人，你们准备好了吗？

学习目标

（1）掌握创业的概念、行为逻辑。

（2）掌握创业过程中的关键要素及其作用。

（3）掌握创业管理的涵义、特点及其与传统企业管理的区别。

（4）了解创新的涵义、方法及其与创业管理的关系。

（5）掌握创业的基本类型。

1.1 创业与创业管理

1.1.1 创业的概念

“创业”本意是“创立基业”“创建功业”。《孟子·梁惠王下》有“君子创业垂统，为可继也”，把创建功业与一脉相承、流传后世联系起来。

在英文中“创业”有两种表述方式，一是“Venture”，二是“Entrepreneurship”。使用“Venture”比使用“Entrepreneurship”更能揭示“创建企业”这一动态过程，在现代企业创业领域，往往用“Venture”来指“创业”正在呈增长态势，“Entrepreneurship”则主要表示静态的“创业状态”或“创业活动”，是从“企业家”“创业者”的角度来理解“创业”的。

从范围上讲，创业有广义和狭义之分。

广义的创业，泛指人类一切带有开拓意义的社会变革活动。它涉及的领域非常广阔，无论政治、经济、军事，还是文化艺术事业，只要人们从事的是前无古人的事业，都可称之为创业，如苏联的社会主义革命，开创了社会主义事业。

狭义的创业，是指个人或群体从事的具有创新或以创造性地增加财富为目标的活动过程。这种活动过程也许早有人从事过，但对于创业者本身来说，则是从未经历过，需从头开始的事业。如柳传志创办联想集团、张朝阳创建“搜狐”网站、刘永好创建希望集团，都属于狭义上的创业。创业管理学研究的就是这种狭义上的创业活动。

创业是一个跨学科、多层面的复杂现象，国内外许多学者从不同视角对其进行了大量的观察和研究，但学术界对创业的定义迄今还未达成共识。本书认为，创业是通过必要的时间和努力，发现与把握商业机会，通过创建企业或创新企业组织结构，筹集并配置各种资源，将新颖的产品或服务推向市场，最终实现企业经济价值和社会价值的过程。

1.1.2 创业的行为逻辑

创业与众不同的行为逻辑也是其区别于常规活动的一个极其重要的维度。创业活动与人们所熟悉的一般活动相比，在一开始就要受到资金、人员、设备、品牌、渠道等各种资源的刚性条件约束，致使创业的成功运行很难遵循普通的逻辑思路，而是要遵循一种非常独特的“手段→目的”关系。这种“手段→目的”关系截然不同于既有企业或人们通常习惯的“目的→手段”关系，是一种通过撬动资源以应对复杂、动态、多解的生存空间并求得快速发展的行为逻辑。美国亚利桑那州立大学的 Sarasvathy 教授对此进行了开拓性的探索和精彩的比较分析，并已在国际学术界引起了强烈的反响和关注，如表 1-1 所示。

表 1-1 创业活动的行为逻辑

项 目	既有企业或通常的行为逻辑	创业活动的行为逻辑
对未来的认识	预测：把未来看作过去的延续，可以进行有效预测	创造：未来是人们主动行动的某种偶然结果，预测是不重要的，人们要做的是如何创造未来
行为的原因	应该：以利益最大化为标准，通过分析决定做什么	能够：做你能够做的，而不是根据预测的结果去做你应该做的
采取行动的出发点	目标：从总目标开始，总目标决定了子目标，子目标决定了要采取哪些行动	手段：从现有的手段开始，设想能够利用这些手段采取什么行动，实现什么目标；这些子目标最终结合起来构成总目标
行动路径的选择	既定承诺：根据对既定目标的承诺来选择行动的路径	偶然性：选择现在的路径是为了使以后能出现更多更好的途径，因此路径可能随时变
对风险的态度	预期的回报：更关心预期回报，寻求能使利益最大的机会，而不是降低风险	可承受的损失：在可承受的范围内采取行动，不去冒超出自己承受能力的风险
对其他公司的态度	竞争：强调竞争关系，根据需要对顾客和供应商承担有限责任	伙伴：强调合作，与顾客、供应商甚至潜在的竞争者共同创造未来的市场

1.1.3 创业过程的关键要素

创业过程拥有一些关键要素，它们是创业过程的推动力量。抓住了这些要素，有利于从更高层次理清创业过程的发展特征，推进创业过程。

1．创业机会

创业开始于对某一个富有价值的创业机会的发现。面对众多看似有价值的创意，如何从中发现真正具有商业价值和市场潜力的机会，进而寻找与机会匹配的发展模式，需要审慎而独到的眼光，这是创业成功的基本保证。

2．创业资源

创业者获取创业资源的最终目的是组织这些资源来开发创业机会。在创业过程中，如果没有足够的创业资源，即使出现了大好的创业机会，创业者也难以迅速抓住，而有价值的机会往往是转瞬即逝的。为此，创业者要竭力设计精巧的创意，用谨慎的战略，以便合理利用和控制资源。

3．创业团队

人是创业活动的主体，而创业活动的复杂性决定了所有的事物不可能由一个创业者完全包揽，必须通过组建分工明确的创业团队来完成。创业团队的优劣，基本上决定了创业是否成功。

创业机会、创业资源和创业团队是创业过程的三个关键要素，蒂蒙斯采用三要素的动态平衡过程来总结创业过程的动态性与复杂性，提出了一个影响深远的创业过程理论模型，如图 1-1 所示。

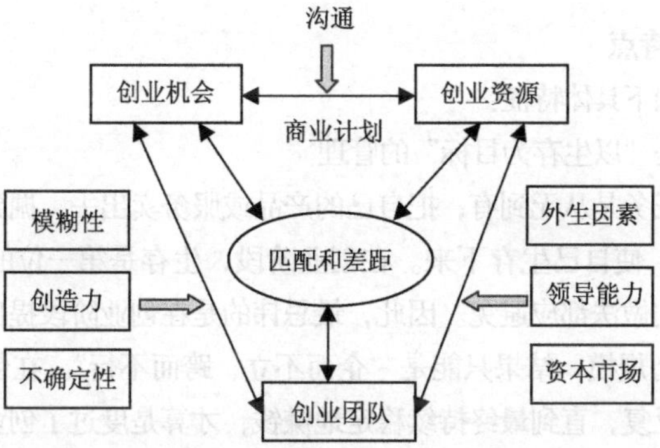

图 1–1　蒂蒙斯创业过程理论模型

蒂蒙斯认为，创业过程是创业机会、创业团队和创业资源之间适当配置的高度动态平衡过程，创业机会、创业资源与创业团队是创业过程的关键构成要素，其中创业机会是创业过程的核心要素，创业过程实质上是发现与开发创业机会的过程；创业资源是创业过程的必要支持，是开发商业机会谋求收益的基础；创业团队是在创业过程中发现和开发机会、整合资源的主体，是新创企业的关键构成要素。随着时空变迁，机会模糊性、市场不确定性、资本市场风险以及外在环境等因素对创业活动的冲击，创业过程充满风险与不确定性，创业机会、创业团队和创业资源三要素也会因相对地位的变化而产生失衡现象，此时创业团队扮演着调整活动重心以获得创业机会和创业资源相对平衡的核心决策者角色；创业初期机会挖掘与选择是关键，创业团队的决策重心在于迅速整合资源以抓住创业机会；随着新企业的创立与成长，资源日渐丰富，企业面临更为复杂的竞争环境与市场环境，创业团队的决策重心转向合理配置资源以提高资源使用效率，构建规范管理体系以及抵抗外部竞争与不确定性等活动。

1.1.4 创业管理

1. 创业管理的涵义

所谓创业管理（Entrepreneurial Management），是指白手起家，依靠自有资金或风险投资，使新事业开始赚钱并进入良性循环的管理方式。

从创业管理的过程性内涵来讲，可以大致划分为三个阶段：第一阶段，企业创建阶段。这涉及创业团队的管理、商业计划书、商业模式选择等问题。第二阶段，企业成长阶段。新企业创建之后，就要考虑如何在市场经济环境下存活。这涉及营销、策略等方面的内容。第三阶段，创建的新企业在市场中生存下来以后，就转向一个靠组织制度化的措施促进其健康成长的阶段。这时，企业就面临一个制度化建设的问题。

创业管理是促使人们像企业家那样思考和行动的管理系统，是把握机会并创造新价值的行为过程。创业管理并不局限于某一单独类型的企业，它适用于一切组织，包括营利组织和非营利组织。

2. 创业管理特点

创业管理具有如下具体特征：

（1）创业管理是“以生存为目标”的管理

新事业的首要任务是从无到有，把自己的产品或服务卖出去，掘到第一桶金，从而在市场上找到立足点，使自己生存下来。在创业阶段，生存是第一位的，一切围绕生存运作，一切危及生存的做法都应避免。因此，最忌讳的是在创业阶段提出不切实际的扩张目标，盲目铺摊子、上规模，结果只能是“企而不立，跨而不行”。在创业阶段，亏损与赚钱可能要经历多次反复，直到最终持续稳定地赚钱，才算是度过了创业的生存阶段。把赚钱作为唯一标志，还因为只有开始持续赚钱，才能证明新事业探索到了可靠的商业模式（Business Model），因此才有了追加投资的价值。

（2）创业管理是“主要依靠自有资金创造自由现金流”的管理

现金对企业来说就像人的血液，企业可以承受暂时的亏损，但不能承受现金流的中断，这也是创业强调“赚钱”而不是“盈利”的原因。什么是企业的自由现金流呢？就是不包括融资、资本支出，以及纳税和利息支出的经营活动净现金流。自由现金流一旦出现赤字，企业将发生偿债危机，甚至可能破产。自由现金流的规模直接反映了企业的赚钱能力，它不但是企业创业阶段，而且是成长阶段管理的重点，区别在于对创业管理来说，由于融资条件苛刻，只能主要依靠自有资金运作来创造自由现金流，从而管理难度更大。创业管理要求创业者必须锱铢必较，花企业的钱就是花自己的钱，千方百计增收节支、加速周转、控制发展节奏。

（3）创业管理是充分调动“所有的人做所有的事”的团队管理

新企业在初创时，尽管建立了正式的部门结构，但很少有按正式组织方式运作的。典型的情况是，虽然有名义上的分工，但运作起来哪急、哪紧、哪需要，就都往哪里去。这种状态看似“混乱”，实际是一种高度“有序”的状态。每个人都清楚组织的目标和自己应当如何为组织目标做贡献，没有人计较得失，没有人计较越权或越级，相互之间只有角色的划分，没有职位的区别，这才叫团队。这种运作方式可培养出团队精神、奉献精神和忠诚。即使将来事业发展，组织规范化了，这种精神仍然存在，成为企业的文化。在创业阶段，创业者必须尽力使新事业部门成为真正的团队，否则是很难成功的。这种在创业时期锻炼出来的团队凝聚力，是经理人将来领导大企业高层管理班子的基础。

（4）创业管理是一种“经理人亲自深入运作细节”的管理

经历过创业的经理人大多有过这样的体验：曾经直接向顾客推销过产品，亲自与供应商谈判过折扣，亲自到车间追踪过顾客急要的订单，在库房里卸过货、装过车，跑过银行，催过账，策划过新产品方案，制订过工资计划，被经销商骗过，让顾客当面训斥过等。这才叫创业，要不一切怎么会从无到有？对经营全过程的细节了如指掌，才使得生意越做越精，以至于有些创业者和经理人，在企业做大后仍然对关键细节事必躬亲，不能有效地授权，反而成了一种缺点。细节是关键，生意不赚钱，就是因为在细节上下的功夫不够。

（5）创业管理是奉行“顾客至上、诚信为本”的管理

创业的第一步，就是把企业的产品或服务卖给顾客，这真是一种惊险的跨越，如果不是顾客肯付钱，怎么收回成本并带来利润？企业是发自生存的需要把顾客当成衣食父母的。经历过创业艰难的企业家和经理人，一生都会把顾客放在第一位，可以说是刻骨铭心的。再有，谁会借钱给没听说过的企业？谁会买没听说过的企业的产品？谁会加入没听说过的企业？企业靠什么迈出这三步？靠的是诚信，也只有靠诚信。所以，一个企业的核心价值观不是后人杜撰的，是创业阶段自然形成的。创业管理是在塑造企业。

3. 创业管理与传统企业管理的区别

创业管理属于企业管理活动的范畴，但又不同于传统企业管理，表 1-2 体现了它们之间的区别。

表 1-2　创业管理与传统企业管理的区别

项目	创业管理	传统企业管理
时代背景	从工业社会向消费社会的转变，从工业社会向信息社会的转变，产生创业管理	产生、成熟于机器大工业时代
管理范式	产品生命周期缩短，重点是如何快速进入和退出市场，迅速推出升级产品，竞争关键转向产品生命周期的前端	聚焦于商品，技术导向型，研发、设计、工程、大批量制造、大市场、大规模操作、自动化和专业化是重要因素
作用对象	以不同层次的新建事业以及新的创业活动为对象；关注如何为企业延续注入创业精神和创新活力，增强企业的战略管理柔性和竞争优势	以现有的大公司为研究对象；侧重向人们提供在现存大企业中开展管理工作所需要的知识和技能

续表

项目	创业管理	传统企业管理
出发点	通过寻找机会取得迅速的成功与成长	效率和效益
内容体系	在不成熟的组织体制下，更多地依靠团队的力量，靠创新和理性冒险来实现新事业的起步与发展；围绕如何识别机会、开发机会、利用机会展开	通过计划、组织、领导和控制实现生产经营

可见，创业管理与传统企业管理有较大差异，它是一种综合性、不确定性及动态性的管理，是更加复杂的企业管理工作。

4. 创业管理的基本过程

企业的成长是一个持续的过程，很难在时间上严格区分各个阶段，也很难预测从创业到守业的转折点。为了便于理解，不妨将创业过程理解为企业种子期→启动期→成长期→成熟期过渡的过程。

（1）第一阶段——种子期

种子期也就是新创企业的萌芽期，是创业者为成立企业做准备的阶段。这一阶段的主要特征有：企业的事业内容是作为“种子”的创意或意向，尚未形成商业计划；产品（服务）、营销模式都没有确定下来；创业资金也没有落实；创业者之间虽然已经形成合作意向，但是并没有形成创业团队。由于此时企业尚处于“构想”之中，创业者需要投入相当多的精力从事以下工作：验证其创意的商业可行性并评估风险；确定产品（服务）的市场定位；确定企业组织管理模式并组建管理团队；筹集资本以及准备企业注册设立事宜；等等。

（2）第二阶段——启动期

新创企业成长的第二阶段为起步期，以完成注册登记为开始标志。在这一时期，企业已经确定业务内容，并按照创业计划向市场提供产品和服务，但是业务量较小，市场对产品和企业的认知程度较低。该时期创业活动的特征为：企业已经注册成立；产品（服务）已经开发出来，处于试销阶段；商业计划已经完成，并开始进行融资；人员逐渐增多，创业团队的分工日益明确；等等。与上述特点相对应，新创企业在启动期的创业活动主要围绕着以下方面进行：根据试销情况进一步完善产品（服务），确立市场营销管理模式；形成管理体系，扩充管理团队；撰写商业计划书，筹集起步资本等。

（3）第三阶段——成长期

新创企业的成长期是指从完成启动走向成熟的时期。成长期的特征主要表现在以下几个方面：产品进入市场并得到认可，生产和销售均呈现上升势头，产量提高导致生产成本下降，而市场对产品或服务的认可又能够促进销售，从而形成良性循环；管理逐渐系统化，随着企业规模的扩大和人员的增加，各个部门之间的分工越来越明确；企业的研究开发和技术创新能力不断增强，部分企业开始实施多元化战略；企业的产品和服务形成系列，并逐渐形成品牌；企业的声誉和品牌价值得到提升。该时期的创业活动主要涉及以下几项内容：根据市场开发情况，尽快确定相对成熟的市场营销模式；适应不断扩张的市场规模和生产规模的需要，进一步完善企业管理，并考虑企业系列产品的开发或进行新产品开发；根据企业的实际情况，及时调整企业的经营战略；募集营运资本等。

（4）第四阶段——成熟期

新创企业从启动到成熟不是一蹴而就的，而需要一个逐步发展的过程。一般来说，当企业经过启动阶段之后，随着产品市场占有率的上升，会有一个快速成长的过程。但是快速成长并不会一直持续下去，当正现金流出现的时候，企业会进入稳步增长时期；当企业成长开始稳定之后，产品在市场上的影响力逐步扩大，产品品牌优势形成，企业就开始走向成熟阶段。

种子期→启动期→成长期→成熟期创业管理的基本过程如图 1-2 所示。

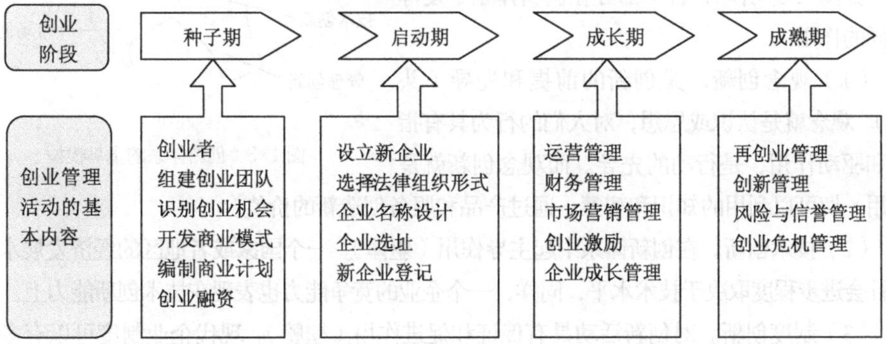

图 1-2 创业管理的基本过程

1.2 创新与创业管理

1.2.1 创新的概念

在英文中，创新（Innovation）一词起源于拉丁语。它的原意有三层含义：更新、创造新的东西、改变。创新作为一种理论，形成于 20 世纪，奥地利经济学家约瑟夫·熊彼特在 1912 年第一次把创新引入了经济领域。按照熊彼特的观点，所谓“创新”，就是“建立一种新的生产函数”，也就是说，把一种从来没有过的关于生产要素和生产条件的“新组合”引入生产体系，它包括以下五种情况：①引进新产品；②引用新技术，即新的生产方法；③开辟新市场；④控制原材料的新供应来源；⑤实现企业的新组织。可以说，熊彼特从企业的角度提出了创新的五个方面：产品创新、工艺创新、市场开拓创新、要素创新、制度创新。在约瑟夫·熊彼特的创新理论中，“创新”不是一个技术概念，而是一个经济概念；创新严格区别于技术发明，它是把现成的技术革新引入经济组织，形成新的经济能力。熊彼特把新组合的实现称为企业，把以实现新组合为基本职能的人们称为企业家。

1.2.2 创新的体系与方法

1. 创新体系

熊彼特的创新理论不仅对当代西方经济增长和经济发展有重要影响，而且其追随者还把他的理论发展成当代西方创新经济学的两个分支，即以技术变革和技术推广为研究对象的技术创新经济理论，以及以制度变革及制度形成为研究对象的制度创新经济理论。美国管理大师德鲁克在 20 世纪 50 年代把创新引进管理领域，认为创新就是赋予资源以新的创造财富能力的行为。

一个较为完整的创新体系是由观念创新、技术创新、制度创新、市场创新和管理创新组成的，如图 1-3 所示，各个部分在创新体系中发挥不同的作用。

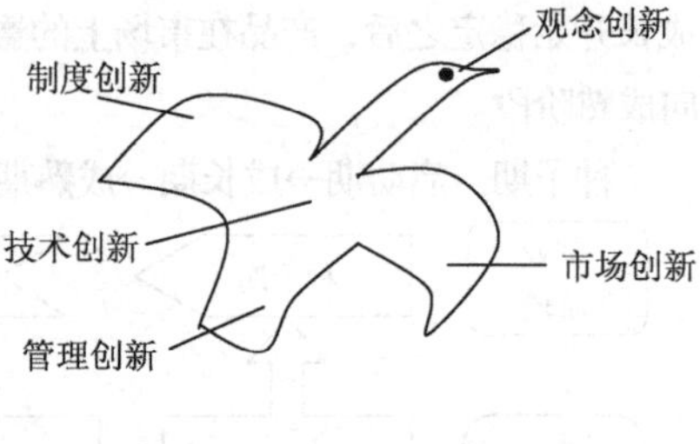

图 1-3　创新体系的飞鸟模型

（1）观念创新。是创新的前提和先导（头部）。观念就是认识或思想，对人们的行为具有指导和驱动作用，是行动的先导。而观念创新就是利用一切可以利用的知识和智慧，通过产品和服务创造新的价值。

（2）技术创新。在创新体系中起主导作用（躯体）。一个国家或者地区的经济发展水平和社会进步程度取决于技术水平，同样，一个企业的竞争能力也表现在技术创新能力上。

（3）制度创新。对创新活动具有保证和促进作用（翅膀）。现代企业制度可以有多种多样的形式，但是应该根据创新的需要进行及时调整，所以说制度创新是创新的保证。

（4）市场创新。对创新活动具有导向和检验作用（翅膀）。创新活动既要以满足市场需求为出发点，又需要市场来检验。

（5）管理创新。对创新体系起协调和整合作用（尾巴）。创新是一个系统工程，涉及企业的方方面面，管理创新的目的就是对各要素之间的关系进行协调和整合，使之形成一种合力。只有这样，才能做到“整体大于部分之和”。

2. 创新的基本方法

（1）组合创新法

组合创新法是将已有知识作为媒介，把不同的知识或要素结合起来，或者把不同功能的产品巧妙组合在一起的创新方法。它包括以下三种方法。

第一种，优点组合创新法。就是将各种产品的优点集中起来进行创新的方法。比如，中国台北的陈浩林将中国常使用的火锅形状和构造予以改良，即在中国式火锅放炭的地方接根电热丝，然后卖给日本著名的三菱电机公司，得到了 120 万日元的报酬。三菱电机公司将其命名为“三菱电器火锅”并推向市场，成为三菱电机公司最畅销的产品，获得了可观的利润。

第二种，多功能组合创新法。追求多功能是一条重要的创新捷径。功能的增加是相对于过去功能不多的老产品而言的，但功能的增加又不一定是由于原有产品或经营方式有明显缺陷。它主要是从组合创新的思路出发，有意识地提出新的要求，从而激发更多的创新思路。运用组合创新法进行产品创新，可以有多种思路：产品的材料、产品的颜色、产品的体积、产品的功能等。仅以产品功能为线索，从增加功能的角度考虑，也可以产生许多组合创新的思路。比如多媒体电视机，可以将收音机、电视机、录像机、VCD、电脑等功能集于一身，价钱又比分别购齐上述单机便宜很多，一定会受到消费者的欢迎。

第三种，主体附加创新法。这是以某一特定的对象为主体，然后置换成或插入其他附加事物，从而实现创新的方法。主体附加创新法常用两种方式：一是不改变主体的要素与结构，采用“纯粹”的附加。例如，电脑屏幕前的“保护屏”，摩托车上的里程表、后视镜、车筐等，每附加一种相关设计，同时也就增加了一些辅助功能或相关功能。二是添加附件前，主体内部结构要适当加以改变，以便使主体、附加物之间协调紧凑。如将盆景与壁灯的功能赋予一种新的结构，发明了盆景式壁灯。又如，某品牌台灯具有照明、播放音乐、收听广播、计算器、温度计等多项功能。

（2）模仿创新法

模仿创新是指在解剖他人样机的情况下，掌握他人设计、工艺、创造原理，吸取成功经验和失败教训，购买或破译领先者的核心技术和技术秘密，进而在此基础上加以技术创新，以改进产品性能或结构，提高产品质量，降低产品成本，从而确立竞争优势。开发一种全新的产品往往要耗费巨大的人力、物力、财力，而采用模仿创新则可以最小的代价获得最大的收益。因为它无需研究开发，无需市场调研；投资小，风险小。这方面的典型就是微型相机。几十年来，市场先驱莱卡（Leica）相机一直是技术和市场的领先者。后来日本厂商，特别是佳能（Canon）和尼康（Nikon）模仿德国技术并加以改进，还降低了价格。莱卡却置若罔闻，最终只落得个做配角的结局。

（3）移花接木创新法

移花接木，转而用之，这在产品设计中是经常被使用的。面包发酵后变得松软多孔，这是食品制作中司空见惯的事情，有一家橡胶厂的老板，却移花接木，将面包发泡技术移植到橡胶制造业，生产了松软多孔的海绵橡胶，一上市便获得了成功。再如海绵橡胶问世后，另一家企业从中得到启发，如法炮制出质坚而轻的“发泡水泥”，这种多孔水泥内含空气，是理想的隔热、隔音材料。“发泡”原理还可以一再被移接到其他物件上，每移接一次，都可以创造一种新的物品。现代工业设计中运用这种移花接木手段促使企业产品技术水平提高，无疑是一条成功的捷径，用这种方法创新产品，可以从以下三个方面进行。

第一，原理移植。将某种事物的工作原理转移到其他事物上。比如，内科看病常做验血检查，根据血液组织的变化就可以诊断病情。这样验血原理移植到工业生产，便产生了一种机器“验油”的新技术。这种新技术不必将汽车、机床全部拆卸，只需从车中取出少量润滑油，然后经过光谱分析，根据油的各种成分变化即可断定设备的磨损程度。

第二，方法移植。将军事上的“微波”技术移植到民用品，便产生了微波炉；将飞机“黑匣子”技术移用到火车、轮船和汽车上，就创造了能将交通实况自动记录的新装置。

第三，结构移植。将一物体的外形移植到另一物体上，例如从积木结构出发，人们开发了组合厨房、整体浴室等。又如将桥的结构移植到屋顶上，便产生了巨型无梁殿堂；将西欧房屋结构移植到我国的别墅群中，就产生了欧式花园；等等。

（4）联想创新法

联想创新法主要有类比联想创新法和功能变异联想创新法。

第一，类比联想创新法。即通过触类旁通、举一反三的类比联想进行创新的方法。常见的类比联想方法有六种：一是直接类比，即在自然界或者已有的成果中寻找与创造对象相类似的东西。如用仿生学原理设计飞机外壳、潜艇的体形，仿效蝙蝠超声波而提出超声波定向等。二是象征类比，即用具体事物来表示某种抽象概念或思想感情。该方法多用于建筑方面的设计。三是拟人类比，例如挖土机就是模拟人的手臂的动作设计的。四是因果类比，即两个事物的各个属性之间，可能存在某种因果关系，因而可以根据一个事物的因果关系，推出另一个事物的因果关系。如将面包发泡技术应用到橡胶制造工艺中，生产松软多孔的海绵橡胶，由此日本的铃木在水泥中加入一种发泡剂，使水泥也能变得既轻又具有隔热和隔音的性能，从而发明了气泡混凝土。五是对称类比，即通过对称关系进行类比，进行创新。如根据女士化妆品创造男士专用化妆品。六是综合类比，即各种事物属性之间的关系虽然很复杂，但可以综合它们相似的特征进行类比。如将一个模拟飞机在风洞中进行模拟飞行试验。

第二，功能变异联想创新法。即运用联想，捕风捉影，对现有产品和服务的功能进行变异性联想，并根据实际情况和具体需要加以适当地调整、改造、完善，从而构成一种有别于以往设计的创造性联想。如应用“氧气顶吹”技术对普通的电烤箱进行改造，使烤箱中食品和热源的位置颠倒，从而可以解决食品油脂下滴、电热丝使用寿命短的问题。如果在烤箱内增加抽气过滤层，就可减少大量油烟，使用起来更加清洁、方便。

（5）虚拟创新法

虚拟创新法即借助外力创新。比如，借助消费者的“口碑”，让用户为产品做宣传，就是这方面的典型。日本松下电器公司的董事长邀请有兴趣的消费者到公司参观生产设备、工艺流程、管理制度和质量标准等。参观者尤其是批发商或代销商，看到松下精良的机器设备、科学先进的工艺流程、严格的质量管理后，对松下产品交口称赞，松下电器的销售量也随之扶摇直上。邀请消费者到公司参观，还可以沟通双方的感情，直接听取用户的意见和建议，并以此不断改进和创新产品与服务，使之越来越符合消费者的要求，产品因而就越来越受顾客欢迎。

（6）机遇创新法

机遇创新法就是善于发现并抓住行为或事件中偶然出现的能够带来转变机遇的方法。如希腊船王奥纳西斯在 20 世纪 20 年代曾经营烟草生意，在 1929 年经济大萧条时期，他出人意料地以极低价格购买了一大批人们认为不景气的航海轮船。“二战”的爆发赐予他神奇的机会，奥纳西斯得到了石油运输权，利用他的船队很快成为“世界船王”。

（7）逆向思维创新法

逆向思维创新法又称反向思维法，它是从常规考虑解决问题的反面来探求解决问题的思路。在创新过程中，逆向思维创新法运用途径大致有 4 条：一是结构性反转，即从已有事物的相反结构形式去思考，设想新的技术创造。如日本的夏普公司就是突破“烧东西，火在下方”的思维定势，开发了烤鱼器，将电热丝装在鱼的上方，不仅达到了烤鱼的目的，而且减少了烧烤中的油烟。二是功能性反转，即从已有事物的相反功能去思考，设想新的技术创造或寻求解决问题的新途径。如日本索尼公司名誉董事长井深大在理发时从镜子里看到电视画面是反像的，由此他设想制造反画面电视机，不仅可供理发者、卧床病人观看，而且可供乒乓球训练者使用。三是角度性变换，即当某种技术目标或技术研究按常规思路从一个方向屡攻不下时，可以变换角度，从另一个方向甚至相反方向来思考，这样往往能打开新的思路，实现新的创造。我国古代“曹冲称象”的故事就是采用角度转换性变换思维方式的。四是缺点应用，即不以克服事物的缺点为目标，而是巧妙地利用缺点，创造新的技术、新的事物。

1.2.3 创新与创业管理的关系

1. 创新与创业的关系

成功的创业离不开创新。微软开发了 Windows 操作平台，极大地方便了计算机的使用者，改变了计算机只能由少数人操作的局面；英特尔公司开发了 CPU，极大地加快了计算机的计算速度。每个成功的创业者都注重创新，他们可能开发出新的产品和服务，可能找到了新的商业模式，也可能探索出了新的制度和管理方式，从而获得成功。尽管创新与创业密切相关，但两者也有着明显的区别，具体如下。

（1）从概念上看，创新与创业有各自明确的研究边界，两者不可等同。创新是建立一种新的生产函数，引进生产要素的“新组合”；而创业则是这种“新组合”的市场化或产业化的实现过程。

（2）从企业制度的角度分析，创新既可以是产品（服务）创新，也可以是营销模式创新，还可能是企业组织制度的创新。在这三个层面上的创新中，产品创新和营销模式创新都有可能在已有的企业组织框架内进行，这与“创建企业”这种最终涉及企业组织结构制度层面上的创新有着本质的区别。正是这种区别，构成了一般意义上的“企业家活动”与“创业活动”的不同。根据约瑟夫·熊彼特所列举“创新”的五种情况，其中①、②两项都属于产品创新范畴；③、④两项都属于营销模式的创新；只有第⑤项才涉及企业组织制度建设问题，才有可能与“创业”有关。

发明、创新、创业的关系如图 1-4 所示。

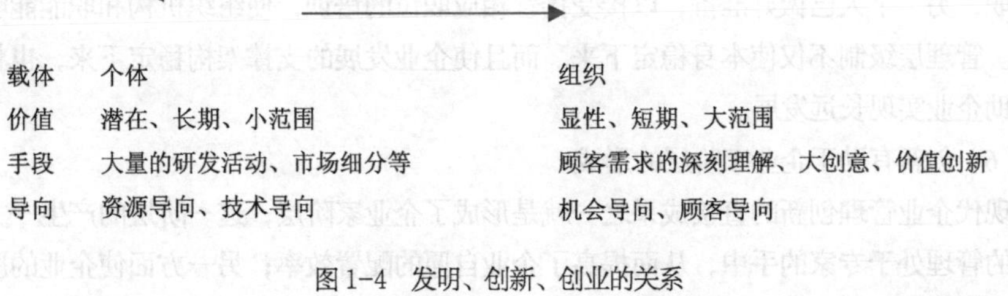

图 1-4 发明、创新、创业的关系

2. 创新与创业管理的关系

面对 21 世纪经济全球化、信息化和高新技术的迅猛发展，创新已日益成为企业发展的关键因素。企业的持续发展能力取决于企业的创新能力，而企业的创新能力主要取决于企业的创新意识，体现企业在制度层面、管理层面和技术层面的创新作为。

（1）创新是企业改善市场环境的重要手段

第一，通过产品创新，企业能够加速新技术、新材料在产品生产中的应用，提高产品质量，使产品功能更好地满足用户需要，使企业产品的竞争力提高，改变用户对企业的看法，从而改善现有市场的条件；第二，当企业技术创新成果是适销对路的新产品时，它会给企业带来新的用户，形成新的市场，从而可以在更广阔的市场中进行选择；第三，不断创新并获得成功的企业，一般是首次进入新的市场领域，它具有领先者的优势，在很大程度上决定着产品的价格、市场规模等。

（2）通过工艺创新，企业能加速新工艺在企业中的应用并降低成本、提高生产效率

改进产品或工程设计，开发或推广新工艺、新技术，改进或更新服务，提高工具系统的寿命等，可以节约原材料消耗，缩短生产周期或在相等的时间内生产更多产品，用较少劳动力生产更多产品或减少工人劳动时间而生产同样数量的产品。

（3）创新是企业全方位提高企业素质的较有效方式之一

第一，技术创新可以改善研制条件，提高研制能力，提高基本素质（要素素质和内部结构素质）；第二，组织创新和管理创新，可以提高对外适应能力，并通过对外部环境的有效影响，改善企业行为素质（企业系统内部要素对环境变化的适应和外部因素交互作用的特性）。

（4）创新是提高企业竞争力的根本途径

企业要发展，其产品就必须占领市场并扩大市场占有率。市场运行的法则是优胜劣汰，企业只有通过产品创新，才能生产出物美价廉的产品，只有通过市场营销创新，才能在市场中赢得顾客，占领市场，成为竞争的优胜者。

（5）创新是企业稳定与发展的重要力量

企业管理的有序化、高度集约化是企业稳定与发展的重要力量。我们一直认为管理和技术是企业发展的两个轮子，那么管理创新就是助力企业发展的发动机，管理创新的结果就是为企业提供更有效的管理方式、方法和手段。例如，管理层级制一旦形成并有效地实现了它的协调功能后，层级制本身也就变成了持久性、权力和持续成长的源泉。因为用来管理新兴多单位企业的层级型组织结构超越了工作于其间的个人和集团的限制，当一名经理离职，另一个人已做好准备，以接受接管相应职位的培训，使组织机构和职能能够保持运作。管理层级制不仅使本身稳定下来，而且使企业发展的支撑架构稳定下来，也将有效地帮助企业实现长远发展。

（6）创新有助于企业家阶层的形成

现代企业管理创新的直接成果之一就是形成了企业家阶层，这一阶层的产生一方面使企业的管理处于专家的手中，从而提高了企业自愿的配置效率；另一方面使企业的所有权

与经营权发生分离，推动了企业健康发展。钱德勒指出："当多单位工商企业在规模和经营多样化方面发展到一定水平，其经理变得越加职业化时，企业的管理就会和它的所有权分开。"职业经理层的形成对企业的发展有很大作用，因为企业的存续对其职业具有至关重要的作用，所以他们"宁愿选择能促使公司长期稳定和成长的政策，而不贪图眼前的最大利润"。职业企业家从这一角度，必然会进一步关注创新，重视企业管理创新，使职业经理人成为管理创新的积极推动者和勇敢实践者。

总之，从企业生存和发展实践来看，创新既有理论意义，又有非常重要的现实意义，创业企业需要不断加大管理创新的探索和实施力度，帮助企业持续占据市场竞争中的优势位置。

1.3 创业的主要类型

1.3.1 基于创业投入的分类

1．初始条件视角

创业者往往是在资源匮乏的情况下开展创业活动的，因此，研究创业活动的初始条件对分析创业活动的特点、预测创业活动的发展演变规律具有十分重要的意义。芝加哥大学的阿玛尔·毕海德（Amar V. Bhide）教授，从不确定性和投资两个初始条件构建了"投资—不确定性—利润"模型，如图 1-5 所示。在这个模型中，阿玛尔·毕海德将原创性的创业概括为 5 种类型，分别是边缘创业、冒险型的创业、与风险投资融合的创业、大公司的内部创业和革命性的创业。

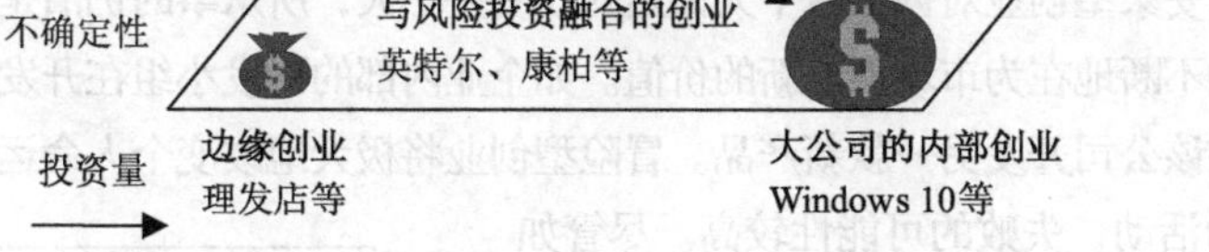

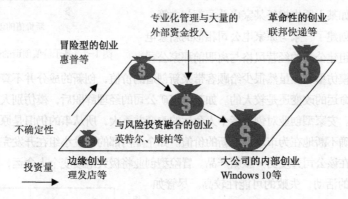

图 1-5 "投资-不确定性-利润"模型

2．衍生视角

从广义上讲，凡是从已有组织（企业、大学或科研机构）中产生的企业都可以称之为衍生企业。具体来说，衍生创业是指在现有组织中工作的个体或团队，脱离所服务的组织，凭借在过去工作中积累的经验和资源，独立开展创业活动的创业行为，如图 1-6 所示。

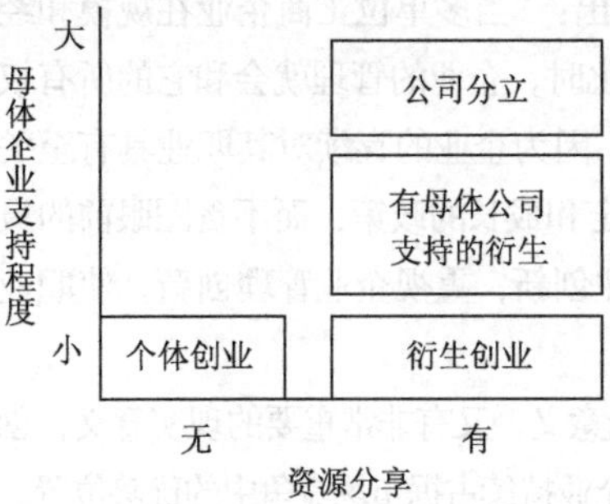

图 1-6　衍生创业

长期以来，衍生创业行为经常发生。1955 年，晶体管之父肖克利博士，离开贝尔实验室，在硅谷创建了肖克利半导体实验室，一时吸引了众多有才华的年轻科学家加入。1957 年，肖克利半导体实验室的 8 位杰出精英因不满肖克利的唯我独尊而集体出走，创办了仙童半导体公司（简称“仙童”）。之后，仙童利用半导体技术优势，在短时间内便成为硅谷成长最快的公司。同时，仙童还成为半导体技术人才的孵化器，一批批人才从仙童跳槽，在硅谷附近创办了众多衍生企业，其中有英特尔、国民半导体公司、AMD 等知名的大公司。一时间，个人创业成为硅谷的潮流，正如苹果公司前总裁乔布斯比喻的那样：“仙童半导体公司就像个成熟了的蒲公英，你一吹它，这种创业精神的种子就随风四处飘扬了。”在国内，牛根生离开伊利公司创建蒙牛，李一男离开华为公司创建港湾网络，都已经成为经典的案例。

1.3.2　基于创业产出的分类

1. 价值创造视角

克里斯汀等人依照创业对市场和个人的影响程度，把创业分为四种基本类型，分别是复制型创业、模仿型创业、安家型创业和冒险型创业，如图 1-7 所示。复制型创业是在现有经营模式基础上的简单复制。如某人原先担任某家电公司部门主管，后来离职，创建了一家与原家电公司相似的新家电公司，且新组建公司的经营风格与离职前那家公司基本相同。模仿型创业虽然很少给顾客带来新创造的价值，创新的成分并不算太高，但对创业者本身命运的改变还是较大的。如某一煤矿公司的经理辞职后，模仿别人新组建了一家网络公司。安家型创业对创业者个人命运的改变并不大，所从事的仍旧是原先熟悉的工作，但他的确不断地在为市场创造新的价值。如企业内部的研发小组在开发完成一款新产品后，继续在该公司开发另一款新产品。冒险型创业将极大地改变个人命运，同时由于是创造新价值的活动，失败的可能性较高。尽管如此，这种创业预期的报酬较高，对那些充满创业精神的人来说仍具有相当大的诱惑力。

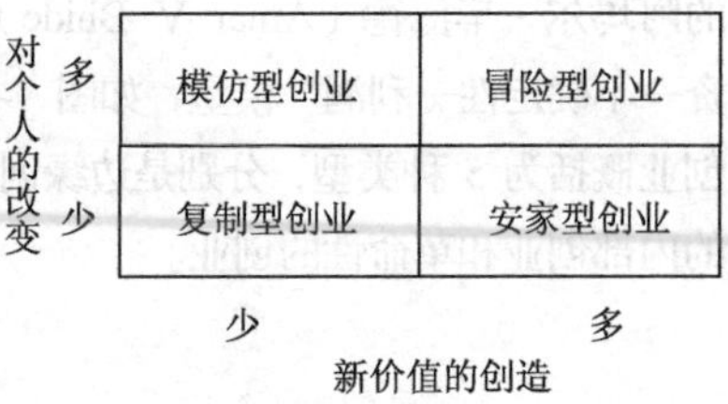

图 1-7　基于价值创造的创业类型

2. 创业效果视角

戴维森基于创业效果在组织层面和社会层面的产出对创业进行了分类，如图 1-8 所示。组织层面和社会层面产出都是负的创业行为属于失败

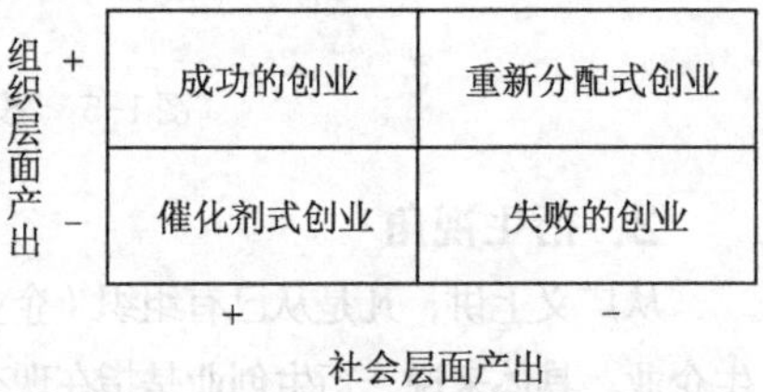

图 1-8　基于创业效果的创业类型

的创业，如污染企业。组织层面产出为负而社会层面产出为正的创业行为属于催化剂式创业，如万燕 VCD 的创业，虽然失败了，但催生了中国一个巨大的新兴产业。组织层面产出为正而社会层面产出为负的创业行为属于重新分配式创业，比如目前国内钢铁行业的低水平重复建设。组织层面产出和社会层面产出都为正的创业行为属于成功的创业，比如星巴克开创了一个全新的休闲产业；戴尔带来了一种全新的经营模式等，取得了企业、消费者和社会层面等的多赢效果。社会应该赞赏成功的创业，而重新分配式创业不可避免，催化剂式创业更需要鼓励。

对创业活动适当分类，有助于把握创业活动的本质和关键要素，掌握不同类型创业活动的特殊性，以便更好地进行有针对性的创业活动。随着环境的变化，创业活动的类型也会越来越多，如互联网创业就与传统创业有很大的不同，非常值得认真研究和实践。

本章小结

创业的一般过程是对创业管理活动的概括。本章首先对创业基本概念、特征与本质以及创业过程的关键要素进行了探讨，阐明了创业管理的概念和特点，创业管理与传统企业管理的不同，介绍了创新的基本方法和体系，分析了创新与创业、创业管理的关系，最后从投入和产出的视角阐述了创业的基本类型。

思考题

1. 什么是创业？简述创业的行为逻辑。
2. 简述创业管理的内涵、特点及其与传统企业管理的区别。
3. 试述创业的关键要素及其在创业过程中的作用。
4. 简述创新与创业及创业管理的关系。
5. 试述创业的基本类型。

案例讨论

针对大学生创业的不同观点

近年来，关于大学生创业的讨论越来越成为一个热点话题，是否应该鼓励大学生创业正在引起社会各界的广泛关注。下面列举了一些人对大学生创业的看法。

查立(上海新中欧创投合伙人、EFG 创业基金会特别顾问)：为什么讲起大学生创业，很多人都摇头？摇头的无外乎是两类人。第一类人，即所谓的“过来人”，认为大学生“没有见过世面，没有经验，不成熟”。如果这个逻辑成立的话，那么最够资格创业的就只剩下那些见过世面、体验过、都想通了的“老骨头”了么？另一类就是大学生自己，这些人多数是没有勇气的，而且大学里从来不开设创业课，他们怎么知道如何去创业？可事实偏偏是，世界上最牛的创业公司都是大学生开创的，甚至是连大学都没读完的学生，乔布斯与苹果，比尔·盖茨与微软，杨致远与雅虎，谢尔盖和莱利与谷歌，马克与Facebook。创业本身就是一所更大的学校，酸甜苦辣咸五味俱全，创过业的人通常比常人更懂事，更了解社会，更理解价值，更善于做决定，更有人缘，更有钱，更热爱自由，当然也会更加感叹世间的善恶和人生沧桑……从这个角度来说，大学生创业不仅仅是年轻人成熟的加速器，更会促进社会的进化和更新。

马云（阿里巴巴集团董事局主席）：不仅大学生创业难，创业对所有人来说都很艰难。什么是创业？创业就是100个创业者中，有95个你不知道他们是怎么失败的，你甚至不知道有这95个人创业过，剩下的5个里，有4个是你看着失败的，最后只剩下1个站在那里，不是因为他能干、勤奋，而是因为其他的一些原因。我不希望大学生创业，因为很多人在提比尔·盖茨创业成功，提马克·扎克伯格创业成功，但全世界像这样成功的就这么两个人，其他那些失败的无数人你们连看都没看见。我在工作之前被拒绝了30多次，当兵被拒绝了，当警察被拒绝了，去肯德基被拒绝了，去宾馆当服务员也被拒绝了，这无数次的拒绝让我懂得了很多道理。大学生所追求的不应是创业成功，而应是学习创业的精神，了解创业过程的艰难，积累各种各样的关系。

李开复（创新工场董事长兼首席执行官）：我不赞成刚毕业就创业。刚毕业的大学生千万不要认为毕业后就可以创业开公司，去改变世界了。也许在1000个想创业的学生里只有1个适合创业，999个不合适，因为你还没有足够的经验。在任何一家大公司工作的人，他90%的知识是在工作中学的，只有10%的知识是在学校里学的，所以你们的学习在毕业后才刚刚开始，不懂管理、不懂执行力、不熟悉商业运作模式，这样的创业失败率太高了。创业最重要的是“团队”和“经验”，还有“执行力”，“点子”“热情”多是次要的。大学生应该选择先就业，学习企业运营方式，积累人脉和经验，再去创业也不迟。

方兴东（IT独立评论家）：学生创业是大势所趋，如果能选择互联网创业那还是比较好的，因为高科技创业的门槛比较低，又有天使投资、风险投资等好的机会，再加上年轻人有想法、有冲劲，适合年轻人的选择。当然，大学生在学校可以参与创业，但还是要以学业为主，如果是硕士生或者博士生则另当别论。创业是完全可以的，不过一定要有基本的风险承担能力。创业不能是头脑发热的行为，要懂得权衡风险，这很重要。此外，创业需要量力而行，不过一旦选择了创业，那么就请勇敢一点，哪怕失败也好，人生的经历需要失败。

请结合上述案例思考以下问题：

（1）你认可上述观点吗？为什么？

（2）你是如何理解大学生创业的？

（3）你认为如果不创业有必要学习创业管理方面的知识吗？

第2章 创业者与创业团队

创业成功取决于你是谁，还取决于你认识谁，更取决于谁在帮你。

学习目标

（1）了解创业者应具备的素质与能力。
（2）掌握创业团队的类型和构成要素。
（3）掌握创业团队的组建原则。
（4）掌握优秀创业团队的开发理念。
（5）了解创业团队激励的基本内容。

2.1 创业者及其特质

2.1.1 创业者的创业动机

“创业者”源于法文“Entreprendre”，现在英文表述为“Entrepreneur”。“Entrepreneur”有两个基本含义：一是指企业家，即我们日常理解的在一个已经成型的企业中负责经营和决策的领导人；二是指创办人，即我们平时所说的即将创办新企业或者刚刚创办新企业的领导人。日本把这些人称为“起业家”，也很形象。需要强调的是，创办人是创业者，企业家在本质上也是创业者，企业家是那些在现有企业中具有创业心态和创业行为的领袖型人物。因此，本书统一采用内涵更为丰富的“创业者”概念来表述。

关于创业者的创业动机，我们可以借助美国著名心理学家亚伯拉罕·马斯洛的需求层次理论来分析。该理论认为人类的需求像阶梯一样从低到高按层次分为五种，分别是：生理需求、安全需求、社会性需求、尊重需求和自我实现需求，如图 2-1 所示。其中，生理需求主要包括食物、水、空气、住房等；安全需求主要包括保护、秩序、稳定等；社会性需求主要包括爱情、友谊、归属等；尊重需求主要包括威信、地位等；而自我实现需要主要指的是发挥潜能、实现理想。一般来说，某一层次的需求相对满足了，就会向高一层次发展，追求更高一层次的需求就成为驱使行为的动力。相应地，获得基本满足的需求就不再是一股激励力量。

图 2-1　马斯洛需求层次理论

对创业者而言，创业活动有可能带来高额的经济回报；但是，经济动机并非创业者的唯一动机，甚至不是最重要的动机。英国在 1991 年就创业动机进行了一项研究，其中 98%的创业者将个人成就感列为重要的原因，在这 98%的创业者中又有 70%将其列为非常重要的原因；有 88%的人将“能够按自己的方式做事”列为重要原因；87%将“采取长远观点的因由”列为重要或非常重要的原因。可见，追求个人成就感是企业家创业的最重要原因。该调查说明，满足“自我实现”是创业者重要的需求，因此创业并经营好风险企业本身就对创业者构成激励。

具体来说，人们选择成为创业者并开创他们自己的企业，常常出于以下三个基本动机。

1．自己做老板

这是最常见的原因，但这并不意味着创业者与他人难以共同工作，或他们难以接受领导权威。而实际上，许多创业者想成为自己的老板，或是因为他怀有要拥有一家自己的企业的恒久梦想，或是因为他们在传统工作中变得很沮丧。赛普拉斯半导体公司（Cypress，计算机芯片国际供应商）的创建者和首席执行官罗杰斯（T. J. Rogers）为这些观点提供了例证。创建赛普拉斯半导体公司之前，罗杰斯正处于在超微半导体设备公司（AMD）的快速提拔期，这可是世界上最大的半导体公司之一。当问到他为什么离开超微半导体设备公司去创建自己的企业时，罗杰斯回答：“大学毕业后，我就想创建一家企业，这是我在 21 岁时定下的一个人生目标，即到 35 岁时创建一家自己的企业。人们为什么要创建自己的企业？标准的创业型回答是挫败感。你目睹一家企业在糟糕地运营，而你明白它可以经营得更好，就像那些已任职 6 个多月的新当选国会议员一样，你意识到其他人实际上并不那么优秀。你突然明白，你可以开创某些比所在企业更宏大或更重要的事业。而这正是关键所在。”

2．追求自己的创意

有些人天生机敏，当他们认识到新产品或服务创意时，他们就渴望看到这些创意得到实现。在现存企业环境下进行创新的公司创业者，常常具有使创意变为现实的意念。然而，现存企业经常阻碍创新。当这种情况发生时，雇员常常带着未实现的创意离开企业。因为他们有创意的激情和承诺，一些雇员会决定离开雇用他们的企业，开创他们自己的企业并将其作为开发自己创意的途径。这种事件发展过程也可发生在企业以外的背景条件下。例如，有些人通过爱好、休闲活动或日常生活，认识到市场中有未被提供的产品或服务，如果创意非常可行且能够支撑一个企业，他们就会付出大量时间和精力去将创意转变为一家兼职经营或全职经营的企业。

3．获得财务回报

这种动机与前两种动机相比是次要的，它也常常不能达到所宣称的那种目的。平均来看，与传统职业中承担同样责任的人相比，创业者并没有赚取更多的金钱。创业财务的诱惑在于它的上升潜力。像戴尔电脑公司（Dell Computer）的迈克尔·戴尔（Michael Dell）、雅虎的杨致远（Jerry Yang）、太阳微系统公司（Sun Microsystems）的斯科特·麦克尼利（Scott McNealy）等人，他们从创建企业中获得了数以亿计的美元，但这些人坚持认为，获得金钱并非他们创业的主动机。网景公司（Netscape）的创建者马克·安德森

（Marc Andreessen）说：“（金钱）不是激励因素，只是我获得成功的指标。”

2.1.2 创业者的素质与能力

创业者是经过市场竞争淘汰选择过程而获得成功的创业者。而实现创业的成功，则需要具备与完成这一工作内容和获得良好绩效相匹配的能力及素质，尽管不同时代、领域对创业者的素质要求是有一定差别的，但是总体而言，成功的创业者具有相对共性的人格特征、素质和能力。

1．创业者应具备的人格特征

成功的创业者在企业历史上可以说不胜枚举，如比尔·盖茨、卡耐基、福特，还有希尔顿等，就创业经历而言，他们各不相同，出身各异，性格各具特点，但是综观其创业的过程并进行抽象对比，就可以发现创业者自身的人格特征具有很多相似的地方。

（1）敢为天下先的风险意识

创业者的风险意识是保证新创企业顺利度过创业过程并且实现迅速成长，进而走向成功的基础条件。敢为天下先的创业者，在创业的过程中能够大胆尝试，善于在意外的失败中寻找机会，积极进取，坚信成功来自努力，乐于冒险并且善于冒险。对他们而言，冒险的过程也是实现自我价值的过程，他们绝不会因为没有先例就故步自封，也绝不会因循守旧裹足不前，作为真正的实干家，强烈的自信心必然引导其事业走向成功。因此，创业者进取的风险意识是企业在创业过程中实现风险转化的前提。

（2）坚韧不拔的吃苦精神

坚韧不拔的吃苦精神包括两方面的涵义，即永不言败的毅力和吃苦耐劳的执著精神。具有永不言败的毅力将会对事业产生忘我的热情，而吃苦耐劳的精神会产生顽强的斗志，这是一种承受市场挫败的耐力。尤其对于新创企业而言，在企业创立之初，创业者个人的意志将转化为企业的意志，而初始阶段也是创业最艰难的阶段，因此，创业者是否能够坚韧不拔，就成为了企业是否能够在竞争中取胜并生存的重要条件之一。

（3）具有感染力的自信心

创业者不仅要对自己充满信心，而且要对他们所追求的事业充满信心，并且能够将这种信心转变为整个创业团队的信心、整个新创企业的信心。创业者通常对自己的创业目的很明确，并积极地将其量化，转变为对整个企业的激励措施。为自己设立较高的目标来衡量创业过程中各个阶段的成就，依照自己的标准进行评判，才不会在别人的评价过程中迷失方向。

（4）社会性的商业道德

能够开创一番事业的创业者首要的一点就是立德——树立具有社会性的商业道德，也就是所谓的诚信意识。其具体表现就是对自己、对员工、对合作伙伴以及对社会具有责任心，这是一种实现企业长期发展的战略意识。如果只图一己私利，那么企业发展的相对动力在运行过程中将会呈现后劲不足的特点。只有和周围环境相适应的发展，才符合企业发展战略的长期目标要求。因此，社会性的商业道德是一个企业长期发展所必备的企业人格。

2. 创业者所需的能力

创业过程本身的复杂多变，要求创业者能够随时解决涉及各方面的各种问题，当然也就需要一个成功的创业者必须具备多方面的能力，这种对能力的要求是通过创业者在创业行动中所表现的对知识的运用和把握以及以某种方式工作的行为特征来评价的。

一般而言，一个成功的创业者至少应具备以下三种能力。

（1）战略识别的能力

创业者的成功在于相对其他人而言能够更快、更准确地寻找或捕捉商业机会。他们从来不满足于已获得的信息，通过选择有效的信息来源，并从大量的信息中选出有价值的信息，不断地寻找更多的信息，及时进行验证，为创业过程做好信息支持系统。创业者发现机会和挑选信息的能力是伴随整个创业过程的，它是保证创业顺利进展的核心要素。

（2）学习与创新的能力

成功的创业者一般都具有优异的学习能力，而且极擅长通过创造实践过程进行学习。基于对新事物所特有的积极学习的态度和高度的创新精神，创业者可以使自身得到不断提高，增强驾驭风险的能力，提高创业成功的可能性。所以，学习能力与学习基础上的二次创新是实现创业者不断自我完善，进而实现创业成功的关键条件。

（3）知人善任的能力

创业过程不可能由创业者一个人完成，创业者需要在创业的过程中选择并发展合适的助手，也就是说创业者需要具有网罗人才的能力。新企业在发展过程中需要不同的专才，当然，在各个阶段对专业能力的需求也是有区别的。通常在创业初期，企业对专业技术能力的要求比较高，而对制度化管理的需求不是很大，在这一阶段，企业所招募的主要是技术专家；但是当企业进入规模经济阶段后，创业者将加大对市场营销专家、财务主管等管理人才需求的力度。总之，企业的运转是由人来实现的，创业者要全面了解企业员工所掌握的技能，合理地分配任务，激发人们的热情。

3. 创业者所需的素质

对于一个创业者来说，必须具备优秀的创业素质，才能开创宏伟事业。尽管创业者成功的途径各有千秋，对创业者素质的界定也不尽相同，但中外成功创业者走过的道路，有些基本素质应该是共同具备的。

（1）创造性思维素质

创造性思维素质是指能够以较高的质量和效率获取知识，并能根据市场需求灵活运用所学知识开发新产品和新技术的思维方式。它不仅注重对知识的学习能力，而且强调发现问题和解决问题的能力。

（2）经济与管理素质

创业者必须掌握现代管理的理念和方法，能从系统整体观念出发，统筹、协调、控制和优化各项资源，将现代科技应用于生产，生产的产品或服务必须适应市场的需要。而在企业研发、生产运作、市场销售这些过程中，必然会涉及资源配置、预测决策、经济分析、经济核算等一系列经济问题。同时，在激烈的市场竞争中，企业的目标是利润的最大化，而利润=收入–成本。在创新产品、开拓市场的同时，企业还要不断降低各种成本，提高管理效益。这些都要求创业者不仅要精通本专业的知识，而且需要具备经济头脑和管理素质。

（3）法律意识和素质

市场经济在本质上是法制经济。作为创业者，必须要熟悉和了解企业内外部环境中的法律法规及其运行机制，更为重要的是，要能用法律武器，规范自己和企业的行为，保护自己和企业的合法权益。

（4）修养与心理素质

创业者必须具备良好的综合素质，要讲诚信、善于把握机会、具有开拓创新的精神、勇于承担责任、做事果断坚决、脚踏实地、有恒心有毅力、敢于冒险、遇到困难坚韧不拔、勇往直前。这些潜质在学校期间就应当得到培育和塑造，这样对我们未来无论选择就业还是创业，都具有不可估量的意义。

4．大学生创业者测评

大学生创业者作为创业者中最朝气蓬勃、最具有成长潜力的一类特殊群体，必须具备的创业素质与能力除了一般创业者的共性要求外，还具有自身的特点，如专业技术等。表 2-1 提供了一个对大学生创业者素质与能力的测评工具，供大学生发现自身与创业者之间的差距和不足。

表 2-1　大学生创业者的综合测评

评估内容		自我评估			他人评估		
		优势	劣势	不确定	优势	劣势	不确定
思想道德	责任感 事业心 守信誉						
知　识	专业技术 经营管理 行业相关						
能　力	创新 人力管理 战略管理 组织管理 信息管理 文化管理 营销 决策 交际						
身　心	身体 自信心 独立性 坚韧性 敢为性 克制性 适应性						
优势合计		劣势合计			不确定合计		

如果你缺乏创业者所必备的素质和能力，可以通过以下方法来提高：①与企业人士交谈，向他们学习；②参加一个培训班或学习班，接受培训；③做一个成功企业人士的助手或学徒；④阅读一些可以帮助你提高经营技巧的书籍；⑤阅读报纸上关于企业的文章，想想这些企业的问题以及这些企业解决问题的方法；⑥应该考虑找一个能与你取长补短的合伙人，而不是完全依靠自己去创办企业。

【案例】

2003 年，本科自动化专业毕业的张元刚做了一年 ERP 后开始考虑创业。他发现市面上的企业管理软件都是面向大公司的，价格高，多在 1000 万～2000 万元/套。“市面上 99%的公司是小型企业，它们也需要管理，但 10 万元一套的软件对他们来说可能都嫌贵。”庞大的市场容量让张元刚信心十足，带领 7 个人做完市场调查，写好商业计划书后便开始行动。当时公司的定位是做 ERP，与金蝶、管家婆等竞争对手的差异在于服务 2～100 个人的小企业，产品定价在 2 万～10 万元，便宜。

但真正做的时候张元刚发现，ERP 概念很大，需要做的事情很具体，包括仓储、物流、人士、考勤、工资，订单、入库、出库、订单、采购、财务……所有东西都要管。“仅有七八个人的小公司敢去挑战 ERP，做了一年就活不下去了，尽管产品已经成型，但钱已经花完。”张元刚总结主要原因是：金蝶等强大的竞争对手已经积累了 20 多年，而自家产品功能不够丰富，缺乏竞争力。

“创业不是单纯做市场调研、写商业计划书、计算盈亏平衡点这么简单的事儿。开公司你得做出有人心甘情愿要的产品！”经历挫折之后，张元刚才算明白何谓真正意义上的创业。“既然做 ERP 不行，那能不能做可以把 ERP 系统连接起来的东西？”2006 年，张元刚带领团队研发出在业内很有影响力的 SIP 信息平台，其好处便是把企业内部财务、人士、销售等彼此独立的管理软件整合起来。“SIP 兼容性好，考勤系统、业务系统等不用换，既不用重复投资，保护既有投资，又可挖掘历史价值。现在公司做实业很多设备的连接都得益于 SIP。”但当初推广时，客户的第一反馈是：“肯定是假的！这么好的东西，为何微软不做？Oracle 不做？”就这一问题，张元刚被问得哑口无言。辛苦研发出来的东西却被客户称为“假货”，张元刚的心都凉透了。当然，今天的他可以给出很专业的答案：“不是这项技术大公司不愿意做，而是不屑做。大公司谈垄断，小公司谈兼容，这是由商业本质决定的。”2007 年春节过后，为公司经营而痛苦不堪的张元刚决定深入某一实业，做点具体东西。第一步他考虑做餐饮管理系统，主要基于如下考虑：餐饮行业来钱快；餐饮店都是小老板，决策周期短。

餐饮门外汉转做餐饮管理系统并非一帆风顺。就像当初做 ERP，餐饮管理软件行业已是一片红海，在没有任何优势的情况下，张元刚只能带领公司拼价格，“人家卖 1 万元，我卖 6000 元；人家卖到 6000 元，我卖到 3800 元……”张元刚玩价格战的结局便是遭到竞争对手更低价的报复。“他们有着很长时间的积累，没利润可以做，但我们不行，我们是要赚钱活命的。”那段时间，张元刚很惨，一度陷入内忧外患的境地：内部被客户骂产品不好，外部被竞争对手排挤。张元刚意识到应该在餐饮行业找到自己的特色，最后他推敲出可以在精细物料管理系统、智能后厨管理系统、连锁会员管理系统三部分重点发挥。

张元刚带领团队开发的精细物料管理系统能帮餐厅做到用料标准化。除此之外，张元刚带领团队开发的申购配送系统、后厨管理系统也富有特色，已经应用到釜山料理、雨打芭蕉等 576 家餐饮店。尽管他们的软件现在做到了同行业最贵，一套软件卖到上百万元，但他们挤掉了一大批竞争对手。

2.2 创业团队及组建

2.2.1 创业团队的概念

新创立的公司既可能是一个仅仅为创始人提供一种替代就业方式、为几个家人和几个外人提供就业机会的公司，也可能是一个具有较高发展潜力的公司。两者之间的主要不同点之一在于是否存在一支高素质的创业团队。一个团队的营造者能够创建一个组织或一个公司，而且是一个能够创造重要价值并有收益选择权的公司。当然，并不是说没有团队的新创企业注定会失败，但可以说要建立一个没有团队而仍然有高成长潜力的新创企业是极其困难的。

团队和一般意义上的工作群体不同，在工作群体中成员虽然彼此相互熟悉，认同对方是其所在整体的一员，在工作中有一定的相互影响，但各工作成员之间相对独立地完成分配任务。一个团队除了具有一个工作群体的某些特征之外，还包括团队成员彼此协作以完成任务，每个人对共同绩效目标的达成都负有责任；而在工作群体中，群体的绩效可以认为是单个个人绩效之和。此外，团队较之群体，在信息共享、角色定位、参与决策等方面也进了一步。团队和工作群体最重要的区别在于：在一个团队中，个人所做的贡献是互补的；而在群体中，成员之间的工作在很大程度上是可以互换的。所以，团队存在于一定的组织中，但团队自身文化价值观、凝聚力等因素的影响又使团队超越个人、组织。

创业团队从构成人员的范围来看可以分为狭义和广义两种。狭义的创业团队指的是有共同目的、共享创业收益、共担创业风险的一群创建新企业的人。广义的创业团队不仅包括狭义创业团队，还包括与创业过程有关的各种利益相关者，如风险投资家、供应商、专家顾问等。他们在新创企业成长过程中的某个阶段中起着至关重要的作用，同时也为社会提供了一定的新增价值。

2.2.2 创业团队的组建

1. 创业团队的类型

一般说来，创业团队大体上可以分为星状创业团队和网状创业团队两大类。

（1）星状创业团队

在星状创业团队中，一般有一个核心主导人物充当领袖的角色。这种团队在形成之前，一般是核心领袖有了创业的想法，然后根据自己的设想组织创业团队。因此，在团队形成之前，核心领袖已经就团队的组成进行过仔细思考，根据自己的想法选择适合人选加入团队，这些加入创业团队的成员也许是核心领袖以前熟悉的人，也有可能是不熟悉的人，但其他的团队成员更多的时候是支持者的角色。例如，太阳微系统公司（Sun Microsystem）创业当初就由维诺德·科尔斯勒确立了多种用途开放工作站的概念，接着他找到了另外两位分别在软件和硬件方面具有才能的专家及一位具有实际制造经验和人际沟通技巧的麦克尼里（McNeary），于是 SUN 的创业团队诞生了。

星状创业团队的优点是：结构紧密，向心力强，主导人物在组织中的行为对其他人影响巨大；决策程序相对简单，组织效率较高。其缺点是：容易形成权力过分集中的局面，从而使决策失误的风险加大。特别是在其他团队成员冲突发生时往往会处于被动地位，在冲突严重时，其他团队成员一般会选择离开团队，这会对团队的组织产生较大影响。

（2）网状创业团队

在网状创业团队中没有明确的核心人物，其成员之间一般在创业之前都有密切的关系，比如同学、亲友、同事、朋友关系等，大家根据各自的特点进行自发的组织角色定位。因此，在企业初创时期，各位成员基本上扮演着协作者或者伙伴的角色。例如，雅虎的杨致远和斯坦福电机研究所博士班的同学大卫·费罗，微软的比尔·盖茨和童年玩伴保罗·艾伦，HP 的戴维·帕卡德和他在斯坦福大学的同学比尔·体利特等，这些知名企业的创建多是先由于关系和结识，基于一些互动激发出创业点子，然后合伙创业。

网状创业团队的优点是：团队没有明显的核心，整体结构较为松散；组织决策时，一般采取集体决策的方式，通过大量的沟通和讨论达成一致意见，因此组织的决策效率较低。其缺点是：团队成员在团队中的地位相似，因此容易在组织中形成多头领导的局面；当团队成员之间发生冲突时，一般采取平等协商、积极解决的态度消除冲突，团队成员不会轻易离开，但是一旦团队成员间的冲突升级，使某些团队成员撤出团队，就容易导致整个团队的涣散。

（3）两种创业团队的比较

星状创业团队是先有创业点子再有创业团队，而网状创业团队则恰好相反，先有核心创业团队成员的结识再有创业点子的提出；此外，网状创业团队比有核心领导的创业团队更强调人际关系在创业团队构成中所起的作用。从中国的创业团队类型来看，由于中国特有的文化特征和数千年来形成的行为方式，网状创业团队数量远远超过了星状创业团队。

从团队的稳定性来看，网状创业团队不如星状创业团队。主要原因在于有核心主导的星状创业团队由一个核心主导来组成所需要的团队，他在挑选成员的时候就已经考虑到成员的性格、个性、能力、技术以及未来的价值分配模式，这就保证了团队成员的能力不会因为公司规模的扩张而不适应经营的要求，同时不会出现创业成员间因为自身性格、兴趣不合，导致创业团队解散的情况。

2．创业团队的构成要素

创业团队需具备五个重要的组成要素，称为 5P。

（1）成员（People）

团队成员是创业成功的关键因素，只有适合创业的成员被吸收进创业团队，才能够保证创业企业的稳健经营。不适合的人进入创业团队，会给企业的管理以及发展带来巨大危害。选择团队成员的方法主要是根据团队的目标和定位，明确团队需要的技能、学识、经验及才华等，然后根据个人加入团队的目的、知识结构、性格、个性、兴趣、价值观念选择合适的人选。创业团队中，成员的知识结构越合理，创业的成功性越大。纯粹的技术人员组成公司容易形成以技术为主、以产品为导向的经营理念，从而使产品开发与市场脱节。在创业团队的成员选择上，必须充分注意团队整体的知识结构（技术、管理、市场、销售等），充分发挥每个成员的优势。创业团队中，成员的价值观念和道德品质决定了今后企业文化的形成。一个人的价值观念很难改变，因此，在创业团队形成之前，必须对拟加入团队的人员进行深入了解，只有价值观念相近的人在一起组成团队，创业成功的可能性才会更大。

（2）目标（Purpose）

高效的团队对其所要达到的目标具有明确的认识，并坚信这一目标具有重大的意义和价值。这种目标的重要性激励着团队成员把个人目标升华到群体目标中，团队成员为实现共同目标做出承诺时，清楚地知道团队希望他们做什么工作，以及他们应当怎样共同工作最终完成任务。因此，在创业团队工作开展之前，应该让所有成员充分参与讨论并确定创业目标。共同、远大的目标可以使团队成员精神振奋，与企业的政策和行动协调、配合，充分发挥个人的潜能，获得超乎寻常的成果。

（3）定位（Place）

定位是团队通过何种方式同现有的组织结构相结合，如何产生新的组织形式。这里的定位包含两层意思：一是创业团队的定位。创业团队在企业中处于什么位置，由谁选择和决定团队的成员，创业团队最终应对谁负责，创业团队采取什么方式激励下属。二是团队成员的定位，即作为成员在创业团队中扮演什么角色，是制订计划还是具体实施或评估计划；是大家共同出资、共同参与管理，还是共同出资、聘请第三方（职业经理人）管理。这体现在创业实体的组织形式是合伙企业或是公司制企业。

（4）权限（Power）

权限是指团队负有的职责和享有的权利。对团队权限进行界定也就是要明确团队的工作范围、工作重心、不同团队的界限。团队的权限范围必须和它的定位、工作能力和所赋予的资源相一致。而创业团队当中领导人的权力范围与其团队的发展阶段和创业实体所在行业相关。一般来说，创业团队越成熟，领导者所拥有的权力相应越小，在创业团队发展的初期阶段领导权比较集中。高科技实体多数实行民主的管理方式。

（5）计划（Plan）

计划就是将团队的权限具体分配给团队成员，并明确团队成员如何进行分工合作。团队的计划一般包括两层含义：一是目标最终的实现，需要一系列具体的行动方案，如团队需要多少成员、团队领导的特征、领导者的权限和职责、团队沟通的方式、团队沟通的工作任务、每位团队成员的工作时限、完成团队任务的界定、评价和激励团队成员的方式等，这时可以把计划理解成达到目标的具体工作程序；二是按计划进行可以保证创业团队的顺利进度。只有在计划的操作下，创业团队才会一步一步地贴近目标，从而最终实现目标。

3. 创业团队的组建原则

（1）互补性

创业者寻找团队成员的目的是弥补当前资源能力上的不足。考虑到创业目标与当前能力的差距，所吸收的新团队成员与创业者、现有成员之间应当存在较大的差异，这就带来了团队的多样化问题。良好的创业团队中成员在性格、能力和背景上通常能形成良好的互补，而这种互补也有助于强化团队成员间彼此的合作。

（2）渐进性

并不是所有的新创企业创立时都要配备完整的团队，团队的组建不一定要一步到位，而是可以按照“按需组建、试用磨合”的方式组建。在正式吸收新成员之前，各团队成员之间最后留有相当一段时间来相互了解和磨合。在发展过程中，创业团队应根据企业在不同发展阶段面临的不同任务，以及完成任务的团队成员各方面才能的不同情况，逐渐补充团队成员并使之日益成熟。

（3）动态性

在创业企业发展过程中，由于团队成员有更好的发展机会，或者团队成员能力已经不能满足企业需求，团队成员会主动或被动地调整。在团队组建时就应该预见到这种可能的变动，并制定大家一致认同的团队成员流动规则。这种规则首先应该体现在公司利益至上的原则，每个团队成员都认可这样的观点：当自己能力不再能支持公司发展的时候，可以让位于更适合的人才。此外，这种原则也可体现公平性，充分肯定原团队成员的贡献。

（4）协调性

创业团队成员之间的协调性对团队效率非常重要。充分多样化的创业团队能够拥有企业所需要的丰富经验，但是如果创业团队成员之间无法协调一致，甚至存在矛盾，那么这些多样化和互补性所带来的优势就不能充分发挥，甚至会给企业带来损害。创业团队协调性的根本基石在于创业愿景与共同信念，只有拥有共同创业愿景的团队才有可能拥有协调性。因此，在创业团队组建和发展过程中，创业者需要提出一套能够凝聚人心的发展愿景与经营理念，形成企业内部共同的目标、语言、文化，作为互信与利益分享的基础。

4. 创业团队的组建过程

如何把创业团队组建起来？显然，这一问题没有任何现成的神奇公式。创业团队成员能够走到一起，取决于人与人之间的协调和投缘。尽管如此，为了打造一个有向心力的良好团队，创业者也可以适当遵循一些通行的步骤。创业团队的组建过程如图 2-2 所示。

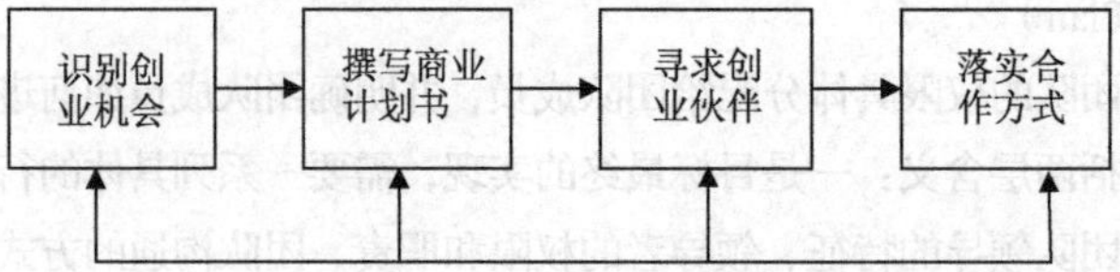

图 2-2　创业团队的组建过程

（1）识别创业机会

创业机会的识别是整合创业团队的起点。为了组建创业团队，创业者需要首先关注创业机会在人力资源方面的支持要素。在此基础上，形成团队构建的目标。

（2）撰写商业计划书

在创业机会识别整合的基础上，创业者有必要撰写一份商业计划书。撰写商业计划书的目的有两个：一是进一步使自己的思路清晰，同时对自身的优劣势、已有的资源和下一步急需的资源或急需开拓的方面都有清晰的认识；二是让合作伙伴感到创业者的热情及获得其对自己的尊重。

（3）寻求创业伙伴

通过创业机会的识别以及正式的商业计划书的撰写，创业者可以根据自己的情况，寻找那些能够与自己形成优势互补的创业合作者。创业者可以通过媒体广告、亲戚朋友、各种招商洽谈会、互联网等形式寻找创业合作伙伴。在选择创业伙伴时，一些需要关注的个人品德包括：成员是否诚信、成员的行为和动机是否带有很强的私心、成员能否对集体忠诚、成员能否彼此坦诚相待等。在实际中，很多的创业团队是基于亲戚朋友，这能够保证团队成员之间有较大的信任，在创业初期资源匮乏、企业事务繁多的情形下，有较强的团结性，但是随着企业进一步长大，依靠亲戚朋友构建的团队有可能会遇到一些权限不明、责任不清的问题，甚至由于发展目标和价值观念不同，给企业带来致命的分裂。因此，在联合亲戚朋友构建创业团队时一定要谨慎处理，特别是在责、权、利等方面。

（4）落实合作方式

找到有创业意愿的合作者后，双方还需要就创业计划、股权分配等具体合作事宜进行深层次、多方位的全面沟通，落实创业团队成员的正式合作方式。在合作方式方面，首先要制定创业团队的管理规则，处理好团队成员之间的权利分配。团队创业管理规则的制定，要有前瞻性和可操作性，不仅要考虑创业初期的管理细则，而且应当对企业初步成长之后的情况有所考虑。这样有利于维持团队的稳定，保证团队成员的凝聚力。同时，创业者还要妥善处理创业团队内部的利益关系，虽然创业团队成员参与创业活动时，大多了解企业资源匮乏的现实，在薪资方面也不会像加入大企业那样提出种种要求，但是创业者仍要注重薪酬方面的激励，尤其是创业伙伴通过创业活动所能获得的成长机会以及与企业长期绩效相关的薪酬。从长远看，创业团队共同努力，实现创业目标，本质上是基于物质方面的激励，依靠热情只能解决一时的问题，不会长久。

2.2.3 优秀创业团队的开发

要使团队运作迅速有效，应主要从以下环节着手。

1. 形成一致的创业理念和创业思路

一致的创业理念和创业思路是形成团队凝聚力、相互信任和有效沟通的基础。如果未能形成一致的创业思路，创业团队成员的经营理念与方式不一致，即使有再多高技能的人组合在一起，也难以保证创业目标的实现。许多创业团队后来的分化和解体，根本原因就在于缺乏共同的创业思路。一个典型的例子就是联想的倪光南和柳传志。柳传志是一位有科技背景的企业管理者，而倪光南是一名科学家，他们的分歧是经营理念的不一致，柳传志是市场导向的，而倪光南是技术导向的，这一根本的分歧导致了曾被誉为“中关村最佳拍档”的联想创业组合分裂。当然，联想创业组合的分裂并不是发生在联想从创业阶段向集体化阶段过渡的时期，而是发生在联想从集体化阶段向规范化阶段过渡的时期。

2．建立共同的行动纲领和纪律制度

一个创业团队如果没有经过大家共同议定的行动纲领，就会使团队失去目标，因而很难形成凝聚力；如果没有完善有效的纪律制度，则很难保证成员相互工作的协调一致。要建立团队纪律，最首要的一点是：领导者自己要身先士卒，维护纪律。

3．设计合理的工作绩效评估和激励体系

企业在创业之初，就应建立适合团队性质、任务和行为规范的绩效评估体系。绩效考评应关注业绩、体现成员的贡献差异、具有一定的灵活性，能够为成员的奖惩、职务调整和薪资安排提供依据，为成员与领导者之间提供一个正式沟通的机会，也能让员工了解自己工作的实际效果以及企业对他们的期望，使员工有明确的改进方向和目标。绩效考评应是全方位的，主要包括对工作效果、工作潜能、工作态度、工作精神、人际沟通能力以及员工行为过程的考评。绩效考核的方式，可以采取量化或者面对面交流的方式，这两种方式各有所长，创业企业可以参考其实际情况采取不同的方式。只有考核制度和指标体系还不够，还要有对员工的职业发展规划，帮助员工在工作中、企业内部培训中以及自学中不断提高自己的能力和职级。在高新技术企业中，职业发展规划有时候比丰厚的薪酬更能吸引和激励高素质的员工。

4．动态地调整团队成员

优秀的创业团队的建立并非一蹴而就，其往往是在新企业发展过程中逐渐孕育并形成的。创业团队中或许有的人不认同团队的理念，或许有的人有其他的打算，或许有的人不称职。创业企业在发现问题以后要果断换人，使企业保持行为和意识的一致性，只有这样才能保持企业的活力。

【案例】

2009 年，珠港澳青年创业大赛总决赛在珠海市电视台落幕，由中山大学 2006 级本科生丘兆瀚、周健强、黄腾达等同学组成的创业团队——“印客传媒”勇夺冠军，同时获得了 5 万元奖金和最佳创意奖。

外表白净斯文的丘兆瀚从小学开始，就一直担任班长。考入中山大学政务学院以后，也曾经参加过学生会和其他社团活动，但是不同于别人的是，丘兆瀚的父母需要供养他们姐弟俩读中山大学，同时要抚养家里的两位老人。为了给家庭减轻负担，丘兆瀚刚上大一时就申请了学校的助学金，每年 1000 元至 3000 元不等。他还做过书籍团购，上门推销过电热棒，与人合作创办过工作室。虽然大多数只能维持一时，但他淡然地说：“盈利不是最重要的，积累经验才是我的目的。”

他想要创业的理由简单而真诚：“第一就是我比较喜欢创新，不想长大之后给人打

工；第二个动力来自我的父母，他们为我付出了很多，我想让他们在晚年的时候享有更好的生活条件。”

大二时丘兆瀚在一堂专业课上找到了自己的创意。课上老师讲了“免费 DM 报纸”的起源和成因。“由广告客户支付报纸的出版费用，并免费提供给读者。读者通过阅读报纸，获取广告信息。”这个别人看来无甚重要，只用来应付考试的知识点，在丘兆瀚心里点燃了火花。“既然报纸可以免费，校园里数量巨大的打印复印可不可以免费呢？如果采取第三方支付的方式就能实现！”

丘兆瀚与几个好友分享自己的想法后，大家一拍即合，决定以此创业。经过一个寒假的筹备，组队、扩充设备、联络赞助商、写商业计划书等，他们的创意得到不少人的支持，还邀请了一位市场营销专业的老师做顾问。“机会从来就是留给有准备的人的。”从广告的第一个客户的“咕噜咕噜”饮品店开始，“印客传媒”的前身“福瑞印务”渐渐地被越来越多的同学所熟知，并在校内受到了热烈欢迎。

2009 年 3 月初，“福瑞印务”参加第二届“赢在中大”创业技能及策划大赛荣获四校区总决赛季军，2009 年 8 月入驻中山大学科技园，成立了广州福印广告有限公司。公司旗下的子品牌，以“免费打印”为主要业务的“印客传媒”已经成功进驻广州大学城中山大学、广东外语外贸大学、广州中医药大学、广州药学院等多所高校。以“搭建一个全新的传播平台，打造一支高效的工作队伍，树立一个令人尊敬的传媒品牌”为宗旨，“印客传媒”在不断发展过程中形成了独具特色的“融洽、高效、担当”的团队文化。

“除了父母们始终如一的信任和支持外，没有什么比一支好的团队更重要，”丘兆瀚说，“我们的队员来自不同院系，能力、思维方式等方面的互补，让我们在对实际问题的解决上更全面客观。”他还强调了一点：“预见性也很重要。这一点是我一直坚持的。这让我们在创业过程中紧跟时代潮流，避免了栽大跟头。”大的挫折没有，但是小困难是不可避免的。“印客传媒”团队在创业之初，有过一段资金缺乏的时期，商家们觉得大学生创业没有经验，担心投资风险太大，因此大部分资金是丘兆瀚的朋友们慷慨解囊相助的。

在创业时期，中大软件学院的黄明龙曾经为了这个项目放弃了保研到华工的机会，而另一位队员黄腾达同学则面临着出国与否的选择，这两个队友经过与父母的协商最终都选择了留在丘兆瀚的团队里。他们对这个团队的归属感与信任感，让丘兆瀚非常感动。他笑着说：“我们经常一起出去唱歌、烧烤、郊游等，队员之间有时候会调侃地称我为‘老板’，叫周健强就是‘副总’，还有黄明龙就被戏称为‘黄工程师’……”

2.3 创业团队的激励

2.3.1 激励的概念及原则

一个创业团队的绩效如何，是许多复杂因素耦合作用的结果，但其中激励机制的有效性是最重要的因素之一。根据《韦氏新世界词典》的解释，所谓“激励”，是向别人提供积极性或以积极性影响别人"积极性"，促使一个人做事或以某种方式行事的内心的动力、冲劲或意欲。因此，激励涉及的是要如何激发一个人内心深处的东西，即潜能。创业团队强调激励主要是为了激发全体员工对于创业企业的认同感，激发他们的创造性和积极性，使全体员工充分发挥其聪明才智，创造性地进行思维活动，消除对新创企业发展不利的内部因素，形成一支品德好、素质高的员工队伍，为新创企业持续发展奠定良好的组织基础。

一般来说，创业团队激励的基本原则主要包括整体性、稳定性、可操作性、多样性、竞争性、动态性、绩效性七个方面。

1．整体性

整体性是指在推行激励方案的过程中，要整合企业内各个不同群体的利益，当出现部门利益与企业整体利益相抵触的时候，把公司利益放在首位，因此也称之为激励的协调性。这包括以下几个方面。

首先是对关键人员与普通员工的激励必须协调，特别是要让关键人员感受到企业确实视自己为企业的"关键人员"。这就需要通过提高其参与企业重大活动的程度及报酬等来体现。

其次是对普通员工的报酬激励必须是帕累托改进的，要让员工感受到，随着企业的成长，自己的处境是在日益变好，至少是多数人的处境是变好的。这样，普通员工才会与创业者荣辱与共，共谋企业发展。

再次是给后来员工留下空间和余地。在企业成长过程中，总是要不断吸收新的成员加入，这些新加入者可能是新的加盟者、高层经理、技术人员，也可能是普通员工，企业来了新的成员就需要给他提供相应的激励。能够产生激励效果的制度、办法、要素也是一类资源，企业需要给后来者留下空间和余地。特别是在实施产权激励时，为吸引后来者、激励后来者，在股份持有的分配上，应为后来者预留股份。

2．稳定性

稳定性，是指激励方案一旦形成，必须以文字规定的形式加以确定（如能量化则尽量用数字指标加以量化），并传达给企业的每个员工。在一个较长的时期内，如果本企业经营业绩良好，思想统一，工作积极性、主动性比较高，那么该项激励措施就要一直保持下去，不做大的修改，也就是要使其制度化。

3．可操作性

可操作性，包括激励机制方案要尽量简化，因为很多企业需要每一个月甚至半个月进行当月的薪资考核工作，而且每次量比较大；所以如果方案设计得很"完美"，但是数据获取困难、太烦琐，也就不具有可操作性。方案设计及薪资计算过程要公开透明，要具有参与性，否则执行起来矛盾多、困难大。

4．多样性

需求的多样性决定了激励内涵的多样性，同时激励内涵的多样性有利于提高对员工激励的有效性。人的心理发展是具有周期性的，在不同的阶段，心理特征是不同的，激励必须随着人的心理发展而调整，建立动态激励体系，使之与其相适应。管理学上的复杂人性假设、马斯洛的需求层次理论等也都验证了这一点。另外个人在组织中的职位不同，决定了其所在工作环境的差别，同时也就形成了个体需求的特殊性。

由此可见，企业要根据不同的类型和特点制定激励制度。而且在制定激励机制时一定要考虑到个体差异，例如女性员工相对而言对报酬更为看重，而男性则更注重企业和自身的发展。在年龄方面要有差异，青春后期和成年早期的员工自主意识比较强，由于这一层次的年轻人刚刚步入社会，家庭一般不再给予其经济资助，有的人还要反过来资助家庭，加之他们本身还得考虑组建或维持属于自己的新家庭，以及应酬各种必要的社会关系，对工作条件等各方面的要求比较高，因此“跳槽”现象较为严重；而成年中期的员工则因为家庭等原因比较安于现状，相对而言比较稳定，对他们的精神激励需时时注意兼顾个人及家庭，要让他们的家庭分享到他们的成功与喜悦，一般采取晋升、授权或使之参与管理、实施不影响完成工作任务情况下的柔性工作时间制、给受奖者爱人（或父母、子女）授予支持员工工作奖等措施。在文化方面，有较高学历的人一般更注重自我价值的实现，既包括物质利益方面的，又包括精神方面的，例如工作环境、工作兴趣、工作条件、个人发展等，这是因为他们在基本需求能够得到保障的基础上注重追求精神层次，而学历较低的人则首要注重的是基本需求的满足。在职务方面，管理人员和一般员工之间的需求也有不同。因此企业在制定激励机制时一定要考虑到企业的特点和员工的个体差异，这样才能收到最大的激励效果。

5．竞争性

竞争性包括两个方面，即企业对外部的竞争性和企业内部人员之间的竞争性。外部竞争性指在社会上和人才市场中，企业的奖酬标准要有吸引力，才足以战胜其他企业，招聘到所需的人才。究竟应将本企业薪酬摆在市场价格范围中的哪一段，要视本企业的财力、所需人才的可获得性等具体条件而定，但要有竞争性，开价至少不应低于市场平均水准。内部竞争性就是要在企业内部各级各类职务的奖酬水准上，适当拉开差距，真正体现按贡献分配的原则。

6．动态性

企业的激励机制需要进行动态调整。一方面外部环境在变化，另一方面企业员工的生命周期、企业生命周期等处于不同发展阶段，企业也要随之进行相应变化。

7．绩效性

激励的依据从根本上来说是绩效标准，也就是效率优先，绩效面前人人平等，唯才是举，用能力水平来判别。能力必须通过一定的外在形式表现出来，这就是绩效标准，如科技人员获得成果的数量、级别，发表论文的数量与级别，经营人员创造的社会经济效益，营销人员的销售数量，以及生产人员的生产质量、数量等。评定人才价值，要坚决克服论资排辈、根据级别论功行赏的弊端，要真正做到对人才进行客观公正评价，绩效标准要科学，要不断完善企业绩效考核制度。

要明确（组织、部门或团队、个人）绩效与组织整体战略的关系。企业应根据整体战略，制定公司层面的绩效目标，然后将具体目标逐层分解，使各个层次的利益与组织的整体利益保持一致。

2.3.2 相关人员的激励措施

任何一个组织都包含若干层级，不同的层级目标任务不同，人员情况差异明显，信息占有量不同，关注的领域各自有别，因此激励的方式和手段应有所不同，才会达到较理想的激励效果。

高层管理者处于组织结构的顶层，人员素质较高，要解决的问题通常涉及组织生存与发展的大事，要求管理层工作和决策具有全局性和创造性，使创业者和高层管理者具有成就感是这一层次激励的主要内容，激励效果体现在管理者的创新管理、企业文化等方面的塑造上。基层员工激励则应更多地体现为满足员工生存、生活、安全的基本需求，从更为具体的工作条件、工资待遇的改善上入手，激励效果体现为员工工作效率的提高、工作质量的改善，以及员工对组织目标的认同上。组织的中层是联结组织决策者与基层的纽带，协调、沟通是其重要职责，组织对中层人员的激励，既要满足其基本生活需要，又要适当地给予成就感、荣誉感。层次激励的区分只是相对的，侧重点不同而已，因为高层人员也要生存、生活，而基层人员也需要成就感。

新创企业的激励对象主要包括创业者、关键技术人员和研发人员、一般员工三个层次。

1. 对创业者的激励

对创业者的激励，目的在于使创业者保持持久的创业冲动。激励的方式主要包括自我激励、个人股权激励、可中断分期投资激励。

（1）自我激励。创业者首先要自我激励。这包括自我意识激励、自身价值激励、自我理念激励、自我兴趣激励、创业目标激励、同行差距激励和财富积累激励。

- 自我意识激励：即要有“我想当老板、我想拥有自己的企业”的意识。不要满足于做他人棋盘中的棋子。一些成功的创业者往往认为，受雇于他人比自己创业风险更大。
- 自身价值激励：即要有“我要有所作为”的意识，要有“我要成就某件事情”的决心。事实上，有些人所做的事情，在别人看来往往是毫无意义的，那他们为什么还要全力以赴地做呢？关键在于他们认为那件事情对他们来说有巨大的内在价值。
- 自我理念激励：即以某种创业理念激励自己。创业理念是集中反映创业企业个性，对所有创业成员及员工具有激励作用，对企业发展具有指导意义的价值体系或观念体系。它包括企业宗旨、企业价值观念体系、企业精神、企业伦理观念等方面的内容。
- 自我兴趣激励：即我做自己想做的事情，只要不犯法、不违德，不管别人怎么看。哈佛大学教授克拉克认为，创业是一件极具诱惑力和挑战性的事情。如果创业者能视创业为自己发自内心的兴趣，那其一定会继续努力，成功也就不远了。

- 创业目标激励：即设定某种目标，作为创业的方向，如做同行中的最佳者、最大者、最强者等。目标对创业者有很强的刺激作用，它可以使创业者为之拼搏。当然，目标有理性与非理性之分，这里讲的是理性的目标激励，而不是那种动不动就想成为世界 500 强的狂想，或者是像前巨人集团“三年超首钢”那样的不切实际的空想。
- 同行差距激励：即与同行相比较，寻找差距，以缩短与他人的距离或超过他人，激励创业者将新创企业不断推向新的发展高度。这里所称的差距，可以是加大作为领先者的领先距离，或者是缩小作为追随者的追随距离。加大领先距离或缩小追随距离，都可能激发创业者持续不断地向着目标迈进。
- 财富积累激励：即以创业者财富的合法积累为成功的标志之一，据此激励自己持续创业。这是因为在市场经济中，个人所积累财富的多少是成功与否的标志之一，在一定程度下决定着人们的社会地位。创业者要想不断地提升自己的社会地位，就必须通过创业逐步积累个人财富。

总之，创业者通过创业可以带来高额的经济回报。然而，经济收益并非创业者的唯一激励因素，甚至不是最重要的因素。满足“自我实现”是创业者重要的需求，因此创业并经营好风险企业本身就对创业者构成激励。应当指出，精神激励对社会的发展与进步有着重要作用，特别是在艰苦的创业活动中，它对创业者的作用远非物质激励可比。

（2）个人股权激励

创业者要为新创企业付出自己的努力，要在新创企业成长过程中承担风险，要经受创业过程中的磨难、痛苦或欢乐，当然，也会为新创企业的成长做出自己的贡献。因此，无论创业者是否在新创企业中投入了资金、技术或实物资源，都应在新创企业中拥有一定的股权。

这里，对于那些直接投入了资金、技术或实物资源的创业者，可以直接给予股份，而对于那些付出了管理、经营、研发努力的创业者，可直接给予所谓的干股或期权，以期权将创业者与新创企业的成长紧紧地绑在一起，这对新创企业的成长无疑是有利的。例如，联想集团改制过程中的做法就产生了较好的效果，1994 年底，明确了中科院代表国家持有 65%的股权，联想职工持有 35%的股权，其中高层管理者获得了可观的职工股，大大调动了创业者的积极性。

（3）可中断分期投资策略激励

可中断的分期投资策略是对创业者的一个重要激励机制。在风险投资方可中断分期投资策略的威胁下，创业者为了从风险投资方获得生存发展所必需的后续投资，必须提高公司的运营效率，改善公司的经营管理。他们中的成功者将获得风险企业发展所必需的追加投资，从而发挥了可中断分期投资策略对创业者的激励作用，形成了对创业者的激励机制。

分期投资策略在苹果电脑公司和联邦快递公司的案例中得到了充分体现。对苹果电脑公司的风险投资分为三期，第一期发生于 1978 年 1 月，以每股 9 美分的价格投入 51.8 万美元；第二期发生于 1978 年 9 月，以每股 28 美分的价格投入 70.4 万美元；第三期发生于1980年12月，以每股97美分的价格投入233.1万美元。对联邦快递公司的风险投资也分为三期，第一期发生于1973年9月，以每股204.17美元的价格投入1225万美元；第二期发生于1974年3月，以每股7.34美元投入640万美元；第三期发生于1974年9月。以每股63美分投入388万美元。有趣的是，在两个分期投资的案例中，投资的股票价格一个随着企业价值的增长而提高，这是符合投资规律的，另一个却随着企业的价值增长而降低，这有些令人费解。专家研究表明，这主要是因为风险投资的股票定价参考股票的市场价格，在对联邦快递公司投资的过程中，正好遇上股票市场价格“大跳水”，所以对联邦快递公司投资时，股票作价越来越低。

2. 对关键技术人员和研发人员的激励

在新创企业中，必须关注关键技术人员和研发人员（以下简称技研人员）的激励问题。作为企业技术创新主体的关键技术人员和研发人员属于典型的知识型员工。其本质特征是拥有企业发展所需要的技术创新知识和创新精神，这种技术创新知识和创新精神与创业的其他资源相结合，能够转化为具有市场价值的产品和服务，为企业带来市场和利润。企业可根据自身的技术特点、产权安排以及外部劳动力市场的状况，对其选择合适的激励组合。

（1）薪酬激励

如果支付的薪酬与贡献出现较大偏差时，技研人员便会产生不满情绪，降低工作积极性，因此，必须让薪酬与绩效挂钩。这就要求企业建立一个完善的绩效评价体系，对员工个人贡献进行正确评估，支付合理酬劳。鉴于研发团队的工作性质，在对员工绩效评价时，应综合研发团队、研发小组、研发人员三方面的考核指标，并采用上级、同事、专家三方评价的方法，力求绩效评价的准确性。

（2）股权激励

在股份制企业，采用股权分享的方法来实现对技研人员的持续激励是一种基本发展趋势。技研人员是人力资本，资本所获取的是其所创造的价值，股权分享真正体现了人力资本与物质资本一样参与企业剩余分配。股权分享还体现了组织对技研人员拥有的异质性知识的承认与重视，使其长期利益及其知识的市场价值与企业的长期发展紧密联系起来，因此，具有良好的自我激励效果。对于研发活动这种技研人员可以控制较多私人信息，进行不确定性较高的活动的管理，股权分享的激励方法是必要的。

（3）机会激励

在知识经济时代，知识已经成为一种资本。作为知识型员工，技研人员十分关注知识的市场价值及其变化趋势，对是否有机会发挥个人知识专长，是否有获得知识更新的机会都非常重视，所以机会激励对技研人员是一种有效的激励措施。这里的机会是指各种学习、指导、培训以及获得有挑战性工作的机会。

（4）研发生涯路径激励

多重职业生涯路径，是发达国家企业组织中激励和留住专业技术人员的一种普遍做法。我国对专业技术人员传统的激励方式就是将其提拔到管理层，这种做法有严重的弊端。管理工作可能不符合某些专业技术人员的职业目标，他们并不想获得更高的行政职位、拥有更大的管理权力，如果硬是将他们推上管理岗位，他们一方面会因为缺乏兴趣而做不好管理工作，另一方面脱离了专业技术工作，使他们经过多年积累的技术和知识、经验和能力都不能发挥作用，这对组织来说是一种极大的浪费。因此，企业应该给技研人员提供一条不同于管理生涯路径的升迁机会——研发生涯路径。技研人员可以沿着这条路径由低到高发展：研发员—研发工程师—研发代表—研发专家—高级研发专家—研发科学家。研发路径与管理路径的层级结构是平等的，每一个研发等级都享有与管理等级相同的地位和薪酬，以达到公平。这样既保证了对技研人员的激励，又使他们能充分发挥自己的专业特长。

（5）情感激励

知识型员工大多受过良好的教育，受尊重的需求较高，尤其对于技研人员，他们自认为对企业的贡献较大，更加渴望被尊重。企业的管理者应该多与他们沟通，征求他们的意见，让他们参与企业的决策讨论，以增强他们的被认同感和对企业的依赖感。一个生日蛋糕，一件小小的礼物，带来的可能是人才的聚拢和企业的收益。

（6）环境激励

企业内部良好的技术创新氛围，企业全体人员对技术创新的重视和理解，尤其是管理层对技研人员工作的关注与支持，都是对他们有效的激励，而且研发活动的有效开展甚至成功对外界资源具有较大的依赖性。创造良好的工作环境，配置较好的科研设备和齐全的资料，使他们能够顺利地从事研发工作，满足他们对研究科学问题所固有的好奇心，也是一种特有的激励手段。

（7）其他激励

除了上述一些激励方式，还有其他一些激励方式，如弹性工作制，由于技研人员的工作具有自主性特点，宽松、灵活的弹性工作时间和工作环境对保持创新思维很重要。对于做出特殊贡献的技研人员，可以采取研发成果署名制度，这样既让署名的员工因得到社会认可和声誉提升而深受鼓舞，又对其他员工形成鞭策，有利于激发他们的工作热情。此外，企业还可以采用利润分红、科技奖励、科研津贴等方法来调动技研人员的积极性。

企业技研人员的需要是多层次、多样化的，各种激励手段都有其特定的激励效果与局限，所以企业应根据技研人员的特点以及企业的条件来选取激励组合，发挥最大效用。目前，我国经济发展水平比较低，薪酬、奖金等物质因素对技研人员仍具有很好的激励效果。但从长远来看，技研人员的收入水平达到一定层次后，物质激励作用会逐渐减弱，个人的成长发展、精神上的满足与愉悦才是他们的根本需求。

3. 对一般员工的激励

在这里，一般员工包括一般管理人员（职能部门工作人员）、销售人员、生产一线人员等。在新创企业中，对一般员工激励的目的在于诱导所有员工形成“企业长，我也长，我与企业共存亡”的意识，形成企业的整体行动力，使所有员工都投入创业者推动的创业活动，为实现创业目标而努力。

（1）评价激励

所谓评价激励，即通过正确的评价员工的能力、努力和绩效，激发员工不甘落后、努力进取的意识与行动。例如，海尔实行的“三工并存，动态转换”用工制度，即在全员合同制的基础上，将所有员工分为优秀员工、合格员工、试用员工三个等级。根据工作绩效，“三工”之间进行动态转换并与个人报酬挂钩。大学生经过实践锻炼，可以竞聘走上部门经理级别及其以上岗位，工人可以通过招聘走上管理岗位。

在国外，微软每 6 个月对员工进行一次评价，并将员工分为四个等级，即特优、优、一般、需要进步。通用电气公司施行“360 度绩效考核体系”，即每个员工都要接受上司、同事、部下及顾客的全方位评价，其中包括员工能力评价、努力程度评价以及业绩评价，并把员工分成五个等级，第一类占 10%，他们是顶尖人才；次一些的是第二类，占 15%；第三类是中等水平的员工，占 50%，他们的变动弹性最大；接下来是占 15%的第四类，需要对他们敲响警钟，督促他们上进；第五类是最差的，占 10%，只能辞退他们。

评价的具体方式有多人比较、多人评估、自我评估。评估后从以下两个方面鼓励员工：一是外在奖励，与收入挂钩；二是内在奖励，为员工提供提高技能的机会。

（2）报酬激励

报酬激励是在正确评价员工业绩的基础上，通过报酬的合理化，给员工以适当的激励。一般情况下，可采取低基准工资、高奖金报酬的激励方法，以产生较好的报酬激励效果。常见的方法有以下几种。

- 计时工资与计件工资：在制造企业中，一般情况下，计时工资宜占收入的 30%～50%，以解决员工生存和安心的问题；计件工资宜占 50%～70%，以激励员工生产更多的合乎订单要求的合格产品。
- 基本工资与奖金：即以基本工资加奖金的结构来向员工支付报酬。如美国大多数公司员工的基本工资与奖金的比例是 3:7，日本是 5:5，我国企业有 5:5、4.5:5.5、4:6 等几种情况。
- 个人收入与企业效益挂钩：如某些公司，销售人员可按销售收入的 3%～5%进行提成，取消各种奖金和津贴。

（3）目标激励

设置合理的目标可以调动人们的积极性。一位著名的企业家说过，当我们想要达到这些看似不可能的目标时，往往就会使出浑身解数，展现一些非凡的能力。而且，即便到最后我们仍然没有成功，我们的表现也会比过去更加出色。

一般情况下，设置的目标要比能力高，不要怕一次达不到，要有挑战性，敢同国内外的先进企业较劲。一位年逾古稀的美国著名企业家说：“年终时，我们所衡量的并非是否实现了目标，而是与前一年的成绩相比，在排除环境变化因素的情况下是否有明显的进步。”当然目标要与计划结合起来。

（4）理想激励

每位员工都有自己的理想，如果他发现自己的工作是在为自己的理想而奋斗，就会焕发无限热情。管理者应该了解员工的理想，并努力将公司的目标与员工的理想结合起来，实现公司和员工的共同发展。

通用电气公司总裁韦尔奇说："使员工们意识到他们有潜力不断进步，并将这种进步潜力转化为目标最为重要。使公司以最快的速度发展就是我们的目标，我希望员工能够发挥主动性，出谋划策促进公司发展。如果事事都要我来做，要他们何用？"

（5）参与激励

参与激励即让员工参与新创企业的决策、管理、创新，使员工意识到他对新创企业的作用，从而激励他为新创企业的成长贡献力量。

进行参与激励有一点非常重要，就是要在公司的组织制度上为员工参与管理提供方便，这样更容易激励员工提高工作的主动性。管理者首先要为每个岗位制定详细的岗位职责和权利，其次要让员工参与制定工作目标的决策，让员工对自己的工作过程享有较大的决策权。如日本最佳电器株式会社根据员工意见对管理人员进行奖惩；一些国家广泛开展群众性的 TQC 小组活动，把生产现场和企业管理的改进、改善和革新融为一体。

（6）位置激励

所谓位置激励，即选用最适当的人做最恰当的事，从而激励员工为企业成长尽心尽力。在企业新创阶段更需要如此，因为将最适当的人安排在最适当的位置，他就会为自己的工作设定目标，并自觉地为达到既定目标而努力，从而使企业成长得更快、更稳。如在微软公司，公司的高层管理人员着力于为公司寻找比自己更优秀的人，并将他们安排在需要优秀人才的位置上。通用电气公司总裁韦尔奇说过："我主要的工作就是去发掘有优异想法的人，并让他们在适当的位置做最优秀的事情，做出最优异的成绩。"

（7）榜样激励

榜样激励包括创业者、高管人员行为激励和优秀员工榜样激励。企业创建初期，前景未卜，企业高层管理人员与员工同甘共苦、有难共担，对企业的前景呈现积极乐观的态度，自然有助于员工与创业者共谋大业。在工作上，创业者及高管人员身先士卒，做出榜样。上行下效，就可能使企业朝着健康方向发展。为了让员工与创业者同心协力，创业者和高管人员对自己的言行举止应当严格要求，希望员工做到的事情，自己首先要做到。

群体中的每位成员都有学习性。公司可以将优秀的员工树为榜样，大力表彰，让大家向他们学习。虽然这个办法有些陈旧，但实用性很强。正如一个坏员工可以让大家学坏，榜样可以改善企业的工作风气。

（8）能力激励

为了让自己将来生存得更好，每个人都有发展自己能力的需求。我们可以通过培训激励和工作内容激励满足员工这方面的需求。

① 培训激励：在知识经济时代，特别是在高新技术行业中，任何人都需要不断充实自己。为自己积累竞争的知识资本与能力资本。据此，如果企业能给员工提供一定的培训机会，自然就有助于员工与企业生死共存。培训激励对青年人尤为有效，在许多著名的公司里，培训已经成为一种正式的奖励。常见的培训形式有：公司老总亲自为员工培训；员

工自学（自考大专、本科等），通过考试后公司报销书费、培训费或者给予提升一定的工资等级；派送员工参加各种形式的研讨班；在职攻读 MBA 学位等。

② 工作内容激励：用工作本身来激励员工是最有意思的一种激励方式。如果我们能让员工做其最喜欢的工作，就会产生这种激励。管理者应该了解员工的兴趣所在，发挥各自的特长，从而提高效率。另外，管理者还可以让员工自主选择自己的工作，通过这种方式安排工作，工作效率自然会大大提高。

（9）荣誉激励

为工作业绩突出的员工颁发荣誉称号，代表公司对这些员工工作的认可。让员工知道自己是出类拔萃的，更能激发他们的工作热情。

（10）环境激励

环境激励主要包括两部分：一是公司的政策环境激励。如公司良好的制度、规章等都可以对员工产生激励。这些政策可以保证公司内部的公平性，而公平感正是员工的一种重要需要。如果员工认为他是在平等、公平的公司中工作，就会减少由于不公而产生的怨气，从而提高工作效率。二是公司的客观工作环境激励。如办公环境、办公设备、环境卫生等都可以影响员工的工作情绪。在高档次的环境里工作，员工的工作行为和工作态度都会向"高档次"发展。

（11）竞赛激励

企业可以通过竞赛的形式来激励销售人员，让他们在销售活动中进行竞赛，激励销售人员使出浑身解数来提高销售业绩；同时企业也可以在一线生产人员中开展竞赛，激励一线生产人员努力提高生产绩效。

（12）授权激励

授权激励就是下放给员工适当的权利。因为人人都愿意承担责任，让员工自己承担一定的责任，对自己的行为负责，充分运用授权，可激发员工的工作积极性。表 2-2 比较了员工不同激励形式的特点。

表 2-2　企业员工不同激励方式的比较

激励形式	人员类型			
	一般管理人员	销售人员	研发人员	车间人员
评价激励	优、中、一般	优、中、一般	优、中、一般	优、中、一般
报酬激励	考核绩效、职位等级	销售量、市场占有率	产权激励	产量
目标激励	职能领域工作	新市场开发等	研发新产品	日均产量
理想激励	职业经理人、企业家	经理人	技术专家	高级技工
参与激励	职能管理、公司战略	营销管理	技术创新管理	生产管理
位置激励	部门经理	区域销售经理	技术发展部经理	车间管理人员
榜样激励	高管、优秀员工	高管、优秀员工	高管、优秀员工	高管、优秀员工
荣誉激励	优秀部门员工	销售状元	技术改造先进个人	车间能手

续表

激励形式	人员类型			
	一般管理人员	销售人员	研发人员	车间人员
能力激励	职业培训、工作轮换	营销技能	技术培训及进修	操作规程
环境激励	办公环境、工作氛围	员工对他们的态度	管理较为宽松	操作环境
竞赛激励	—	销售竞赛	—	生产竞赛
授权激励	职务丰富化	负责市场区域扩大	负责整个项目	某项自主权

除了上述各激励途径和方法之外，企业文化也是不可或缺的激励因素。最近国内经济学界在讨论激励问题时流行分析“分粥制度”。这讲的是有一个数人组成的小团体，他们每个人都是平等的，但同时又是自私的，他们每天都要面对在没有计量工具的状况下分食一锅粥。为了能公平分食，他们设计了诸多制度，如指定一名专业分粥的人；一人分粥一人监督；轮流值日分粥；对于分粥，每人均有一票否决权；成立一个分粥委员会等。经反复实践后，大家发现这些制度或者成本太高，或者效果不好。最简单且低成本的制度是调整取粥的顺序安排，即只要让分粥人最后取粥，就可促使分粥公平。这是个典型的“经济人”或“自私人”假设条件下的制度安排。而如果在一个具有互助友爱、团队合作精神为企业文化的企业内，这一切都是多余的。因此，企业文化是其他激励制度与措施的大环境与背景，它涵盖了企业管理的全过程和企业的各个层面。

【案例】

华为内部股份制，对“谁来激励、激励什么”这两个世界性的难题，做出了有益的探索：公司发展了，老板不首先把自己的兜子塞满，而是把员工的兜子塞满。让员工成为企业主人，让他们共绘一幅巨画，激发自己的想象力和潜能。

不少人因为“逼上梁山”不得不创业，但少有人一创业就掉进无底洞。任正非 43 岁创业时，一家人还住在简易棚屋里，母亲常去菜市场捡清场时的菜叶。他 2 万元注册了华为，公司稍有点钱就投入巨额资金研发。他只知道市场空间巨大，却不知挑战的对手是国际一流大公司。在极为艰难和简陋的环境中，华为瞄准世界一流搞研发，遥遥无期中注定了生存危机:租赁的办公和生产地点，因租金拮据，每过一两个月就要搬一次办公室。华为员工大多来源于贫寒家庭，名义上工资不低，但只能拿一半，而且还不知哪天能发下来；经常半年发不出工资，很多时候发工资是打白条。

任正非简直狂妄自大！一旦研发失败了，什么都将打水漂。员工私下议论最多的是公司哪天会破产，担心账上那一半的工资打了水漂。一些老员工耗不住了，分了钱就走了。创业团队也有 3 人选择了“落袋为安”，离开华为。到公司发年终奖后，好多人跳槽了。前面的人做了一半走了，后来的人又从头做起，形成一个又一个断档。更有甚者，公司以高薪从北京挖来一个通信电源专家，给他在华为高管楼分了套房子，还把仅有的几个深圳户口指标给了他一个。1993 年，产品刚开发出来，这个专家便带着通信电源的技术骨干离开了华为，自立门户，在深圳开了家通信电源公司。

面对这样的局面，大多数人会崩溃，会很自然地放弃初发心，放弃巨资研发，转而找现实点的活下去的办法。可任正非“不随大流”，他有梦想和意志力，这是他活下去的支撑。在这段日子里，任正非找父亲商量，父亲说，民国时期，都是大老板投资，再请掌柜的。掌柜不出钱，却每年可以有 4 至 6 成的分红。掌柜的都是自己给自己加压。父亲的话一下子撞醒了任正非，于是他做了两件事：第一，带头将手中的股份剥离，将拖欠员工的工资、奖金转换为员工持股；第二，尽管资金捉襟见肘，但对于执意要离职的员工，从来不拖欠工资。离职员工拿到的钱往往比他们想象的还要多。

这两招还真管用，军心稳住了。那是一段刻骨铭心的日子，所有员工都勒紧裤带，全力以赴投入事业。运营商一有情况，员工就立刻出发，在现场不解决完问题就不能回家。那时，也是华为“床垫文化”最时兴的时候。问题解决小组或研发团队成员，常常拉个床垫睡在工作现场。任正非在 1995 年说：“由于资金的不平衡，公司一次又一次地面临危机，一次又一次被推到危险的边缘。是谁挽救了公司，是什么神暗中保佑？是集体奋斗之神，是数千员工及家属之魂托起的气场保佑了公司。”

任正非明确提到了“气场”。公司搭建平台就是建构上下同欲的磁场，大家心往一处想、劲往一处使，这会释放员工的创造性，使每个人的智慧和创造性都空前爆发。因此，这也成就了不少华为英雄。1998 年，华为有了起色后，任正非以养老基金的方式，全部补发和兑现了拖欠员工的工资转成的股份，实现了他的承诺。这些股份的现实价值，只有当华为员工离开时才大吃一惊。离开的高管，拿走几千万元是常有的事。拿走几亿元也不少见。

本章小结

创业者是创业的主体。创业者既可以是一个单独的个体，也可以是一个团队。本章首先介绍了创业者个体特征、创业者所应具备的素质与能力，然后阐述了创业团队的类型、构成要素，分析了创业团队的组建原则和组建过程，研究了优秀创业团队的开发理念和方法。系统介绍了创业团队的激励机制，包括激励的基本原则，以及对创业者、关键技术人员、一般员工三个层次的激励措施，以最大限度地调动和发挥人力资源的创新潜能。创业成长和团队成长是一个相辅相成的过程，创业者应当在团队成长中逐步提升管理的效率和效果，同时，通过企业的成长反过来带动团队目标的实现以及每个团队成员的个体成长。

思考题

1. 创业者的主要特征包括哪些方面？你觉得自己是否拥有成为创业者的能力和素质？
2. 创业者有哪些类型？创业者与企业家的关系如何？

3. 简述创业团队的类型和构成要素。
4. 成功的创业团队具有哪些特征？如果自己创业，你将如何组建创业团队？
5. 当团队成员出现分歧时，创业者应当如何解决这一分歧。
6. 创业团队的激励措施有哪些？如果你打算创业，你将如何设计激励方案？

案例讨论

大光与 V2 视觉摄影

大光是个一说话就笑的小伙子，18 岁开始就在影楼打工，一干就是 12 年。29 岁那年，他借了一台相机，又借了些钱，在成都市的居民楼租了一套 60 平方米的房子，开了一家名叫 V2 视觉摄影的小照像馆。开张 3 个月，几乎没什么生意。终于有一天，他接到了一个 1999 元的大订单，指定要去赶羊沟拍红叶。赶羊沟，四川雅安保兴县一个还没有开发的原始森林地区，距离成都 300 多公里，其中还有 40 多公里的山路。打听好路线，大光带着自己所有的家当，一行人挤在一辆家用小轿车里就出发了。经过一天多的颠簸，第二天天快擦黑的时候，一行人终于到了赶羊沟，在护林站求住了一宿。天一亮，他们就兴冲冲地出了门。可是没走几步，大家就傻眼了，眼前只有少得可怜的红叶，大家只好背上化妆箱和装满婚纱的大包徒步寻找红叶，可是走了一个多小时，根本没有发现合适的拍摄景点。大家都觉得走不动了，回去算了。大光心有不甘，他一个人继续往前走，走到一个山口，突然觉得眼前一亮，他看见了一片美丽的花海，与电影中的场景一模一样。大光通过步话机叫大家，说前面有一片花海叫大家赶紧过来，大家爬了很长的一段上坡，爬上去以后看到了一个河滩，里面相当漂亮的花海让大家马上想起刚刚看完的电影《十面埋伏》。

谁能想到这么美的照片竟然是大光意外得来的，照片传到网上后引起的反映更是让大光意外。咨询的电话不断，一个个订单也随之而来，仅仅一个星期的订单就得拍 9 个月。原本默默无闻的大光就这样一下子火了，赶羊沟也火了，吸引了很多摄影师前去。但是大光渐渐对赶羊沟失去了兴趣，他想另辟蹊径。碰巧有客人提出，能不能到一个叫四姑娘山的地方去拍摄？这对大光来说正中下怀。

四姑娘山自古就有“蜀山皇后”和“东方圣山”之称，山顶冰雪覆盖，沟谷绿草如茵，鲜花盛开，一座山就可以展现春、夏、秋、冬四季不同的景色。但是当大家兴冲冲地驱车近 300 公里，来到四姑娘山脚下的时候，又一次傻了眼：冬天那边封山了，进不去。大光只好乘兴而来，失望而归。就在打道回府的路上，看着窗外俊美秀丽的雪山，大光突然来了灵感：要是拍摄一组雪景婚纱会是怎样的效果？大光决定试一试。

大光拍摄的雪景婚纱照同样获得了客户的赞扬。在客户的鼓励下，大光将信将疑地把照片发到了网上，没想到竟然引来了网友的高度赞扬。没几天，就有一个客户找上门来，指定要拍雪景，大光便又一次带着客户向着八郎雪山进发了。照片发到网上后，好评如潮，订单像潮水般从四面八方涌来。大光敏感地觉得这可能是一个赚钱的好路子。他在网上发布了 2005 年空档的预约通知，10 多分钟后，空档预约就全部被订完了。名不见经传的大光迅速成为国内婚纱摄影界有名的大腕。为了能让更多的顾客拍上大光式的婚纱照，他又精心培养了 7 名摄影师。就在他挽起袖子准备大干一场的时候，有一件事却让他痛彻肺腑。

看着旅游式婚纱照市场前景如此巨大，全国各地模仿 V2 的影楼也雨后春笋般冒了出来，V2 的摄影师成了人见人爱的香饽饽，自己的员工被别人纷纷挖走。大光不怒反笑，他自信地说，挖我的人，那证明我们的水平高啊！可是突然有一天，一个摄影师的离去，让一向坚强的大光哭了。离开的人是大光以前打工时认识的一个兄弟，V2 火爆后，兄弟就来投奔他。对这个徒弟，大光格外优待，倾注了无数的心血。一年后，原本基本功极差的徒弟成了 V2 独当一面的名牌摄影师。其他摄影师纷纷离开后，徒弟向大光发誓，只要 V2 在，他就不会离开。可就在发誓后的第二天，大光却接到了徒弟发来的辞职短信："师傅很对不起，经过慎重考虑我还是要离开。"徒弟的突然离开，让大光好长时间缓不过劲来。他把所有的精力都投入到摄影创作，不断开发新的项目，雨景婚纱照、海底婚纱照、夜景婚纱照，推出一个火一个。

大光认为自己的特长就在摄影上，何不找个职业经理人打理，那些让自己头疼的事情就留给擅长的人去做？正在大光发愁上哪找人的时候，一个人不请自到。刘佳，一个国外广告公司的职业经理人，定居海外。2005 年，刘佳专门从新加坡飞抵四川拍了一套婚纱照。拍照结束后，两人成了很好的朋友。大光把自己的想法告诉她，表示想请刘佳当经理人，刘佳说要考虑一下。过了一个月，仍然没有一丝音信。两个月后，就在大光已经放弃，准备另寻他人的时候，意外接到了刘佳的电话。刘佳决定放弃国外的工作，回到成都帮大光做 V2。虽然工资不到国外的 1/5，慎重考虑后刘佳还是接受了大光的邀请。

请结合上述案例思考以下问题：

（1）你认为大光取得成绩的主要原因是什么？请分析其中的必然因素和偶然因素？

（2）你认为大光徒弟的离开是不是必然的？要避免类似的情况再发生，大光应该怎样做？

（3）你赞赏大光聘请职业经理人的做法吗？为什么？

第3章 创业机会与创业风险

马克·吐温说："我极少能看到机会,往往我看到机会的时候，它已经不再是机会了。"

学习目标

（1）掌握创业机会的特征与类型。

（2）掌握创业机会识别的影响因素、过程及方法。

（3）掌握创业机会评价的指标和方法。

（4）认识创业风险,掌握风险评估与管理防范方法。

3.1 创业机会概述

3.1.1 创业机会的概念与特征

创业机会从机会概念延伸而来，理解创业机会首先要明白什么是机会。在汉语里，机会与机遇、时机具有相似的涵义。《三国志》中将机会定义为事物的关键；《辞海》中将机会定义为一些情景条件。《牛津英语词典》将机会定义为"事物朝着有利于目标实现或者使事情达成的一个时间、时机或条件"。

创业活动包含了机会识别和机会开发两大部分，机会是创业的核心要素。

本文认为创业机会的概念可以描述为一种可能的未来盈利机会，创业者识别和开发有价值的机会以创建新企业，通过实体企业或者实际的商业行动的支持，实施具体的经营措施，以实现预期的盈利。

创业机会属于广义的商业机会范畴，但不是一般意义上的商业机会。创业机会与商业机会的根本区别在于利润或价值创造潜力的差异，创业机会具有创造超额经济利润的潜力，而其他商业机会只可能改善现有的利润水平。但必须指出的是，一方面，创业机会与商业机会之间并不存在严格的界限，我们强调两者的差异，目的是要关注机会的价值，突出创新；另一方面，并非只有把握创业机会才能创业，把握有利可图的商业机会也能创业，并给社会创造财富。

事实上，大多数创业者是把握了商业机会从而成功创业的。例如，蒙牛的牛根生看到了乳业市场的商机，好利来的罗红看到了蛋糕市场的商机，在现实生活中，这样的例子不胜枚举。但是，仅有少数创业者能够把握创业机会从而成功创业，一旦创业成功，不仅会改变人们的生活和休闲方式，而且能创造新的产业。例如，易趣、阿里巴巴利用互联网开设网店，当当网、亚马逊等成功地将互联网技术引入图书销售业，e 龙和携程网等成功地将互联网技术引入旅游咨询服务业，等等，这些都极大地改变了人们的生活方式和消费观念。

结合上述案例以及对创业机会的讨论，不难看出，创业机会具备如下重要特征。

1．创业机会首先具备潜在的盈利性

这一特征有两个层面的涵义：一方面，盈利性是创业机会存在的根本基础。创业者追逐创业机会的根本目的是基于创业机会组建企业，进而获得财富。如果创业机会不具备可能的盈利性，对创业者就失去吸引力，创业机会也就不成为机会了。另一方面，创业机会的盈利性是潜在的，并非一目了然。这就需要创业者拥有一定的知识和技能，同时也要有相关领域的实践经验。因此，这也为创业机会的识别和评价造成了一定的难度。

2．创业机会需要依托实体企业或者具体的商业行为来实现

如果不付诸行动，即使拥有再大的潜在价值，创业机会也难以实现。事实上，很多富有价值的创业机会往往转瞬即逝，具有很强的时效性，如果没有及时地把握住，一旦时过境迁，由于条件所限原有市场不复存在，或者已经有其他创业者抢先一步占据市场先机，优先具有巨大价值的创业机会也会沦为无价值的市场信息。因此，在创业机会的识别上，创业者应当做好准备，一旦发现有价值的创业机会，就及时行动。

3．创业机会能够通过不断开发提升其潜在价值

创业机会并非一成不变，其潜在价值依赖于创业者的开发活动，也就是说创业机会并非被发现，而是“创造”出来的。创业机会的最初形态很可能仅仅是一些散乱的信息的组合，只有创业者以及创业过程的各类利益相关者积极参与机会识别，不断磨合各自的想法，创业机会的基本盈利模式才能逐步可行，并且最终建立正式的企业。因此，创业机会的潜在价值具备很强的不确定性，而且并非即刻就可实现，在实际创业中，其价值会随着创业者的具体经营措施和战略规划而发生变动。如果创业者的战略方案与创业机会的特征得到良好的匹配，创业机会的价值就能够得到很大提升，创业活动也能够获得较好的效果。如果相关战略规划与创业机会特征不匹配，甚至具有严重的失误，那么即使创业机会潜在价值很强，也无法得到最有效开发，甚至引起创业失败。

3.1.2 创业机会的来源

对创业机会来源的分析，我们认为美国凯斯西储大学的谢恩教授的研究观点比较有代表性，谢恩教授提出了产生创业机会的四种变革，即技术变革、政治和制度变革、社会和人口结构变革以及产业结构变革。

1．技术变革

技术变革可以使人们去做以前不可能做到的事情，或者更有效地去做以前只能用不太有效的方法去做的事情。新技术的出现改变了企业之间的竞争模式，使得创办新企业的机会大大提高。比如，网络电话协议使得传统的资本密集型的电话业务，转化为一种只需要少量资金就可行的业务，为那些缺乏资本的新企业提供了新的机会。

2. 政治和制度变革

革除过去的禁区和障碍，或者将价值从经济因素的一部分转移到另一部分，或者创造更大的新价值。比如，环境保护和治理政策的出台，会将那些污染严重、对环境破坏大的企业的资源，转移到保护人类环境的创业机会上来。专利技术的严格执行，通过专利费用的形式将价值转移到拥有专利的大公司，使得那些缺乏核心技术的产品，从品牌企业沦为加工厂，或破产倒闭。

3. 社会和人口变革

就是通过改变人们的偏好和创造以前并不存在的需求来创造机会。比如，西方国家的情人节、母亲节、圣诞节等许多节日，越来越渗透到中国人的生活中，并逐步成为年轻一代追求的时尚，因而创造了和将要创造许多新的创业机会。

4. 产业结构的变革

指因其他企业或者为主体顾客提供产品或服务的企业的消亡，或者企业吞并或相互合并，行业结构发生变化，从而改变了行业的竞争状态，形成或终止了创业机会。

不难看出，变化是创业机会的重要来源，没有变化，就没有创业机会。在现实中，许多人充满了创业创意，富有创业幻想，但在众多的创意想法中发现真正的创业机会，并能够有效地利用开发机会，成为成功的创业者，受到许多因素的影响。

3.1.3 创业机会的类型

对创业机会类型的分析有助于我们深入理解、识别和把握创业机会。从不同的角度，对创业机会可以有不同的分类。

1. 从创业机会来源的角度进行分类

从创业机会来源的角度看，创业机会可分为问题型机会、趋势性机会、组合型机会三种类型。

（1）问题型机会。指的是由现实中存在的未被解决的问题所产生的一类机会。问题型机会在人们的日常生活和企业实践中大量存在。比如，消费者的不便、顾客的抱怨、大量的退货、无法买到称心如意的商品、质量差的服务等，在这些问题的解决中，会存在价值或大或小的创业机会，需要用心去发掘。好利来投资有限公司董事长罗红先生就是因为当年买不到表达自己对母亲挚爱的生日蛋糕，萌生了自己开一家蛋糕店的想法。于是，从雅安的第一家蛋糕房，到兰州、沈阳，再到全国，罗红的蛋糕事业越做越大。目前，好利来投资有限公司已经成为中国最大的烘焙食品企业。

（2）趋势型机会。就是在变化中看到未来的发展方向，预测将来的潜力和机会。这种机会一般出现在经济变革、政治变革、人口变化、社会制度变革、文化习俗变革等多种情境中，一旦被人们认可，它产生的影响将是持久的，带来的利益也是巨大的。美国米勒啤酒公司开发生产淡啤就是一个很好的例子。20 世纪 70 年代，美国出现的全国性健康热潮和由于美国生育高峰造成的年轻人比重提高两个趋势，形成了一个巨大的、越来越注重健康的人群。意识到这种趋势的发生，米勒啤酒公司于 1975 年推出淡啤，将其作为年轻、有男子气概、更注重健康的男人的选择。随着淡啤的成功推出，人们的消费习惯发生了巨大变化，1975 年淡啤只占美国啤酒销售量的 1%，到 1994 年已占到 35%，销售额达 160 亿美元。

（3）组合型机会。就是将现有的两项以上的技术、产品、服务等因素组合起来，实现新的用途和价值而获得的创业机会。这种机会类型好比“嫁接”，对已经存在的多种因素重新组合，往往能实现与过去功能不大相同或者效果倍增的局面（1+1＞2）。比如芭比娃娃就是将婴儿喜欢的娃娃与少男少女形象结合起来，形成的一种新组合，其满足了脱离儿童期但还未成年的人群的需求，最终获得了创业上的巨大成功。

2. 从市场的角度进行分类

从市场的角度看，创业机会可分为识别型机会、发现型机会和创造型机会三种类型。

（1）识别型机会。是创业者面向现有市场的创业机会。在现有市场上通常已有企业在经营，这些企业往往是一些成熟的大企业，创业者只有通过有效的创新手段，营造新的经营模式，才可能在市场上占据一席之地。在迈克尔•戴尔想要进军个人计算机行业的时代，个人计算机产业已经开始飞速发展，很多著名的个人计算机厂商在这一市场中激烈竞争。戴尔开创了一个全新的个人计算机经营模式——向客户直销，绕过了分销商这个中间环节。戴尔从消费者那里直接拿到订单，然后购买配件组装计算机。因此，戴尔计算机公司无需车间和设备生产配件，也无需在研发上投入资金。这样，戴尔通过为消费者消除中间环节获得了大量财富。20 世纪 90 年代，戴尔计算机公司的成功成为很多教科书上的经典案例。

（2）发现型机会。是面向空白市场的创业机会。空白市场属于现有行业范围内尚未被开发的市场。这一市场可能是缝隙市场，尚未被现有的大型企业所关注，但如果经营得当，也可能创造可观的价值。比如，过去农村零售业一直被认为是一个空白市场，许多大型的连锁超市往往致力于开发城市市场，一直忽略农村市场。而在农村，已有的商业体系则只包括一些日渐退化的供销社、农民在业余时间开的杂货铺、隔三差五出现的集市等。现在，这一空白市场正在被很多企业盯上。在各地，规范的农村连锁体系一出现便受到欢迎，显示了强大的生命力。一些发展较为良好的农资连锁品牌包括“农家福”“惠多利”等，而北京物美、京客隆及上海华联等知名连锁集团，也已开始了全国性的农村市场布点。

（3）创造型机会。是面对全新市场的创业机会。这一市场上的创业机会不属于任何已经存在的行业。因此，创业者将要进入的是一个全新的市场，市场上暂时没有任何竞争对手，也没有现成的经营模式可循。在这种情况下，需要警惕的是，这一全新的市场是否具备高度成长可能。

在商业实践中，识别型、发现型和创造型三种类型的创业机会可能同时存在。一般来说，识别机会多半处于供需尚未均衡的市场，创新程度较低，这类机会并不需要太繁杂的辨别过程，只要拥有较多的资源，就可以较快进入市场获利。但把握创造型机会非常困难，在创业者拥有的技术、信息、资源规模往往都相当有限的情况下，更需要创业者的创造型整合资源能力和敏锐的洞察力，同时还必须承担巨大的风险。而发现型机会则是最为常见的，也是目前大多数创业研究的对象。

结合我国经济发展实践不难发现，在改革开放之初，巨大的市场需求瞬间释放，识别型机会占主导地位，“倒爷”成为改革开放后第一代创业者的代名词。逐渐地，市场需求饱和，市场竞争压力增大，识别型机会锐减，发现型机会比例加大，这时候，人们创业不仅需要勇气和投机心理，还需要理性地分析市场环境以寻找市场空缺。可以大胆假设，在未来，创造型机会将回归主导地位，成为推动我国经济社会发展的新兴力量。

3.2 创业机会的识别

3.2.1 创业机会识别的影响因素

影响创业机会识别的因素，包括先前经验、认知因素、社会关系网络、创造性四类主要因素。

1. 先前经验

在特定产业中的先前经验有助于创业者识别机会。同时，创业经验也非常重要，一旦有过创业经验，创业者就很容易发现新的创业机会，这被称为“走廊原理”，指创业者一旦创建企业，他就开始了一段旅程，在这段旅程中，通向创业机会的“走廊”将变得清晰可见。这个原理提供的见解是：某个人一旦投身于某产业创业，将比那些从产业外观察的人更容易看到产业内的新机会。

2. 认知因素

机会识别可能是一项先天技能或一种认知过程。有些人认为，创业者有“第六感”，使他们能看到别人错过的机会。多数创业者以这种观点看待自己，认为自己比别人更警觉。警觉很大程度上是一种习得性的技能，拥有某个领域更多知识的人，往往比其他人对该领域内的机会更警觉。比如，一位计算机工程师，就比一位律师对计算机产业内的机会和需求更警觉。

3. 社会关系网络

个人社会关系网络的深度和广度影响着机会识别。建立了大量社会与专家联系网络的人，比那些拥有少量网络的人容易得到更多的机会和创意。在社会关系网络中，按照关系的亲疏远近，我们可以大致将各种关系划分为强关系与弱关系。强关系以频繁相互作用为特色，形成于亲戚、密友和配偶之间；弱关系以不频繁相互作用为特色，形成于同事、同学和一般朋友之间。研究显示，创业者通过弱关系比通过强关系更可能获得新的商业创意，因为强关系主要形成于具有相似意识的个人之间，从而倾向于强化个人已有的见识与观念。而在弱关系中，个人之间的意识往往存在较大差异，因此某个人可能会对其他人说一些能激发全新创意的事情。例如，一位电工向餐馆老板解释他如何解决了一个商业问题。当听到这种解决办法后，餐馆老板可能会说：“我是绝对不可能从本企业或本产业内的人那里，听到这种解决方案的。这种见解对我来说是全新的，有助于我解决自己的问题。”

4. 创造性

创造性是产生新奇或有用创意的过程。从某种程度上讲，机会识别是一个创造过程，是不断反复的创造性思维过程。

对个人来说，产生创意的过程可分为五个阶段，如图 3-1 所示。

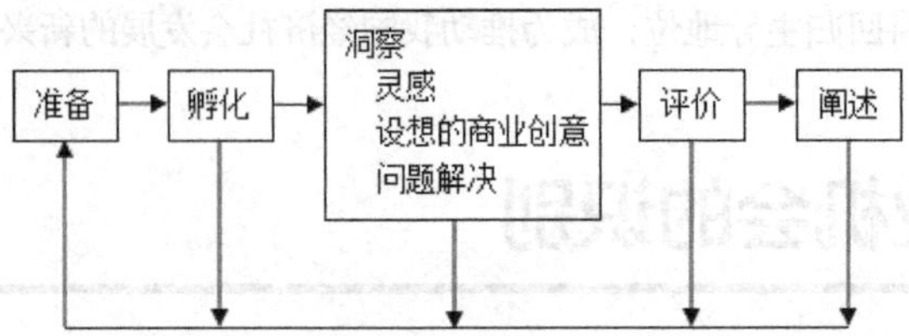

图 3-1　产生创造性创意的五个阶段

在图 3-1 中，从一个方框指向另一方框的水平箭头，表示创造过程持续发展经过了五个阶段。垂直箭头表示，如果在某个阶段，某个人停顿下来或没有足够信息使认识继续下去，他的最佳选择就是回到准备阶段，以便在继续前进之前获得更多知识和经验。

准备是指创业者带入机会识别过程中的背景、经验和知识。就像运动员必须通过练习才能变得优秀一样，创业者需要利用经验来识别机会。研究表明，50% ~ 90%的初创企业创意，来自个人的先前工作经验。

孵化是个人仔细考虑创意或思考问题的阶段，也是对事情进行深思熟虑的时期。有时，孵化是有意识的行为；有时，它是无意识行为，并出现在人们从事其他活动的时候。

洞察是识别闪现，此时问题的解决办法被发现或创意得以产生。有时，它被称为“灵感”体验，在商务环境中，这是创业者识别机会的时刻。有时候，这种经验推动过程向前发展；有时候，它促使个人返回准备阶段。例如，创业者可能意识到机会的潜力，但认为在追求机会之前需要有更多的知识和考虑。

评价是创造过程中仔细审查创意并分析其可行性的阶段。许多创业者错误地跳过这个阶段，他们在确定创意可行之前就去设法实现它。评价是创造过程中特别具有挑战性的阶段，因为它要求创业者对创意的可行性采取一种公正的看法。

阐述是创造性创意变为最终形式的过程，详细情节已构思出来，并且创意变为有价值的东西，比如新产品、新服务或新商业概念。在创业活动中，这正是撰写商业计划书的时候。

3.2.2　创业机会识别的过程

创业机会识别是创业者与外部环境（机会来源）互动的过程，在这个过程中，创业者利用各种渠道和各种方式掌握并获取有关环境变化的信息，从而发现在现实世界中产品、服务、原材料和组织方式等方面存在的差距或缺陷，找出改进或创造的可能性，最终识别可能带来新产品、新服务、新原料和新组织方式的创业机会。这一过程可以概括为机会搜寻、机会识别和机会评价三个阶段，如图 3-2 所示。

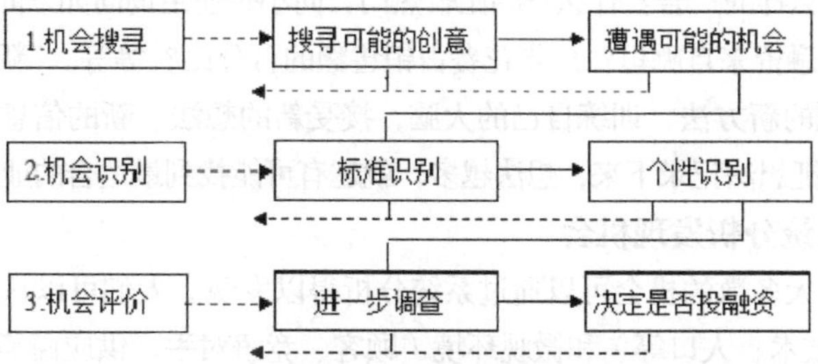

图 3-2　创业机会识别过程的三阶段模型

阶段 1：机会搜寻。这一阶段创业者对整个经济系统中可能的创意展开搜索，如果创业者意识到某一创意可能是潜在的商业机会，具有潜在的发展价值，就将进入机会识别阶段。

阶段 2：机会识别。相对整体意义上的机会识别过程，这里的机会识别应当是狭义上的，即从创意中筛选合适的机会。这一过程包括两个步骤：首先是通过对整体的市场环境，以及一般的行业分析来判断该机会是否在广泛意义上属于有利的商业机会，即机会的标准化识别；然后是考察对于特定的创业者和投资者来说，这一机会是否有价值，也就是个性化的机会识别。

阶段 3：机会评价。这里的机会评价已经带有部分“尽职调查”的涵义，比较正式，考察的内容主要是各项财务指标、创业团队的构成等。通过机会评价，创业者决定是否正式组建企业、吸引投资。

实际上，机会识别和机会评价是共同存在的，创业者在对创业机会识别时也在有意无意地进行评价活动。创业者在机会开发中的每一步，都需要进行评估，也就是说，机会评价伴随整个机会识别的过程。在机会识别的初始阶段，创业者可以非正式地调查市场的需求，以及所需的资源，直到判断这个机会值得考虑或是进一步深入开发；在机会开发的后期，这种评价变得较为规范，并且主要集中于考察这些资源的特定组合是否能够创造足够的商业价值。

3.2.3　创业机会识别的方法

对创业机会的识别可以采用多种多样的方法，这里主要介绍四种常用的方法。

1．“新眼光”调查

阅读某人出版的作品，实际上就是在进行二级调查。利用互联网搜索数据，寻找包含你所需要的信息的报纸文章等都是二级调查的形式。进行全面的二级调查将为进行初级调查做好准备，因为你将知道应该注意哪些问题以及更加快速地切入问题的核心。同时，通过不断获取信息，你将开始建立自己的直觉，“新眼光”也将不断发展。当通过二级调查对行业、顾客、供应商和竞争对手有了基本了解后，就可以开始进行初级调查了。与人交谈，不要把自己的意识强加在他们身上，学会问问题，如希望本地的音像店卖什么？会选择网上购物吗？每个月花在快餐上的钱有多少？向销售商和供应商询问如下问题：我们这样的业务需要什么样的广告？什么产品比较热门？向小企业主询问如下问题：银行往来对象是谁？第一笔融资来自哪里？广告花费占销售额的百分比？等等。“新眼光”调查可以提供很多看问题的新方法，训练自己的大脑，接受新的想法、新的信息、新的统计数据等。观察一切，把想法记录下来，想法越多，就越有可能找到最适合的业务和目标市场。

2．通过系统分析发现机会

实际上，绝大多数的机会可以通过系统分析得以发现。人们可以从企业的宏观环境（政治、法律、技术、人口等）和微观环境（顾客、竞争对手、供应商等）的变化中发现机会。借助市场调研，从环境变化中发现机会，是机会发现的一般规律。日本汽车公司识别和把握美国汽车市场机会就是一个很好的案例。20 世纪 60 年代初，日本汽车公司利用政府、综合贸易商社、企业职能部门，甚至美国市场研究公司广泛收集信息。通过市场调研，日本汽车公司发现有机可乘：美国人把汽车作为身份或地位象征的传统观念正在削弱，汽车作为一种交通工具更重视其实用性、舒适性、经济性和便利性；美国的家庭规模正在变小，核心家庭大量出现；美国汽车制造商无视环境变化，因循守旧，继续大批量生产大型豪华车，因此存在一个小型车空白市场。于是，日本汽车制造商设计出满足美国顾客需求的美式日制小汽车，以其外型小巧、购买经济、舒适平稳、耗油量低、驾驶灵活、维修方便等优势敲开了美国汽车市场的大门。

3．通过问题分析和顾客建议发现机会

问题分析从一开始就要找出个人或组织的需求以及面临的问题，这些需求和问题可能很明确，也可能不明确；创业者可能识别它们，也可能忽略它们。一个新的机会可能会由顾客识别出来，因为他们知道自己究竟需要什么，然后顾客就会为创业者提供机会。顾客的建议多种多样，最简单的，他们会提出一些比如“如果那样的话不是会很棒吗”这样的非正式建议，再比如顾客的抱怨，等等。无论何种方式，一个讲究实效的创业者总是渴望从顾客那里征求想法。

4．通过创造获得机会

这种方法在新技术行业中最为常见，它可能始于明确拟满足的市场需求，从而积极探索相应的新技术和新知识，也可能始于一项新技术发明，进而积极探索新技术的商业价值。通过创造获得机会比其他任何方式的难度都大，风险也更高，而如果能够成功，其回报也更大。索尼公司开发随身听就是一个很好的例子。索尼公司觉察到人们希望随身携带一个听音乐的设备，并利用公司微缩技术的核心能力从事项目研究，最终开发出划时代的产品——随身听，取得了巨大的成功。

3.3 创业机会的评价

创业机会的评价过程，如图 3-3 所示。

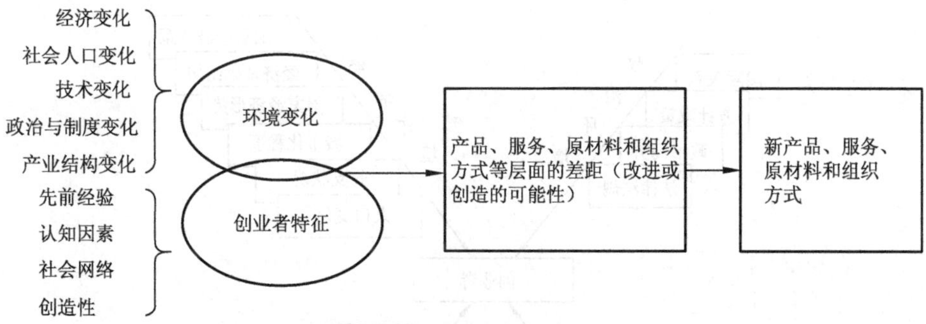

图3-3　创业机会的评价过程

通过图 3-3 可以看出，对创业机会的评价要从创业机会的外部市场价值和内部创业者的自身条件入手，从市场的可能性到商业实施的可能性两方面评估，其评价要素主要有：创业机会的核心特征和创业机会的外围特征两个方面。

3.3.1　创业机会的评价内容

1．创业机会的核心特征评价

这一层次的特征属于创业机会所包含的最为本质的特征，属于创业机会的自然属性，不依赖于创业者或创业机会的其他特征而存在。相反，创业机会的其他特征却往往需要与其核心特征相匹配，才能创造最大价值。创业机会的核心特征需要从市场层面和产品层面分别进行分析。

（1）市场层面的特征

指的是外部市场的发展状况。创业者在选择创业机会时必须考虑当前市场的竞争态势是否有利于机会商业化，创立新企业之后更要根据企业的外部市场特征制订可行的机会开发方案。市场特征与机会开发的效果息息相关。为了完备地评价创业者面临的市场环境特征，通常要从宏观环境分析和产业环境分析两个方面进行。

① 宏观环境的分析。宏观环境又称一般环境，是指影响一切行业和企业的各种宏观力量。不同行业和企业根据自身特点和经营需要，对宏观环境因素所做分析的具体内容会有差异，但一般会涉及政治（Political）、经济（Economic）、技术（Technology）和社会（Social）这四大类因素。因此，在战略研究中，宏观环境分析通常被称为 PEST 分析。创业环境的 PEST 分析，如图 3-4 所示。

政治环境主要是从国家的政治法律方面考察市场环境的特征。一个国家政治状态是否稳定、法律法规是否规范、是否对企业组织的活动有特别的限制和要求、是否对相关产业具有政策上的倾斜，这些对创业者是否决定创业都有重要的影响。

经济环境可以从宏观和微观两个方面进行分析。宏观环境的考察角度可以包括整个国家的人口数量及其增长趋势、宏观经济走向、国民收入状况以及能反映国民经济发展水平和发展速度的其他相关指标。微观经济环境主要考察企业所在区域或所服务区域的经济状态以及消费者的收支状况等因素。经济环境与新创企业的发展密切相关。

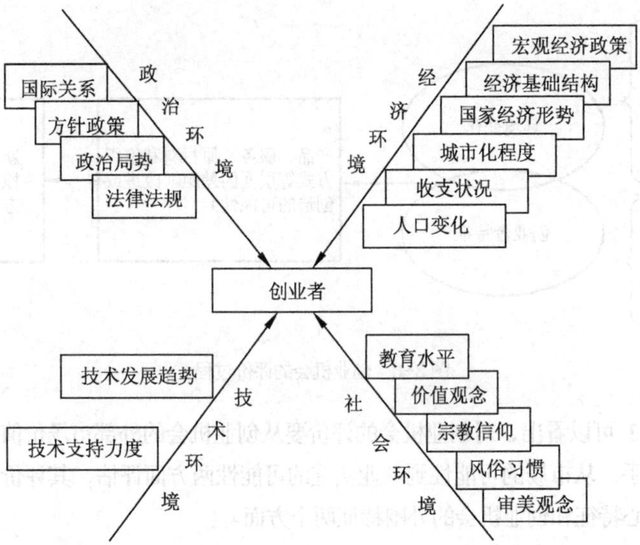

图 3-4 创业环境的 PEST 分析

技术环境一方面体现在企业所处产业的技术水平和未来发展趋势，另一方面包括国家或区域范围内对科技开发的投资和支持状况。显然，高科技创业活动受到技术环境的约束或促进作用更为显著，因此，对这一类型的创业活动来说，识别技术环境的特征尤其重要。

社会环境指的是国家或地区范围内的居民风俗习惯、文化水平、宗教信仰、价值取向等。社会环境对新创企业的企业文化有直接影响。同时，如果企业的产品文化涵义较重，那么尤其需要注重目标市场的社会环境。

② 产业环境的分析。相对于宏观环境的分析，产业环境分析针对性更强，对创业活动的影响也更为直接。在产业环境分析方面，在常用的模型是波特（Porter）所提出的五力竞争模型，如图 3-5 所示。

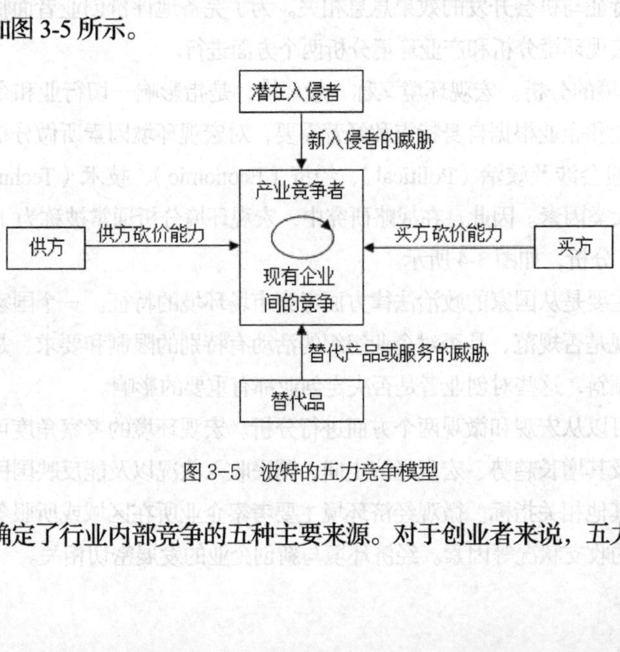

图 3-5 波特的五力竞争模型

这一模型确定了行业内部竞争的五种主要来源。对于创业者来说，五力竞争模型是分析产业环境的重要工具。一旦基于创业机会组建企业，立刻就会感受到行业内部所给予的五种竞争力。因此，能否有效识别行业竞争状态对创业者的战略规划有重要的影响。同时需要注意的是，在创业之前创业者对五种竞争力的认识往往出于一种假设的情况，即在创业机会识别及评价时，这五力并非现实作用于创业者，需要创业者进行适当假设。因此，创业者尤其需要注意假设的谨慎和完备。如果创业者是模仿现有产业中的某一个企业进行创业，也可以充分参考该企业的运营情况来分析行业竞争势态，作为创业机会评价时的重要依据。

事实上，波特的五力竞争模型通常考察的是现有行业市场上的竞争势态。该市场通常比较成熟，因此创业者的压力主要来自于各个不同的市场参与主体。在创业活动中，如果创业者进入的是一个全新的行业，那么显然该行业上的五种竞争力是不完全的，市场的各个构成成分与创业者之间的讨价还价实力也相当薄弱。这种竞争相对简单的市场环境中，对创业机会的竞争强度分析并无太大意义。此时，创业者更需要考察的市场特征是创业机会的市场成长性。高成长性的市场是一种不断扩张的市场，能够不断为新进入者创造新的需求，对创业机会市场成长性的考察非常有用。一些创业机会尽管面临的是全新的市场，但是其成长性相当弱小，在较长一段时间内市场容量可能不会有太大的变化，这可能为创业活动未来的发展带来障碍——市场成长后劲不足，难以创造更显著的价值。与此同时，一旦有追随者进入市场，往往会加剧市场内的竞争势态，不利于企业成长。

（2）产品层面的特征

产品层面的特征主要集中于考察创业机会自身的内在属性。这里的产品包括了企业所提供的服务。创业者选择了一项创业机会，必然要对机会自身的特殊性进行深刻了解。例如，这种产品或者服务是否有一定的创新性，是否能满足一定的市场需求，与同行业的竞争者相比，是否具有独特的价值等。这是创立新企业的基础，也是创业管理研究不同于一般企业管理研究的重要方面。因此，机会产品层面特征的重要性不亚于市场层面的特征，创业者在机会开发时对这两个方面要同时考虑，不能偏倚一方。

创业机会的产品特征主要包括两个方面内容。一是创业机会的产品独特性。如果产品缺乏一定的独特性，并且和市场上已有的产品存在雷同之处，就很难吸引潜在的顾客。这里的独特性是多角度的，包括产品的性能、包装、标识、品牌、售后等方面，创业者应当在独特性方面充分挖掘，以便在实际创业时能够获得较好的市场推广效果。二是创业机会的产品创新程度。产品创新程度主要是从技术角度评价创业机会。创新性是一种有效地进入壁垒，尤其是那种具备深厚技术背景的创新活动，它们可以有力地构建市场优势位置。如果产品不具备很强的吸引力，这一独特性也很容易被追随者和竞争者模仿，创业者的优势很快就会消耗殆尽。

根据创业机会的核心特征，可以建立一个坐标系，纵轴为市场层面特征，横轴为产品层面特征。为了方便分析问题，将市场层面的优势和产品层面的优势分为强弱两种，如图 3-6 所示。

如图 3-6 所示，创业机会可大致分为四类，分别对应图中的四个象限。Ⅰ型的创业机会市场特征和产品特征俱佳，创业者可能面对的是一个全新的具备高度成长性的市场，产品也拥有非常先进的技术特性。一旦选择开发这一创业机会，创业者几乎不用在战略分析和市场开拓上下更多的功夫，企业很容易就能够获得较大的发展。然而这样的机会常常转瞬即逝，大量的市场追随者使得市场优势不再，或者技术的飞速发展使得原有的技术优势被他人赶上，这一机会也从Ⅰ型蜕变成Ⅱ型、Ⅲ型甚至Ⅳ型的创业机会。Ⅳ型的机会在市场和产品两个维度上都不具备优势，如果创业者发现自己所找到的创业机会属于这一类型，创业者最好暂缓创业，等待市场进化或者技术发展到一定程度之后再开发创业机会。因此，实践中的创业机会常常是Ⅱ型或者Ⅲ型的，这些创业机会往往在某一方面具备非常强的优势，而在另一方面则略有不足，这就需要创业者有针对性地制订机会开发方案，使得创业机会能够最大可能地成长。

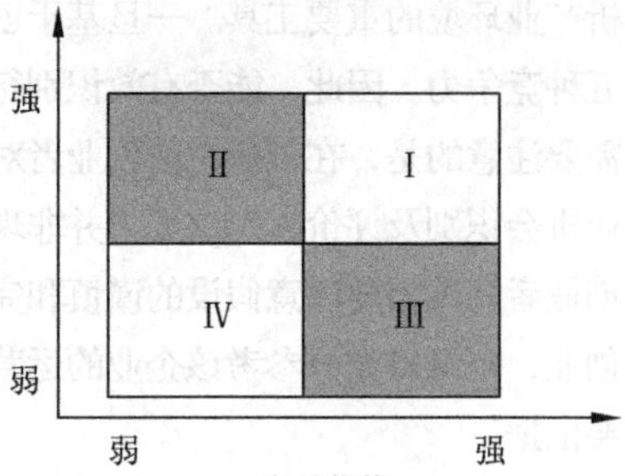

图 3-6　创业机会的四种类型

2. 创业机会的外围特征评价

创业机会的外围特征是创业机会能够得以开发的必备条件。虽然创业机会的核心特征非常重要，但是不可脱离外围特征独立存在。缺乏必要的外围特征，核心特征即使再吸引人，也会因为缺乏必要的资源而无法实施创业活动。创业机会的外围特征可以分为以下两个方面。

（1）创业机会的支持要素

只有具备创业机会的支持要素，创业者才可能选择创业。在创业成长中，创业机会才得以开发。在创业活动中，特别是创业初期，影响创业机会能够有效开发的支持要素主要包括创业团队、创业资源、商业模式，在创业机会评估中，应当考察这些因素是否有利于创业成长。

① 创业团队要素。创业团队是支持创业机会开发的人的因素。例如，尽管某一创业机会的产品/市场特征决定了企业当前应当主要致力于产品研发，但是创业团队中缺乏相应的技术人员，这种开发策略就难以实施。因此，在分析创业团队要素时，创业者需要从以下几方面进行思考。

- 为了能够开发创业机会，创业者能够组织一支怎样的创业团队。
- 这一团队内部的分工将会是怎样的。
- 团队成员如何进行合作。
- 他们是否拥有统一的创业目标。
- 是否拥有合适的人选以保证创业机会的未来开发方案实施到位。

② 创业资源要素。资源要素是支持创业机会开发的物的因素。企业的创立、创业初期的市场开拓活动，都极为需要各种资源，这些资源不仅包括资金，还包括市场的认可程度，必要的市场信息，以及与客户、供应商的联系等多元化的资源，缺乏这些资源，企业

将会举步维艰。因此，在分析创业资源要素时，创业者需要从以下几个方面进行思考。

- 为了实施创业活动，资金的来源主要有哪些方面。
- 个人能够在多大程度上投入以往的积蓄。
- 一旦企业搭建，创业者应通过什么渠道获取新的资源。
- 在企业内部，资源将如何使用以发挥最大效用。
- 如果资源迟迟不能配置到位，企业能够坚持多久。

③ 商业模式要素。这一要素是支持创业机会开发的计划因素。商业模式可以让创业者对未来的经营规划有一个全面的定位。企业如何开展产品研发活动，如何在市场上与潜在的竞争者展开竞争，都需要商业模式予以指导。缺乏明确而且可行的商业模式，创业活动将会付出很多不必要的成本，成长缓慢，甚至容易夭折。因此，在分析商业模式要素时，创业者需要从以下几个方面进行思考。

- 创业机会的主要发展方向是怎样的。
- 什么是影响创业机会发展的主要因素。
- 为了处理这些因素，创业者应当如何经营企业。
- 在操作的细节层面，创业者如何具体完成创业机会的开发和产品的销售。
- 一旦市场发生变化，创业者又将如何进行调整。

因此，只有当创业者对未来的经营规划有清晰、细致的设想之后，计划方面的支持因素才基本符合创业机会的发展需要。

（2）创业机会的成长预期

创业机会的成长预期是创业者对创业机会的潜在价值的最终判断。创业者应当积极设想企业创建之后所能够实现的发展目标，包括各项财务指标和成长型指标。如果创业者决心吸收风险投资，也必须设想投资能否顺利收回，以及具体的收回方式。只有符合创业者心中的标准，创业机会才能真正付诸行动。相对来说，这一方面的指标复杂程度较之前各个不同层面的评价指标简单。这是因为，创业机会的成长预期是创业机会核心特征和支撑要素综合评价分析之后的结果，只要对核心特征和支撑要素分析到位，那么其成长预期分析将是自然而然得到的。

只有对创业机会的核心特征以及外围特征作出综合考虑，才能实现对于创业机会的综合评价。这两个层面的评价指标也构成了一个综合的创业机会识别和评价指标框架，如图 3-7 所示。

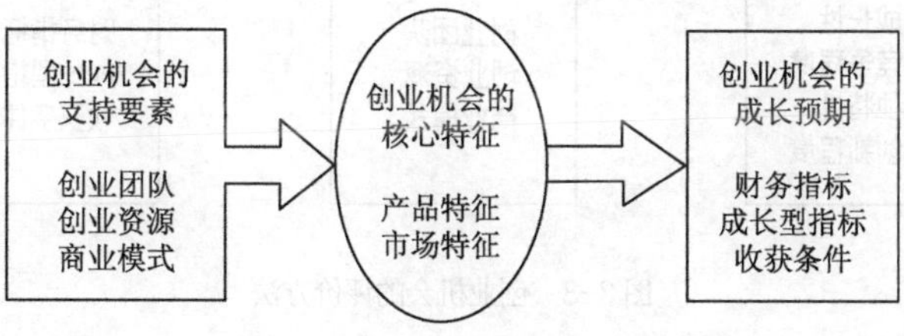

图 3-7　创业机会的特征分类

3.3.2 创业机会的评价方法

对创业机会进行评价时，创业者需要根据已有的资料进行分析，以得到综合评价结论。创业机会的评价并非简单地对上述各个指标进行分析后直接加总——这是一种静态的创业机会识别，创业者仅从一个静态的截面分析创业机会的特征，进而判断创业机会的价值。显然，这种静态的观点不足以反映真实的创业机会识别过程。

在创业机会评价中，创业者首先要对创业机会的核心特征做出评价，其依据是与创业伙伴、专业人士的讨论结果，以及市场调查分析的结论。通过详细的比较分析，应当对创业机会在市场层面和产品层面的具体特征进行反复推敲直至确定。基于各个不同维度特征的分析，创业者首先需要判断创业机会属于图 3-6 中的哪一个象限，进而分析其市场方面的优势或者产品层面的优势具体体现在哪些方面。

在评价核心特征之后，创业者需要根据核心特征的具体表现初步设计合适的成长规划。不同成长性的创业机会的市场开拓方案必然存在一定差异，同样，产品独特程度不同的创业机会也需要不同的产品战略与之匹配。因此，在这一步骤中，创业者需要积极借鉴战略分析、组织分析等工具，为创业机会编制成长规划。

同时，创业者应当开始考察可能的创业机会支持要素。结合创业团队、创业资源、商业模式等方面的因素，创业者需要分析创业机会的成长规划是否可行，即创业机会的成长规划和现有条件之间是否存在矛盾：基于现有的支持要素，成长规划是否需要调整，是否应当暂缓等待，直至创业者进一步获取充分的支持要素再考虑创业机会的开发。

基于上述分析，创业者最终应当得到创业机会的成长预期，如果能够实现较好的成长预期，符合创业者的价值创造要求，那么可以选择该创业机会实施创业活动，否则就应当重新思考创业机会的定位和评价问题。这一步骤的最后阶段是将成长预期分析反馈于核心特征评价，特别是当成长预期不佳的时候，创业者需要回过头思考创业机会的核心特征评价是否不到位，或是放弃该机会，另起炉灶重新搜索创业机会。

创业机会的评价方法，如图 3-8 所示。

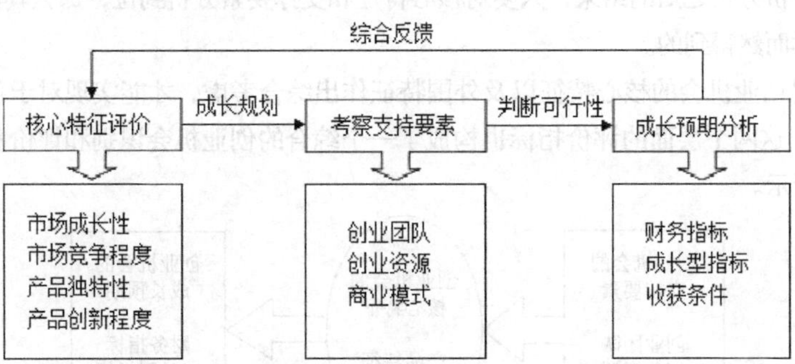

图 3-8 创业机会的评价方法

3.4 创业风险的识别与评估

3.4.1 创业风险的构成与分类

1．创业风险的含义

风险的基本含义是损失的不确定性。发生损失的可能性越大，风险越大，可以用不同结果出现的概率来描述。结果可能是好的，也可能是坏的，坏结果出现的概率越大，风险就越大。

当创业机会面临某种损失的可能性时，这种可能性及引起损失的状态便被称为机会风险。例如，创业机会常常面临政策不利变化带来的损失，技术转换失败带来的损失，以及团队成员分歧带来的损失等，表明创业机会中有种种风险存在。

2．机会风险的构成

构成机会风险的主要要素包括风险因素、风险事件和风险损失三个方面。

（1）风险因素

风险因素是指能够引起或增加风险事件发生的机会或影响损失的严重程度的因素，是风险事件发生的潜在条件，一般又称为风险条件。创业风险因素从形态上可以分为人的因素和物的因素两个方面。物的因素属于有形的情况或状态，如技术的不确定性、经济条件恶化等；人的因素指道德、心理的情况和状态，如道德风险和心理风险因素等。

（2）风险事件

风险事件是风险因素综合作用的结果，是产生风险损失的原因，也是风险损失产生的媒介物。创业风险事件是指创业风险的可能性变成现实，以致引起损失后果的事件。如技术的不确定性确实引起了产品研发的失败，经济条件的恶化最终导致了销售的下降等。

（3）风险损失

风险损失是指非故意的、非预期的、非计划的利益减少，这种减少可以用货币来衡量。风险损失包括直接损失和间接损失。创业风险损失是指由于风险事件的出现给创业者或创业企业带来的能够用货币计量的经济损失。如产品研发失败引起的无法及时将产品投放市场而损失的经济利益，销售下降导致的收入减少等。

风险因素引起风险事件，风险事件导致风险损失，三者之间密切相关，共同构成了风险存在与否的基本条件。

3．机会风险的分类

（1）按风险来源的主客观性分类

按风险来源的主客观性划分，机会风险可分为主观风险和客观风险。主观创业风险，是指在创业阶段，创业者的身体与心理素质等主观方面的因素导致创业失败的可能性；客观创业风险，是指在创业阶段，客观因素导致创业失败的可能性，如市场的变动、政策的变化、竞争对手的出现、创业资金的缺乏等。

（2）按风险影响的范围分类

按风险影响程度的范围，机会风险可分为系统风险与非系统风险。系统风险是源于创业者或创业企业之外的，由创业环境变化带来的风险，诸如商品市场风险、资本市场风险等，创业者或创业企业无法对其进行控制或施加彩响；非系统风险是创业者或创业企业本身的商业活动和财务活动引发的风险，如团队风险、技术风险和财务风险等,可以通过一定的手段进行预防和分散。

（3）按照风险的可控程度分类

按照风险的可控程度，机会风险分为可控风险和不可控风险。可控风险是指在一定程度上可以控制或部分控制的风险，如财务风险、团队风险等；不可控风险是指创业者或创业企业无法左右或控制的风险，如上述的系统风险等。

（4）按创业的过程分类

按照风险在创业过程中出现的环节，机会风险可分为机会的识别与评估风险、团队组建风险、确定并获取创业资源风险、准备与撰写创业计划风险和创业企业管理风险。

机会的识别与评估风险是指在机会识别和评估过程中，信息缺失、推理偏误、处理不当等各种主客观因素影响，使得创业面临方向选择和决策失误的风险；团队组建风险是指在团队组建过程中，团队成员选择不当或缺少合适的团队成员导致的风险；确定并获取创业资源风险是指存在资源缺口，无法获得所需资源，或获得资源成本较高给创业活动带来的风险；准备与撰写创业计划风险是指创业计划的准备与撰写过程中各种不确定因素的存在，或制订者自身能力的限制导致的创业风险；创业企业管理风险是指管理方式、企业文化的选取与创建，发展战略的制定、组织、技术、营销等各方面管理中存在的风险。

（5）按风险内容的表现形式分类

按照创业风险内容的表现形式，可将机会风险分为机会选择风险、环境风险、人力资源风险、技术风险、市场风险、管理风险和财务风险等。

① 机会选择风险是指创业者由于选择创业而放弃自己原先所从事的职业，所丧失的潜在晋升或发展机会的风险。

② 环境风险是指创业活动所处的社会、政治、经济、法律环境等变化或意外灾害导致创业者或企业蒙受损失的可能性。如战争、国际关系变化或有关国家政权更迭、政策改变，宏观经济环境发生大幅度波动或调整，法律法规的修改，创业相关事项得不到政府许可，以及合作者违反契约等给创业活动带来的风险。

③ 人力资源风险是指人的因素对创业活动的开展产生不良影响或偏离经营目标的潜在可能性。创业者自身的素质和能力有限，创业团队成员的知识和技能水平不匹配，管理过程中用人不当，关键员工离职等是人力资源风险的主要诱因。

④ 技术风险是指技术方面的因素及其变化的不确定性而导致创业失败的可能性，技术成功的不确定性，技术前景、技术寿命的不确定性，技术效果的不确定性，以及技术成果转化的不确定性等，都会带来技术风险。

⑤ 市场风险是指市场情况的不确定性导致创业者或创业企业损失的可能性。市场风

险包括产品市场风险和资本市场风险两大类。市场供给和需求的变化、市场接受时间的不确定性、市场价格变化、市场战略失误等会给创业活动带来一定的市场风险。

⑥ 管理风险是指管理运作过程中的信息不对称、管理不善、判断失误等影响管理水平形成的风险。管理风险可能由管理者素质低下、缺乏诚信、权力分配不合理、家族式管理不规范或决策失误等引起。

⑦ 财务风险是指创业者或创业企业在理财活动中存在的风险。对创业所需资金估计不足、难以及时筹措创业资金、创业企业财务结构不合理、融资不当、现金流管理不力等可能会使创业企业丧失偿债能力，导致预期收益下降，形成一定的财务风险。

3.4.2 创业风险的管理策略

机会风险管理的基本程序一般包括风险识别、风险评估和风险防范三个阶段。

1．风险识别

风险识别是创业人员对创业过程中可能发生的风险进行感知和预测的过程。首先，风险识别应根据风险分类，全面观察创业过程，从风险产生的原因入手，将引起风险的因素分解成简单的、容易识别的基本单元，找出影响预期目标实现的各种风险。创业者可以采用绘制创业流程图、制作风险清单、建立风险档案、头脑风暴、市场需求调查、分解分析等方法进行风险识别。

2．风险评估

风险评估包括风险估计和风险评价。

风险估计是通过对所有不确定性和风险要素的充分、系统而有条理的考虑，确定创业过程中各种风险发生的可能性以及发生之后的损失程度。风险估计主要是对风险事件发生的可能性、可能的结果范围和危害程度、预期发生的时间、风险事件的发生概率四方面进行估计。创业者在进行风险估计时应充分考虑风险因素及其影响，对潜在损失和最大损失做出估计。

风险评价是针对风险可能带来的结果，应用各种风险评价技术来判定风险影响、危害程度的过程。风险评价可以采用定量的方法，如敏感性分析、决策性分析、影像图分析等，也可以采用定性分析的方法，如专家调查法、层次分析法等。创业者应针对不同的风险选用不同的方法进行评价，并客观对待评价的结果，做好风险预警工作。

3．系统风险防范的可能途径

系统风险是由某种全局性的共同因素引起的，创业者或新创企业本身控制不了或无法施加影响，并难以采取有效方法消除的风险，因此，系统风险也被称为“不可分散风险”。一般来说，环境风险、市场风险等属于系统风险。

对于系统风险，创业者或创业企业应设法规避，从以下三方面做好风险的防范。

（1）谨慎分析

创业者应对其所处的创业环境进行深入了解、谨慎分析。目前，我国实行更加积极的就业政策，贯彻鼓励创业的方针，在自主创业税费减免、小额担保贷款、创业地落户，以及场地、项目、技术、培训支持等方面，为大学生创业提供了一揽子优惠和鼓励政策，创造了更为宽松的环境。创业者首先应对创业环境进行正确认识和了解，采用“层次分析法”等方法对创业环境进行合理评估，通过层层细化、逐级分析，熟悉创业的宏观环境、行业环境、地区环境等，以求准确深入地解释创业过程中可能遇到的系统风险。

（2）正确预测

创业风险中，有些是可以预测的，有些是不可预测的。创业者应尽可能运用所学知识和所掌握的资源,采用科学的方法对那些能够预测的风险进行深入分析，通过和团队成员探讨、请教外部专家等方法来预测创业环境的可能变化，以及变化会对创业企业带来的影响，尽量对创业的系统风险做到心中有数，制定相应的应对策略。

（3）合理应对

由于系统风险的不可分散性，创业者只能根据以上两步对系统风险的分析和预测来制定合理的应对措施，巧妙规避并尽可能降低系统风险发生对创业者自身或创业企业的不利影响。如预测到市场利润上升则尽量筹集长期资金，预测到未来经济低迷则尽可能持有较多现金等。

4．非系统风险防范的可能途径

非系统风险是由特定创业者或创业企业自身因素引起的，只对该创业者或创业企业产生影响。因此，创业者和新创企业要在某种程度上对其进行控制，并通过一定的手段予以预防和分散。

（1）机会选择风险的防范

机会选择风险是一种潜在风险，是人们选择创业而失去其他发展机会所可能丧失的最大收益。因此，创业者在创业准备之初就应该对创业的风险和收益进行全面权衡，将创业目标和目前的职业收益进行比较，结合所处的创业环境、自己的生涯规划进行权衡分析。如果认为创业时机已经成熟，刚好有一个绝佳的商业机会可以转化为创业项目，而且该项目又可以和自己的生涯规划相吻合，那么就要狠下决心，立即着手创业。否则就不要急于创业，而是先就业或者继续从事目前的工作，边工作边认真观察，学习所在公司各层领导的工作方法和技巧，并用心学习所在公司开拓市场的技巧，以及公司高层管理者管理公司的技巧等；同时学会利用自己的工作机会建立良好的关系网络，待时机成熟再开始创业。

（2）人力资源风险的防范

人力资源是创业活动中最重要的资源，由此产生的风险对创业企业来说往往也是致命的风险，所以一定要予以充分关注。首先，创业者应不断充实自己，持续提高个人素质，使自己的知识和能力与创业活动相匹配；其次，通过沟通、协调、激励、奖惩、评价、目标设定等多种手段管理团队，并在创业团队发展的不同阶段确定相应的管理内容,科学合理地对成员进行绩效评价；最后，招聘那些具有良好职业道德和团队合作意识、拥有与岗位相匹配技能的员工，通过在合同中明确权利与义务的关系和适当授权，以及构建通畅的人力资源管理系统，使关键员工的工作管理与非工作管理相结合。

（3）技术风险的防范

技术创新能够给拥有者带来丰厚的回报，但掌控不好也可能会使创业者颗粒无收。因此，创业者一定要通过加强自身能力建设或建立创新联盟等方式减少技术风险发生的可行性。第一，应加强对技术创新方案的可行性论证，减少技术开发与技术选择的盲目性，并通过建立灵敏的技术信息预警系统，及时预防技术风险；第二，可通过组建技术联合开发体或建立创新联盟等方式来分散技术创新的风险；第三，提高创业企业技术系统的活力，降低技术风险发生的可能性；第四，高度重视专利申请、技术标准申请等保护性措施的采用，通过法律手段减小损失出现的可能性。

（4）管理风险防范

通过提高管理者的素质，改变管理和决策方式可以有效应对创业企业的管理风险。具体来说，可以采取以下主要措施：第一，应努力提高核心创业成员的素质，树立其诚信意识和市场经济观念，并以此为基础搞好领导层的自身建设，建立能够适应企业不同发展阶段变革的组织机构；第二，实现民主决策与集权管理的统一，将企业的执行权合理分配，避免不规范的家族式管理影响创业企业发展；第三，明确决策目标，完善决策机制，减少决策失误。

（5）财务风险防范

筹资困难和资本结构不合理是很多企业明显的财务特征和主要财务风险的来源。有效规避财务风险要求做到以下几点：第一，创业者要对创业所需资金进行合理估计，避免筹资不足影响创业企业的健康成长和后续发展；第二，要学会建立和经营创业者自身和创业企业的信用，提高获得资金的几率；第三，创业者或团队一定要学会在企业的长远发展和目前利益之间进行权衡，设置合理的财务结构，从恰当的渠道获得资金；第四，管好创业企业的现金流，避免现金断流带来的财务拮据甚至破产清算。

5．创业者风险承担能力评估

创业者在进行风险识别的过程中，不但要确定其决定接受的风险程度，还要对其实际能承受风险的程度进行评估，以采取合理的风险管理方法，减小创业过程中的不确定性。

创业者风险承担能力是指创业者所能承受的最大风险。它有两层意思：第一，创业者能够承受的总风险的大小。在层出不穷的创业风险面前，创业者能否不违背创业的初衷；第二，一旦创业风险变成实际的亏损，是否会极大影响创业者的情绪和生活水平。

创业者风险承担能力与创业者的个人能力、家庭情况、工作情况、收入情况等息息相关。对风险承担能力的估计可以从以下四个方面进行。

（1）计算特定时间段所要承担的风险

从创意到商业构思，再到创业企业的建立，不同阶段的创业风险大小会有所不同。一般来说，随着时间的推移和创业活动的深入，创业者或创业团队（以下简称创业者）面临的风险会逐渐增大。创业者首先要能够根据风险的来源及其对创业活动的影响程度，采用前述的层次分析法等估计在不同时间段可能要承受的总的风险。

（2）计算可用于承担风险的资金

一般来说，创业者的年龄和家庭状况会对创业者用于承担风险的资金有所影响。刚毕业的大学生因为很少有创业资金的积累，其用于承担风险的资金较少；同样，家庭比较困难的创业者会更多地考虑到家庭基本生活对资金的需求，以及较少的家庭支持等，其用于承担风险的资金一般也会较少。正常情况下，用于承担风险的资金数量和创业者的风险承担能力呈正相关。

（3）从其他渠道取得收入的能力

从其他渠道取得收入的能力越强，创业失败对创业者的情绪和生活水平的影响就越小，创业者能够用来偿还创业失败所引发的债务的能力也就越强(采用公司制作为企业法律形式的创业活动除外，因为公司制企业是有限责任，只以创业者投入企业的资金为限对公司债务承担责任），其风险承担能力也就越强。因此，从其他渠道取得收入的能力和创业者的风险承担能力也呈正相关。

（4）危机管理的经验

创业者的危机管理能力会影响创业风险发生时采取的风险抑制措施的效果，从而影响损失的状况，危机管理能力越强，风险因素导致风险事件发生并进而可能形成风险损失时，创业者就越能及时采取有效的风险防范措施对损失状况进行抑制，避免损失的进一步扩大，减少损失所产生的危害。所以，创业者的危机管理经验越丰富，其风险承担能力就越强，两者也呈正相关。

6．基于风险估计的创业收益预测

按照风险报酬均衡的原则，创业者所冒的风险越大，其所获得的收益应该越高。当创业者按照上述步骤对系统风险和非系统风险的规避与防范有所安排及考虑，对自己的风险承担能力有所了解之后，创业者还应该能够合理地对创业的收益进行预测，以便将其和所冒的风险相匹配，进行创业的风险收益决策。如果预计的创业收益能够弥补创业风险，并给创业者带来一定的报酬，则可以开始创业活动，通过建立适当的商业模式，将创业机会变成盈利的创业项目；否则，就放弃创业活动。

基于风险估计的创业收益预测可以采用以下步骤。

（1）预测不同情况下的收入、成本状况

创业者要首先根据各种风险发生的概率对预期可能形成的收入和成本状况进行估计，进而分析其对收益的影响，来估计不同情况下的收益状况，确定收益变化的范围及其概率。如可以根据对未来宏观经济变化的预期，就经济繁荣、一般和衰退三种情况来预测其对创业过程中产品或服务的销售数量、单价、单位成本等的影响，预测可能的销售收入及总成本的情况。创业者如果有能力的话，可以对未来经济环境的变化做出更多可能的预测，而不仅仅限于以上三种情况。

（2）计算风险收益的预期值

创业者需要按照第一步中估计的各种收益发生的概率及对应的收益情况，计算收益的预期值。

$$预期收益=预期收入-预期成本$$

其中：

预期收入= $\sum_{i=1}^{m} V_i P_i$ ，V_i 是不同情况下产品或服务的销售量，P_i 是不同情况下的销售单价。

预期成本=预期的变动成本+预期的固定成本= $\sum_{i=1}^{m} V_i C_i + F$ ，V_i 的含义同上面的公式，C_i 是不同情况下的单位变动成本，F 是固定成本总额。

式中的变动成本是在一定的业务量和时间范围内，成本总额随业务量变动呈正比例变动的成本，如产品消耗的直接材料成本等；固定成本是在一定的业务量和时间范围内，成本总额不随业务量变动发生变动的成本，如房屋租金、创业者薪酬等。

（3）计算影响收益变化的各个因素的临界值。

影响收益变化的各因素的临界值是假定其他因素不变的情况下，令预期收益等于零，计算各个因素的极大值或极小值。如可以计算预期收益为零时的最低单价、最小销售量、最大单位变动成本或最大固定成本总额。一般来说，和收益同向变化的销售量、单价等因素要计算其极小值，成本因素则计算其极大值。

（4）分析最大风险的收益和创业者风险承担能力的匹配性

通过对影响收益的各因素临界值的计算，创业者可以对各种因素不利变化的极端情况有较为充分的了解，对其可能面临的最大风险予以合理估计，并将其和自己可以接受的最大风险程度以及风险承担能力相权衡，进行科学决策。

本章小结

商业机会并不等于创业机会。创业的第一步是要科学正确地调研与分析市场，创业的关键在于善于抓住稍纵即逝的市场机遇。本章论述了创业机会的特征与类型，分析了创业机会识别的影响因素、过程及创业机会的评价指标和评价方法。

机会风险是指创业过程中损失的不确定性，本章全面阐述了创业风险的构成、分类，以及创业风险的管理和防范策略。

思考题

1. 创业机会与商业机会是不是一回事？
2. 简述创业机会的来源和类型。
3. 识别创业机会时会受到哪些因素的影响？如何识别创业机会？
4. 如何对创业机会进行评价？
5. 简述创业风险的分类。
6. 针对不同类型的创业风险，分析其可行的防范途径。
7. 如何进行创业者风险承担能力评估？

案例讨论

杨树军的创业经历

杨树军，一名会计学专业的学生，大学学习期间从家里借了 5 万元钱，和两个朋友合资 10 万元创办了北京安平融信会计账务有限公司，其创业的生涯也正式拉开了序幕。谈及以会计公司起家的原因，杨树军兴奋地说："首先，是自己内心的一股劲头，是一种不服输的斗志和怀揣梦想的信念；其次，是想利用自己所学的专业知识，发挥自己的专长。"

其实，摆在杨树军面前的现实是非常残酷的。由于缺乏创业所必需的知识和经验，创业时准备得不是很充分，加上不太熟悉企业经营的规则，刚开业的公司举步维艰，第一个月没有任何收入。"在创业过程中遇到的最大困难就是自己太年轻了，给客户的印象是工作经验不足，能力低"，杨树军说，"尽管当时理论学得比较扎实，但业务能力明显不足，这是创业过程中的一大难题"。但是，他并没有因公司的惨淡状况失去斗志，而是用实际行动有针对性地解决公司面临的问题：客户不信任，他就用更加专业而周到的服务去打动他们，或者让公司里社会经验较丰富的员工出面与客户沟通；公司规模小，缺乏激励机制，员工流动频繁，他就自己先去全面熟悉公司所有部门的业务，哪里缺人就补在哪里，并通过机制建设让新人能够很快熟悉业务，同时用自己的执著尽最大努力向来到其身边的每个人传递一种"通过不断拼搏而获取成功"的信念；工作经验不足，他就想方设法从各个方面努力，去拜访同业，去请教专家。经过半年多的努力，到 2003 年底杨树军的公司已经有了明显改观，员工增加了 4 个人，客户也增加到近 60 家。

随着业务量的扩大，为了公司更好地发展，杨树军只好做出休学 1 年的决定。这一年，杨树军开始全身心地投入公司的经营。在开展业务的同时，他亲自研究行政管理、服务细则、绩效考核、员工激励等方方面面的内容，使公司快速步入了正常的运营轨道。2007 年，杨树军以他独到的眼光，投资了一个有关污水废弃物处理技术的研发项目，适时创立了北京鼎盛鸿宇科技有限公司。至此，可以说他的创业路上有了引人注目的闪光点。

杨树军的努力也赢得了老乡们的尊敬。在与家乡人的频繁接触中，杨树军的思乡情和回报家乡的愿望也愈加强烈。2010 年 7 月，杨树军在河南省宁陵县创立了宁陵鼎盛农业科技有限公司。"是国家有关农业的新政策给了我如何回报家乡的灵感，并进一步萌发了产供销一条龙的计划"，杨树军微笑着说。公司的第一个项目就是建立有机果蔬生产基地。当然，成立之初，由于他自己对诸多农业技术不了解，以及当地农民缺乏必要的文化知识等，在具体实施中，杨树军走了不少弯路。在 2010 年 9 月的那场大雨中，温室大棚被毁了 60%。虽有技术人员指导，但农民操作不规范，导致大量大棚蔬菜种苗死亡……面对一系列问题，杨树军一直咬紧牙关坚持着，通过考察并学习其他优势公司的技术和管理模式，最终克服了种种困难。现在，这家农业科技公司发展得风生水起，解决了当地 50%的富余劳动力就业，带动了周边 1000 余户家庭跟进，发展设施农业 2000 多亩。公司被认定为农业龙头企业，并通过科技部“星火计划”立项，成为大学生村干部创业实践基地、青年创业示范基地。杨树军也荣获“百名豫籍在京创业有为青年”“河南省模范团干部”和“商丘市十大杰出青年”等荣誉称号。

请结合上述案例思考以下问题：

（1）杨树军的3个创业项目是如何产生的？你觉得什么人最容易把握什么样的机会？

（2）应该如何对创业项目进行识别和评价？

（3）杨树军创业项目的风险可能有哪些？如何防范？

（4）如果你打算创业，与杨树军相比，你觉得自己的优势和劣势是什么？

（5）根据本章所学到的内容，客观评价一下自己，你觉得自己能够看到什么样的机会？你的创业风险承担能力如何？

第4章　创业资源与融资管理

伊斯雷尔·克兹纳和卡森认为：创业机会的存在，本质上是部分创业者能够发现特定资源的价值，而其他人不能做到这一点。

学习目标

（1）了解创业资源的类型，认识不同类型创业活动的资源需求差异。

（2）理解创业资源获取的一般途径和方法，掌握创业资源获取的技巧和策略。

（3）了解创业融资的特点与步骤，掌握创业企业融资的阶段性需求特点及融资策略。

（4）掌握创业资金估算方法及企业基本财务报表的内容。

4.1　创业资源概述

4.1.1　创业资源的内涵与种类

1．创业资源的内涵

资源就是任何主体在向社会提供产品或服务的过程中，所拥有或所能支配的有助于实现自己目标的各种要素以及要素的组合。创业资源是企业创立以及成长过程中所需要的各种生产要素和支撑条件，是新创企业在创造价值过程中所需要的特定资产，包括有形资源与无形资源。

2．创业资源的种类

根据资源基础理论，常用的创业资源可以有以下几种分类。

（1）创业资源按性质的分类

创业资源按性质可以分为人力资源、财务资源、物质资源、技术资源和组织资源五种。

① 人力资源。人力资源不仅包括创业者及创业团队的知识、训练和经验等，而且包括团队成员的专业智慧、判断力、视野和愿景，甚至创业者本身的人际关系网络。创业者是新创企业最重要的人力资源，其价值观念和信念是新创企业的基石，其所拥有的人际和社会关系网络使其能够接触到大量的外部资源，降低潜在的创业风险。鉴于企业之间的竞争主要是人才之间的竞争，高素质人才的获取和开发，便成为新创企业持续发展的关键因素。

② 财务资源。财务资源主要是指货币资源，通常是新创企业向债权人、权益投资者通过内部积累筹集的负债资金、权益资金和留存资金。一般来说，创业初期以不高于市场

平均水平的资本成本及时筹集到足额的财务资源，是新创企业成功创办和顺利经营的前提条件。

③ 物质资源。物质资源是创业和企业经营所需要的有形资源，如建筑物、设施、机床和办公设备、原材料等。一些自然资源如矿山、森林等有时也会成为新创企业的物质资源。

④ 技术资源。技术资源包括关键技术、制造流程、作业系统、专用生产设备等。通常技术资源包含三个层次：一是根据自然科学和生产实践经验而发展成的各种工艺流程、加工方法、劳动技能和诀窍等；二是将这些流程、方法、技能和诀窍等付诸实施的相应的生产工具和其他物资设备；三是适应现代劳动分工及生产规模等要求的对生产系统中所有资源进行有效组织和管理的知识、经验与方法。技术资源大多与物质资源相结合，可以通过法律的手段予以保护，部分技术资源会形成组织的无形资产。

⑤ 组织资源。组织资源一般指企业的正式管理系统，包括企业的组织结构、作业流程、工作规范、信息沟通体系、决策体系、质量系统以及正式或非正式的计划活动等，有时候组织资源也可以表现为个人的技能或能力。其中，组织结构是一种能够使组织区别于竞争对手的无形资源。那些能将创新从生产功能中分离的组织结构会加速创新，能将营销从生产功能中分离的组织结构能更好地促进营销。

（2）创业资源按存在形态的分类

创业资源按其存在的形态可以分为有形资源和无形资源。

① 有形资源是具有物质形态的、价值可用货币度量的资源，如组织赖以存在的自然资源以及建筑物、机器设备、原材料、产品、资金等。

② 无形资源是具有非物质形态的、价值难以用货币精确度量的资源，如信息资源、关系资源、权力资源以及企业的信誉、形象等。无形资源往往是撬动有形资源、使有形资源更好发挥作用的重要手段。

（3）创业资源按参与程度的分类

按照资源要素对创业过程的参与程度，创业资源可以分为直接资源和间接资源。

① 直接资源是直接参与企业战略规划的资源要素，如财务资源、管理资源、市场资源、人才资源、科技资源等。

② 间接资源是不直接参与创业战略的制定和执行的资源，如政策资源、信息资源等。间接资源对创业的影响更多的是提供便利和支持，对创业战略的规划起一种间接作用。

（4）创业资源按重要性的分类

创业资源按照其对企业核心竞争力的影响的重要性，可分为核心资源和非核心资源。

① 核心资源主要包括技术和人力资源。这些资源涉及新创企业有别于其他企业的核心竞争力，是创业机会识别、筛选和运用三大阶段的主线。

② 非核心资源主要包括资金、场地和环境资源。这些资源是新创企业成功创办和持续经营的基本资源。

（5）创业资源按来源的分类

创业资源按其来源可以分为内部资源和外部资源。

① 内部资源是创业者或创业团队自身所拥有的可用于创业的资源，如创业者自身拥有的可用于创业的资金、技术、创业机会信息等。

② 外部资源来自外部机会的发现，是创业者从外部获取的各种资源，包括从朋友、亲戚、商务伙伴或其他投资者筹集到的投资资金，以及空间、设备或其他原材料等。内部资源的拥有状况（特别是技术和人力资源）会影响外部资源的获得和运用。

3. 创业企业的战略性资源

战略性资源是能够建立竞争优势的资源，是与普通资源相对应的资源。资源基础理论认为当企业拥有并且利用具备以下特征的资源和能力时，企业就可以建立持久的竞争优势。

（1）稀缺性

资源的稀缺性是在供求不平衡的状态下产生的，供应不足就意味着稀缺。如果一种资源不能被竞争对手广泛获取，那它就是稀缺资源，如近些年经济持续较快增长，对能源和原材料资源产生了巨大的市场需求，使得原材料和能源变得稀缺。创业中可以被视作稀缺的资源主要有：有优势的地段，被视为卓越领导者的管理人员，以及对独特物质资源的控制。实际上，某些行业的准入资格往往也属于稀缺性资源。

（2）价值性

资源因为稀缺而有价值。从管理学的角度讲，当某种资源能够帮助新创企业提高其战略实施效果和效率时，它就是有价值的。在新创企业运作过程中，有价值的资源具有非常重要的作用，有助于创业者更好地利用环境中的机遇，使环境中的威胁最小化。战略资源“有价值”的特点意在提示创业者要注重挖掘资源价值，从价值创造的角度分析资源，而不是一味地追求资源占用的数量。有价值的资源和能力包括财产、装备、人员以及诸如营销、融资和会计上的独特技能等，由于这些资源具有普遍存在性，战略性资源要有价值，还需要同时具备其他某些特点。

（3）不可替代性

如果某种资源不能被其他资源所替代，即不能以类似方式或不同的方式进行替代，则该资源具有不可替代性。由于大多数资源之间具有一定程度的相互替代的关系，如计算机信息系统对管理者工作的替代，机器设备对一般劳动者劳动的替代等，拥有不可替代的资源对新创企业持久竞争力的形成和保持具有非常重要的意义。

（4）难以复制性

有些稀缺资源在某些价位上可能会变得不再稀缺，或者过高的价位使得该资源的核心优势消耗殆尽。如果某种资源难以模仿，或者竞争者需要付出极大代价才能复制，则这种资源便具有难以复制的特性。多林格（Dollinger）认为，由于新创企业都是在独特的历史条件下创办的，创业者的能力和其创业背景、个人特质紧密相关，因此，伴随组织诞生的那些初始资源就具有一定的独特性而难以复制；另外，由于企业运用资源的能力和企业持续竞争优势之间的关系错综复杂，即使亲身参与创业与成长过程的人员也很难清晰地陈述其中关键的成功因素，其他人更难以进行复制或模仿；最后，管理者、顾客和供应商之间复杂的社会关系，以及新创企业形成的独特组织文化，使得在特定社会网络关系中诞生的企业的人力资源、声誉资源或组织资源难以被模仿或复制。

创业者在获取这些资源的时候要强调前瞻性和动态性。创业者若能先行一步获取战略性资源，加以培养和部署，就会获得一定程度的竞争优势；若能保护好这些资源并很好地保持资源的上述品质，则将具备长久的竞争优势；即使新创企业成立时只具备其中一些特征，也会具备短期或较小的竞争优势。所以，创业者要建立新创企业的持续竞争优势，需要控制、整合和充分利用战略资源。

4.1.2 创业资源的独特性和作用

创业资源与一般商业资源既有相同点，也有一定的差别。

创业资源是商业资源，但不是所有的商业资源都是创业资源，只有创业者可以利用的资源才是创业资源。比如，一座无人开采的价值巨大的矿山是一种商业资源，但该矿山不一定是创业资源。因为创业活动多数具有轻资产、小团队的特征，一般没有能力通过开发一座矿山而开始创业。

创业资源更多地表现为无形资源，一般商业资源则更多地表现为有形资源。创业资源的独特性更强，创业者的个人能力和社会网络资源是其中最为关键的资源；一般商业资源中，规范的管理和制度则是企业取得成功的基础资源。

创业资源的筹集和运用是创业成功的关键，社会资本、资金、技术和专业人才则在创业过程中起着非常重要的作用。

1．社会资本在创业中的作用

社会资本是基于人际和社会关系网络形成的资源。这种资源可以是人力资源的一部分，或者说是特殊的人力资源。“社会联系较多者创业的个人成本较低”是一个公认的事实。社会资本能使创业者有机会接触大量的外部资源，有助于通过网络关系降低潜在的风险，加强合作者之间的信任和提高信誉。斯坦福大学研究中心的调查显示:一个人赚的钱，12.5%来自知识，87.5%来自基于正常社会经历建立的人际关系。

我国的调查数据显示，社会交往面广、交往对象趋于多样化、与高社会地位个体之间关系密切的创业者，更容易发现创新性更强的创业机会。

2．资金在创业中的作用

资金是企业生产经营过程的起点，更是企业生存发展的基础。在企业的销售活动能够产生现金流之前，企业需要为购买和生产存货支付资金，需要进行广告宣传，需要支付员工薪酬，还可能需要对员工进行培训；另外，要实现规模经济效应，企业需要持续地进行资本投资；加上产品或服务的开发周期一般比较漫长，就使得新创企业在生命早期就需要筹集资金。

大学生创业的最大困难就是资金的缺乏。即便已建立若干年的企业，资金链的断裂也是企业致命的威胁。国外文献显示，倒闭破产的企业中有 85%是营利情况非常好的企业，这些企业倒闭的主要原因是资金链的断裂。企业可能不会由于经营亏损而破产清算，却常常会因为资金断流而倒闭。资金对企业，尤其是对初创期的企业来说有着至关重要的地位。

3．技术在创业中的作用

技术是新创企业存在和发展的基石，是生产活动和生产秩序稳定的根本，包括关键技术、制造流程、作业系统、专用生产设备等。企业只有不断开发新技术、新产品，建立充裕的技术储备和产品储备，才能在市场竞争中立于不败之地。在创业初期，创业资金需求基本满足的情况下，创业技术是最关键的资源。因此，积极寻找、引进有商业价值的科技成果，加强和高校科研院所的产学研合作，有助于加快产品的研发速度，提高新创企业的核心竞争力。

4．专业人才在创业中的作用

人是创业活动的主体，在创业活动中起着决定性作用。创业者及创业团队的知识、训练和经验等是成功创业最为核心的资源，“一流团队比一流项目更重要”已成为一个不争的事实。因此，高素质人才的获取和开发是新创企业可持续成长的关键，特别是对高科技新创企业来说，专业人才资源更为重要。

4.1.3 创业企业发展初级阶段的资源需求及影响因素

1．创业企业发展初期的资源需求

创业企业初期主要是指创业的种子期和启动期。

在新创企业的种子期，新创企业的商机巨大且不断发展，并存在极大的不确定性；企业拥有的资源有限，创业资源比较匮乏，使商机和资源之间存在一种不平衡的状态。此时，企业应根据本阶段的发展重点，以研发驱动和大力发展创业团队为中心，进行资源整合。

在种子期，企业所拥有的社会资源起着举足轻重的作用。在该阶段，企业还没有形成完整的商业计划，没有完成注册登记，产品与营销模式也尚未确定，创业资金更没有落实，因此，广泛有效的社会关系将成为自主创业的保障。创业者如果能很好地利用社会关系资源，处理好与政府部门、潜在消费者、供应商、分销商等之间的关系，将会为企业未来的发展提供强有力的帮助。

在新创企业的启动期，商机更大而且发展更快，企业在经过种子期的努力后获取了部分相应的资源，资源和商机之间的差距逐渐变小，两者之间的匹配程度开始逐渐转向平衡。

由于在该阶段企业的业务量比较小，市场认可度较低，技术资源的开发将是本阶段企业发展的重点，企业必须找到竞争对手在技术上的优势和不足之处，加大技术开发力度，在行业内形成独有的技术优势，唯此才能在激烈的市场竞争中站稳脚跟。

如何利用有效渠道筹集企业发展所必需的资金是这个阶段资源配置所面临的主要难题。在启动期，新创企业出于扩大再生产的需要，对财务资源有着更迫切的要求，而此时单纯依靠创业者自身筹集资金，或者向亲朋好友筹资，已经不能满足企业发展的需要。寻找战略投资者，或采取融资租赁，将是此阶段比较好的筹资方式。

2．影响创业资源获取的因素

资源获取是在确认并识别资源的基础上，得到所需资源并使之为创业服务的过程。创业资源的获取对创业的成功非常重要。资源获取不仅决定着创业设想转化为行动的情况，而且决定着企业这一契约组织的形成方式。影响创业资源获取的因素主要有创业导向、商业创意的价值、资源的配置方式、创业者的管理能力及社会网络等方面。

（1）创业导向

创业导向是一种态度或意愿，这种态度或意愿会导致一系列创业行为。创业导向会通过促进机会的识别和开发，促进对资源的获取。因此，创业者要注重创业导向的培育和实施，充分关注创业者特质、组织文化和组织激励等影响创业导向形成的重要因素，采取有效的方式获取资源，并在资源的动态获取、整合和利用过程中，注意区分不同资源，充分发挥知识资源的促进作用。

（2）商业创意的价值

创业的关键在于商业创意。商业创意为资源获取提供了杠杆，但获取资源还有赖于创意的价值被资源所有者认同的程度。换言之，一种能被资源所有者认同的、有价值的商业创意，才有助于降低创业者获取资源的难度。

（3）资源的配置方式

由于资源的异质性、效用的多维性和知识的分散性，人们对同样资源往往具有不同的效用期望，有些期望难以依靠市场交换得到满足，因此，如果通过资源配置方式创新，能够开发出新的效用，使之更好地满足资源所有者的期望，创业者就有可能从资源所有者手中获得资源使用权，以开展生产经营活动。

（4）创业者的管理能力

创业者的管理能力是企业软实力的主要表现，管理能力越高，获取资源的可能性越大。创业者的管理能力可以从其沟通能力、激励能力、行政管理能力、学习能力和协调能力等多方面予以衡量。创业者通过管理能力获取必要资源的同时，能为企业创造良好的发展环境。

（5）社会网络

社会网络是机构之间及人与人之间比较持久的、稳定的多种关系结合而成的网络关系。由于创业资源广泛存在于各种资源所有者手中，这些所有者又处于一定的社会网络之中，而且人们对商业活动的认识和参与客观上会受到自己所处网络及在网络中地位的影响，所以，社会网络对创业资源的获取具有重要的意义。不同的社会网络和网络地位，为人们之间的沟通协作提供了不同渠道。在社会网络中处于优势地位的创业者，具有较好的社会关系依托，可以有选择地了解不同对象的效用需求，有针对性地对不同对象传递商业创意的不同方面，有目的地获取不同资源所有者的不同理解和信任，最终成功地从不同网络成员那里获取所需的不同资源，为自己进行资源配置方式创新提供基础。

另外，创业者的资源辨识能力和外部社会环境等也会对创业资源的获取产生一定影响。

4.1.4 创业资源获取的途径与获取策略

1．创业资源获取的途径

获取创业资源的途径分为市场途径和非市场途径两大类。当创业所需要的资源有活跃的市场，或者有类似的可比资源进行交易时，可以采用市场交易的途径；其他情况下则可以采用非市场交易的途径。

（1）通过市场交易途径获取资源

通过市场途径获取资源的方式包括购买和联盟。

购买是指利用财务资源通过市场购入的方式获取外部资源。主要包括购买厂房、设备等物质资源，购买专利和技术，聘请有经验的员工及通过外部融资获取资金等。需要注意的是，诸如知识，尤其是隐性知识等资源，虽然可能会附着在非知识资源之上，通过购买物质资源（如机器设备等）得到，但很难通过市场直接购买，因此，需要新创企业通过非市场途径去开发或积累。

联盟是指通过联合其他组织，对一些难以或无法自己开发的资源实行共同开发。这种方式不仅可汲取显性知识资源，而且可汲取隐性知识资源。但联盟的前提是联盟双方的资源和能力互补且有共同的利益，而且能够对资源的价值及其使用达成共识。

（2）通过非市场途径获取资源

非市场途径获取资源的方式主要有资源吸引和资源积累等。

资源吸引指发挥无形资源的杠杆作用，利用新创企业的商业计划、通过对创业前景的描述、利用创业团队的声誉来获得或吸引物质资源（厂房、设备）、技术资源（专利、技术）、资金和人力资源（有经验的员工）。

资源积累指利用现有资源在企业内部通过培育形成所需的资源。主要包括自建企业的厂房、设备，在企业内部开发新技术，通过培训来增加员工的技能和知识，通过企业自我积累获取资金等方式。

通过市场途径还是非市场途径取得资源，主要考虑资源在市场的可用性和成本等因素。若证明快速进入市场能够带来成本优势，则外部购买可能就是获取的最佳方式。获取资源贯穿创业的全过程，在创业的初始阶段，它具有更加重要的作用。对于多数新创企业来说，由于初始资源禀赋的不完整性，创业者需要取得资源供应商的信任来获取资源。但无论如何，采用多种途径同时获取不同资源总是正确的选择。根据 Laurence Capron 与 Will Mitchell 在 2010 年的研究结果，与采用单一途径的企业相比，通过多种方式获取资源的企业更有优势：它们在未来 5 年内持续经营的概率比那些主要依赖联盟的企业高 46%，比专注于并购的企业高 26%，比坚持内部研发的企业高 12%。

2. 创业资源获取的策略

为了及时足额并以较低的成本获得创业所需要的资源，创业者需要掌握一定的创业资源获取策略与技巧。

（1）充分重视人力资源的获取

人力资本在创业资源中的决定性作用要求创业者必须充分重视人力资源的获取。创业者一方面应努力增强自身能力的培养，另一方面应充分重视创业团队的建设。知己知彼、才华各异、能力互补、目标一致和彼此信任的团队是创业资源中最为重要的资源，也是创业成功必不可少的保证。

（2）以能用和够用为原则

不是所有的宝贝都是企业的资源，创业者在筹集资源时应坚持能用的原则，只有满足自己需求的，自己可以支配并使其充分发挥作用的资源，才是需要筹集的资源。

另外，资源的使用是有代价的，因此，在筹集创业资源时应该本着够用的原则，而不是多多益善。一方面，资源的有限性使创业者难以筹集过多的资源；另一方面，当使用资源的收益不能弥补其成本时，资源的使用并不能给企业带来效益。

（3）尽可能筹集多用途资源和杠杆资源

资源自身的不同特性决定了其不同的用途，有的资源可能在不同场合具有不同的用途，筹集具有多种用途的资源可以帮助创业者应付创业过程中出现的意外。在知识社会，具有独特创造性的知识是现代社会的高杠杆资源，对于高杠杆资源的合理利用，有助于创业者取得一定的杠杆收益，达到事半功倍的效果。

4.2 创业融资管理

4.2.1 创业融资的概念与特点

企业经营离不开资金的投入。资金运转与营业运转存在如下关系：订购原料→原材料入库→原材料投入生产→生产过程半成品→产成品入库→销售成品出库→回笼资金到账。在这个过程中，企业又不断发生管理费用、财务费用等各种各样的费用与开支。这些费用都需要企业支出资金。资金是企业运转的推动力，任何一家企业都离不开资金的投入。

融资是资金融通的简称，它是指资金从资金剩余部门流向资金短缺部门。融资有广义和狭义之分。广义的融资指资本在持有人之间流动，以余补缺的一种经济行为，它是资本双向互动的过程，不仅包括资本的融入，而且包括资本的输出，即它不仅包括资本的来源，也包括资本的运用。狭义的融资主要是指资本的融入，也就是通常所说的资本来源。具体指企业从自身生产经营现状及资本运用情况出发，根据企业未来经营策略与发展需要，经过科学的预测和决策，通过一定渠道，采用一定方式，利用内部积累向企业的投资者或债权人筹集资本，组织资本供应，保证企业生产经营需要的一种经济行为。

创业企业因其伴随着高风险的成长特性，又被称为风险企业，创业融资是指创业者为了将某种创意转化为商业现实，通过不同渠道、采用不同方式筹集资金以建立创业企业的过程。

创业融资与其他融资方式相比，其最大的优势就是减少了融资过程中的信息不对称，提高了融资效率。创业融资不是简单地以资金来维持技术，其更深层的意义在于实现了资金、技术与管理的结合，建立了一套以绩效为标准的激励和约束机制，具体如下。

（1）风险资本所有者与企业管理层共同分享股权，使企业管理层与风险资本所有者的利益趋于一致。

（2）风险企业的董事会通常由风险资本所有者担任主席，通过监控企业管理者来缓解信息不对称，降低代理人风险。

（3）风险资本所有者不是一次性投入项目所需的全部资金，而是分阶段投入，在企业经营不良的状况下可放弃投资，以减少进一步的损失。其在机制上对企业管理层进行监督制约，激励其节约使用资金，有效地控制其机会主义行为。

4.2.2 创业融资的步骤

在现实生活中，有些人有很好的创意，但筹集不到资金；有些人虽然自己没有资金，但凭专业、信息和技术优势以及个人信誉和人脉关系，总能一次次幸运地找到资金实现企业梦想，成就财富人生。机会总是眷顾有准备的人，创业融资不仅是一个技术问题，也是一个社会问题。在创业前或融资前做好充分的准备，有助于创业融资的成功。

1．建立个人信用并积累人脉资源

市场经济是一种信用经济，信用对国家、企业、个人都是一种珍贵的资源。在创业融资中，信用有很重要的作用。人都生活在一定的社会群体中，创业者也不例外。创业者因为具有创业精神和创新意识，可能在思维方法和行为方式上有不同之处，显示异质型人才资本的特征，但信任是一种市场规则，谁违背了，信息就会在社群内通过口碑传播，而创业最初的融资往往来自自己的亲人、朋友和同事，如果口碑太差，信任度太低，融资难度就会加大。因此，创业者应广结善缘，建立健康、有益的人脉关系，创造和积累基于同事关系、师生关系和亲友关系的社会资本，为创造财富人生、实现自我奠定基础。

2．测算资本需求量

资本需求量的测算是融资的基础。对于创业者来说，首先需要清楚创业所需资本的用途。任何企业的经营都需要一定的资产，资产以各种形式存在，包括现金、材料、产品、设备、厂房等，创业所筹集的资金就是用来购买企业经营所需要的这些资产，同时还要有足够的资金来支付企业的营运开支，如员工工资、水电费等。从资本的形式来看，可以分为固定资本和营运资本。固定资本包括用于购买设备、建造厂房等固定资产的资本，这些资本被长期占用，不能在短期内收回，因此，在筹集这类资本时，要考虑资本的长期性，不能依靠短期资金来解决，以免陷入日后拆了东墙补西墙的境地。营运资本包括用于购买材料、支付工资及各种日常支出的资本，这些资本在一个营运周期内就能收回，可以通过短期自筹解决。此外，创业企业还面临着成长的问题，在成长阶段，单靠初始的启动资本和企业盈利无法满足成长的需要，还要从外部筹集用于扩大再生的资本，即发展资本。

创业期的资金需求估算及其初步的估算财务报表将在后面用一节的内容进行详细阐述。

3．编写创业计划书

尽管创业计划的制订过程和基本要素往往是相同的，但创业者完全可以用独特的风格和方式讲述自己的故事，表达自己对创建新企业的热情。创业计划书应基于详细、真实的调查而完成，对没有准备创业计划经验的创业者来说，向有经验的人请教是一个好的方法，但切记不要让别人替你写创业计划书。因为准备创业计划的真正价值与其说在于计划书本身，不如说在于编写计划书的过程，这个过程要求创业者对掌握的资料进行客观而严格的评估。创业计划书正是通过教育创业者正确行事而降低了开办企业过程中的风险和不确定性。

4．确定融资来源

测算完融资的需求量之后，接下来的工作就是确定融资渠道和融资对象。此时，创业者需要对自己的人脉关系进行一次详尽排查，初步确定可以成为资金来源的各种关系。同时，需要收集各方面的信息，以获得包括银行、政府、担保机构、行业协会、旧货市场、拍卖行等各种能够提供资金支持的资料。现在政府出台了很多政策，其中有一些好的政策，很多创业者不了解，失去了获得有关支持的机会。同时，创业者也应对企业股权和债权的比例安排进行考虑。

5．融资谈判

无论创业计划书写得有多好，但如果创业者在与资金提供者谈判时表现得糟糕，就很难完成交易。因此要做好充分准备，事先想想对方可能提到的问题；要表现得有信心；陈述时抓住要点，条理清晰；记住资金提供者关心的是让他们投资有什么好处。这些原则对融资至关重要。此外，向有谈判经验的人士进行咨询，翻阅一下关于谈判技巧的书籍，对谈判的成功都有帮助。

4.2.3 创业融资的类型

企业通过不同渠道、使用不同方式筹集到的资本，依据不同的来源、方式、期限，形成了不同的类型。

1．内部融资与外部融资

企业的全部融资按资本来源的范围，可分为内部融资和外部融资两种类型。企业应在充分利用了内部融资之后，再考虑外部融资问题。

内部融资是指在企业内部通过留用利润而形成的资本来源。内部融资是在企业内部“自然地”形成的，因此被称为“自动化的资本来源”，一般无须花费筹资费用。对于新创业而言，内部筹资主要来源于创业者自己的积累。

外部融资是指企业在内部融资不能满足需要时，向企业外部筹资而形成的资本来源。处于初创期的企业，内部融资的可能性是有限的；处于成长期的企业，内部筹资往往难以满足需要。因此，企业就需要开展外部融资。外部融资大多需要花费筹资费用。

2．债务融资与权益融资

企业的全部资本，按属性可以分为债务融资与权益融资。

债务融资，是借款性质的资金，资金所有人提供资金给资金使用人，然后再约定的时间收回资金（本金）并获得预先约定的固定报酬（利息），资金所有人不过问企业的经营情况，不承担企业的经营风险，所获得的利息也不因为企业经营情况的好坏而变化。

权益融资，是投资性质的资金，资金提供者占有企业的股份，按照提供资金的比例享有企业的控制权，参与企业的重大决策，承担企业的经营风险，一般不能从企业抽回资金，其获得的报酬根据企业经营情况而变化。天使投资者、私募资本、风险投资和首次公开募股是权益融资的最常见来源。

3．直接融资和间接融资

企业的筹资活动按其是否以金融机构为媒介，可以分为直接融资和间接融资。

直接融资是指企业不经过银行等金融机构，而直接与资本供应者协商贷款或直接发放股票、债券等筹集资本的活动。在直接融资过程中，资本供求双方借助于融资手段直接实现资本转移。

间接融资，是指企业借助银行等金融机构而进行的融资活动，它是传统的融资形式。在间接融资形式下，银行等金融机构发挥了中介作用：预先聚集资本，然后提供给融资企业。间接融资的基本方式是向银行贷款，此外还有向非银行金融机构借款、融资租赁等。

4．长期资本与短期资本

企业的全部资本，按期限可以分为长期资本和短期资本两种类型，这是由企业的发展需要确定的。

长期资本是指企业需用期限在 1 年以上的资本，通常包括各种股权资本和长期借款、应付债券等债券资本。

短期资本是指企业需用期限在 1 年以内的资本，一般包括短期借款、应付账款和应付票据等项目，通常是采用银行借款、商业信用等筹集方式取得或形成。

4.2.4 创业融资的渠道

融资渠道是指筹集资本来源的方向与通道，体现了资本来源与流量，属于资本供给的范围。融资方式是指企业融资所采用的具体形式和工具，体现了资本的属性和期限，其中资本的属性是指资本的股权或债权性质。企业融资需要通过一定的融资渠道，采用一定的融资方式来进行，不同的融资渠道和方式有不同的特点和适用性，为此创业者需要了解不同融资渠道、融资方式的内容。

1．权益融资渠道

权益融资的主要缺点是，企业所有者要放弃部分所有者利益，并可能失去某些企业控制权。权益融资的主要优点在于，因为投资者成为所投资企业的部分所有者，他们常常通过提供经验和援助来设法帮助这些企业。此外，与贷款不同，从权益投资者获得的资金不必偿还，投资者通过股利支付以及出售股票获取其投资回报。权益融资最常见的形式有以下三种。

（1）天使投资

天使投资是由自由投资者或非正式机构对有创意的创业项目或小型初创企业进行的一次性的前期投资，是一种非组织化的创业投资形式。

与其他投资相比，天使投资是最早介入的外部资金，即便企业还处于创业构思阶段，只要有发展潜力，就能获得资金，而其他投资者很少对这些尚未诞生或嗷嗷待哺的“婴儿”感兴趣。

一般认为天使投资起源于纽约百老汇的演出，原指富有的个人出资，以帮助一些具有社会意义的文艺演出，后来被运用到经济领域。20 世纪 80 年代，新罕布什尔大学的风险投资中心首先用“天使”来形容这类投资者。天使投资有三个方面的特征：一是直接向企业进行权益投资。二是不仅提供现金，还提供专业知识和社会资源方面的支持。惠普公司创业时，斯坦福大学的弗雷德里克·特曼教授不仅提供了 538 美元的天使投资帮助惠普公司生产振荡器，而且帮助惠普公司从帕洛阿尔托银行贷款 1000 美元，并在业务技术等方面给予创业者很大的支持。三是投资程序简单，短时期内资金就可到位。

天使投资人一般有两类，一是创业成功者；二是企业的高管或高校科研机构的专业人员。他们有富余的资金，也具有专业的知识或丰富的管理经验，由于年龄或职业、社会地位等因素的制约，不太可能从零开始单独创业，他们希望以自己的资金和经验帮助那些有创业精神和创业能力的志同道合者创业，以延续或完成他们的创业梦想，冒着可以承担的风险，在自己熟悉或感兴趣的行业进行投资，获取回报。

目前，我国的天使投资还不够发达，但社会对天使投资已越来越关注。在温州地区，实际上早已活跃着类似的天使投资人，整个地区或温州人就像一个“资本网络”，对于想创业的温州人来讲，起步的资金是不用愁的。一个人只要有诚信，值得投入，在温州肯定能找到资金。相信随着市场机制的完善，信用制度的建立以及个人财富的积累和增加，天使投资一定会在促进我国的创业活动方面发挥更大的作用。

（2）风险资本

风险资本，也称创业投资，其最早可以追溯到 15 世纪英国、葡萄牙、西班牙等西欧国家创建远洋贸易企业时期，19 世纪美国西部创业潮时期“创业投资”一词在美国开始流行。世界上第一个成型的创业投资概念是由 1973 年美国创业投资协会成立时所给出的，即由专业机构提供的、投资于极具增长潜力的创业企业并参与其管理的权益资本。

创业投资的本质内涵体现在三个方面：第一，以股权方式投资于具有高增长潜力的未上市创业企业，从而建立适应创业内在需要的“共担风险、共享收益”机制。第二，积极参与所投资企业的创业过程，一方面弥补所投企业在创业管理经验上的不足；另一方面主动控制创业投资的高风险。第三，并不经营具体的产品，而是以整个创业企业为经营对象，即通过支持创建企业并在适当时机转让所持股权，来获得资本增值收益。创业投资的投资对象大多为新企业或中等规模的企业，对目标企业有严格考察，创业投资所接触的企业，只有 2%～4%能最终获得融资。

前面提到的天使投资也是广义的创业投资的一种，但狭义的创业投资主要是指机构投资者，天使投资与创业投资都是对新兴的具有巨大增长潜力的企业进行权益资本投资。其不同点在于：天使投资的资金是投资人自己的，并且自己进行管理，而创业投资机构的资金则来自外部投资者，他们把资金交给创业投资机构，由专业经理人管理；天使投资一般投资于企业的早期或种子期，投资规模较小，决策快，创业投资的投资时间相对要晚，投资规模较大。

创业者要想提高获得创业投资的成功率，需要了解创业投资家选择项目的标准，有人总结了创业投资家进行决策的三条原则，也被称为创业投资三大定律。

第一定律：绝不选取含有超过两个风险因素的项目。创业投资项目通常有五种风险因素，即研究开发风险、产品风险、市场风险、管理风险、创业成长风险。如果创业投资家认为申请投资的项目存在两个以上的风险因素，通常是不会考虑对其进行投资的。

第二定律：$V=P \cdot S \cdot E$。其中，V 代表总的考核值；P 代表产品的市场规模；S 代表产品（或服务）的独特性；E 代表管理团队的素质。根据这一定律，创业投资家在考核项目时，必须综合考虑产品的市场规模、产品的独特性和管理团队的素质这三个因素。

第三定律：投资 V 值最大的项目。在收益和风险相同的情况下，将首先选择那些总的考核值最大的项目。

风险投资作为一种新型的投资模式，在我国还处于发展初期，如何借鉴国外经验，建立适应我国风险投资业的有效的融资机制，是一项值得探讨的重要内容。

（3）上市融资

上市融资的另一种来源是，通过发起首次公开募股（Initial Public Offering，IPO）向公众出售股票。首次公开募股是企业股票面向公众的初次销售。当企业上市后，它的股票要在某个主要股票交易所挂牌交易。多数上市的创业企业，在非常倾向于科技、生物技术和小企业股票的纳斯达克交易。首次公开募股是企业发展的重要的里程碑。通常，企业只有证明自己可行并具有光明未来时，才能够公开上市。

企业决定上市有几个原因：第一，它是筹集权益资本以资助当前和未来经营的途径。例如，亚马逊网站在 1977 年 5 月上市，通过向公众出售股票筹集了 4000 多万美元资金；第二，首次公开募股提升了企业的公众形象，使它易于吸引高质量顾客、联盟伙伴和员工；第三，首次公开募股是一个流动性事件，能为企业股东（包括投资者）提供将投资变现的机制；第四，通过首次公开募股，企业创造了另一种可被用来促进企业成长的流通形式。一家企业用股票而非现金支付购买另一家企业的款额，是很平常的事情。股票是“法定股本，而非已流通股票”，这实际意味着企业要发行新股来完成收购。实际上，思科系统公司 70 多项购并的绝大部分，就是以这种方式支付的。

我国股市发行除了有侧重于大型企业的上海证券交易所和侧重于中小企业的深圳证券交易所外，2009 年 10 月，已开设创业板。创业板设立目的：第一，为高科技企业提供融资渠道；第二，通过市场机制，有效评价创业资产价值，促进知识与资本的结合，推动知识经济的发展；第三，为风险投资基金提供“出口”，分散风险投资的风险，促进高科技投资的良性循环，提高高科技投资资源的流动和使用效率；第四，增加创新企业股份的流动性，便于企业实施股权激励计划等，鼓励员工参与企业价值创造；第五，促进企业规范动作，建立现代企业制度。

首次公开募股的一种变形是私募（Private Placement），即企业证券向大机构投资者直接发行销售。私募发起时，不存在公开发行，也不必准备招股说明书。

2．债务融资渠道

债务融资包括获得贷款或出售公司债券。因为新创企业事实上不可能出售公司债券，所以我们将专注于获得贷款。贷款有两种常见类型：第一种是单一目的贷款，借入的特定数额资金必须连本带息在规定日期归还；第二种是信贷额度，设立了借款最大限额，借款者在限额内可随意使用信贷，信贷额度要求定期支付利息。

相对于权益融资，获得贷款有两个主要优点：第一，企业所有权没有任何丧失，对多数创业者来说这是主要优点；第二，贷款的利息支付可以抵免税收，而付给投资者的股利不能在税前扣除。获得贷款也有两个主要缺点：一是贷款必须归还，这对集中精力开始运营的初创企业来说可能很困难。新创企业在前几个月内，有时可能一年或更长时间，现金都会很紧张。二是贷款者经常对贷款强加严格条件，并坚持要求大量抵押物以充分保护其投资，即使初创企业已发起成立，贷款者仍有可能要求创业者用个人资产进行抵押作为贷款条件。

创业者可得到的最普通债务融资来源有以下两种。

（1）商业银行贷款

从历史上看，商业银行并没有被看成初创企业融资的可行来源。这种观点不是要打击银行，只不过银行要回避风险，而初创企业融资是有风险的。银行寻找能可靠地归还贷款的顾客，而不是寻找风险投资家所追求的能获得巨大成功的业务。一般而言，银行会对具有强大现金流、低负债率、已审计的财务报表、优秀管理层、健康的资产负债的企业感兴趣。尽管许多新创企业拥有优秀管理层，但很少有企业具备其他特征，至少在最初时期是这样的。但银行对处于生命周期晚些时候的小企业来说是一个重要的信贷来源。

银行一贯不愿意贷款给初创企业，这有两个原因：一是银行回避风险。银行经常有内部控制和制度约束，禁止它们从事高风险贷款。所以，当创业者向银行家请求 50 万美元贷款，并且创业者提供的抵押品仅仅是待解决问题的识别、解决问题的计划或许还有某些知识产权的时候，通常没有什么实用办法来获得银行帮助。银行拥有指导贷款活动的标准，比如最低的权益负债率，这些标准不利于初创企业的创业者。二是银行贷款给小企业获得的利润不如贷款给大企业高，所以大企业一直是商业银行的主要客户。如果创业者向银行请求 5 万美元贷款，其价值可能抵不上银行进行必要的尽职调查以确定创业者风险特征所花费的时间。理解商业计划并调查新创企业特点需要相当多的时间。

在我国，由于金融体制和所有制歧视等制度原因，中小企业向银行融资的渠道是不通畅的，融资难是我国新企业创业和中小企业发展的瓶颈。从改善体制的角度考虑对创业企业的支持，对促进创业活动具有全局性的战略意义。

（2）通过信用担保体系融资

信用担保体系主要指企业在向银行融资的过程中，根据合同约定，由依法设立的担保机构以保证的方式为债务人提供担保，在债务人不能依约履行债务时，由担保机构承担合同约定的偿还责任，从而保障银行债权实现的一种金融支持制度。从国外实践和我国实际情况看，信用担保可以为中小企业创业和经营融资提供便利，分散金融机构信贷风险，推进银企合作，是解决中小企业融资难的突破口之一。

从 20 世纪 20 年代起，许多国家为了支持本国中小企业的发展，先后成立了为中小企业提供融资担保的信用机构。例如，美国专门成立了中小企业管理局（SBA），通过协调贷款、担保贷款等形式，帮助解决中小企业发展资金不足的问题。日本在第二次世界大战后相继成立的中小企业金融公库、国民金融公库和工商组合中央公库，专门向中小企业提供低息融资。各个国家和地区的中小企业信用担保体系由于资金运作方式、操作主体和目的不同，其模式和类型也有所不同。但是它们有共同的特征：一是政府出资、资助和承担一定的补偿责任；二是绝大部分由政府负责中小企业的组织和管理。目前，我国已经形成了以中小企业信用担保为主体的担保业和多层次中小企业信用担保体系，但仍需逐步规范和完善。

3．融资的创造性来源

创业企业较常见创造性资金来源，主要有以下三种。

（1）融资租赁

融资租赁起源于美国，是一种集信贷、贸易、租赁于一体，以租赁物件的所有权与使用权相分离为特征的新兴融资方式。租约（Lease）是某项财产的所有者允许个人或企业在特定时段内使用该财产，以换取报酬的一种书面协议。租赁的主要优点是：它使企业用很少资金或不必预付定金，就可获得资产的使用权。新创企业所订租约的两种最常见类型是设备租约和固定资产租约。例如，许多新创企业向戴尔公司租赁计算机，这对新创企业的益处在于，用很少的前期投资就可以获得其需要的计算机。相对而言，融资租赁方式对企业资金和担保的要求不高，所以较适合中小企业融资。

对于中小企业来说，融资租赁能起到积极的作用主要体现在程序简单便捷方面，这是相对于银行借贷而言的。融资租赁信用审查的手续简便，融资和融物为一体，使企业能在最短的时间内获得设备使用权，进行生产经营，迅速抓住市场机会，这对于一些处于市场上升期的创业者来说尤其具有重要意义。由于企业只需支付较低的租金就可以实现融资目的，可减轻承租用户在项目采购时的流动资金压力。同时融资租赁不体现在企业的资产负债表的负债项目中，通过这种表外融资方式，可以解放流动资金，扩大资金来源，突破当前预算规模的限制。

但是从另一个方面来看，融资租赁也具备很多限制。融资租赁的针对性很强，从国内的情况来看，目前融资租赁应用较多的主要是医疗和公共事业领域。同时，融资租赁对企业的资产规模、经营状况等指标也会有一定要求，融资租赁公司对前来申请的企业及其融资项目的风险也会进行严格审核。融资租赁也需要特定的标的物，例如，具有一定抵押意义和可变现的设备、厂房等物品。此外，融资租赁往往也会要求融资企业提供一定数量的保证金，额度相当于总的融资额度的 20%左右。这些都对先创企业应用融资租赁方式造成了一定的障碍。

（2）政府资助

政府资助在许多国家风险投资发展中起到了重要作用，尤其是在风险投资的种子期，政府会给予特别的支持。政府为了鼓励创业投资的发展，向创业投资者和创业投资的企业提供无偿补助。这种补助实质上是政府部门共同出资筹集创业资本，分担创业投资者的创业风险，鼓励民间创业投资。目前，我国的个人资本和企业资本相对缺乏，各级政府应对创业资本给予比其他国家更大力度的扶持，例如，财政贴息贷款，建立若干担保基金和创业种子基金等。但政府支持风险投资的发展主要不是投入资金，而是应该侧重提供税收优惠、财政贴息、贷款担保和提供种子资金等，以及制定一系列法律和政策来保障和促进创业投资业的发展。目前，我国的"星火计划"和"火炬计划"就是国家风险资本投入的比较成功的项目。

（3）战略合作伙伴

战略合作伙伴是新创企业的另一个资本来源。实际上，战略合作伙伴经常在帮助年轻企业获得运营资本以及完善商业模式方面，发挥至关重要的作用。例如，生物科技企业就极其依赖战略合作伙伴的财务支持。那些规模非常小的生物科技企业，常与较大的医药企业结成战略合作伙伴来进行临床试验以及将产品推向市场。这种安排多数会包括许可证经营协议。典型的许可证经营协议运作如下：生物科技企业将处于开发状态的产品特许给制药企业，以换取产品开发期间及以后的财务支持。这种安排为生物科技企业在药品开发时期提供了运营资本。事实上，提供给生物科技企业的资本，超过 50%来自联盟伙伴，因此这种联盟的形成是新生物科技企业的一项关键能力，联盟也有助于企业完善其商业模式以及节约使用资源。我们在第 5 章讨论过，因为戴尔公司构筑了能给它提供重要支持的伙伴网络，它才能专注于培养装配电脑的核心能力，如英特尔公司给它提供芯片，微软公司给它提供软件，UPS 公司给它提供运输服务，等等。虽然戴尔公司是一个熟悉的例子，但你要知道新创企业在努力地寻找战略合作伙伴，去执行那些它们自己实施会很昂贵且易于分心的职能。

最后，许多战略合作伙伴关系的形成，在于分担产品或服务开发成本、获得特殊资源以及推进产品面市速度。为了换取厂房和设备以及建成分销渠道，新创企业将创业精神和新创意带入这种战略合作伙伴关系。这些安排可以帮助新创企业减少对融资或资助的需要。

4.2.5 创业融资的阶段性策略

创业融资有鲜明的阶段性特点，了解不同阶段的特点，做到融资阶段、融资数量与融投资渠道的合理匹配，才能有的放矢，化解融资难题。

虽然创业在字面上被理解为创办新企业，但创业过程并不是在注册完一个新企业后结束了。企业注册只是完成了法律形式上的创业，只有在实现机会开发并创造价值后，创业过程才算结束。不能把创业融资仅仅理解为筹集创业的启动资金，创业融资不是一次性融资，而是包括了整个创业过程的所有融资活动。创业者需要了解不同阶段的融资需求。

1．种子期的融资需求特征

在种子期，创业企业尚处于孕育阶段，需要投入资金进行开发研究，以验证商业创意的可行性。此时，对资金的需求主要体现在企业的开办费用，如可行性研究费用、部分技术研发费用等。总体而言，资金需求较少，同时，企业没有任何收入记录，资金来源有限，面临技术、市场、财务以及创业团队不稳定等风险。因此，以营利为目的的外部资本一般不会介入，只能依靠自我融资或亲戚朋友的支持。

2．创业期的融资需求特征

创业期资金量需求逐步增大，主要用于购置生产设备、产品开发及产品营销费用等。由于市场处于拓展阶段，市场占有率低，企业资产规模小，无盈利记录，缺少抵押、担保能力，企业仍面临较大的风险。传统的投资机构和金融机构很难提供足够的资金支持。此时，创业者应根据企业的实际修正商业计划书，充实相应的企业战略规划，调整组织机构，完善企业营销策略，规划未来销售收入和现金流量。

3．成长期的融资需求特征

在成长期初期，收入仍然少于开支，企业现金流为负，现金需求量增大。此时，企业的市场风险和管理风险尚未解除，未能形成足够的抵押资产以及建立较好的市场信誉。在中期，企业销售迅速扩大，收入大幅增加，收支趋向平衡，并出现正的现金流，但资金需求量急剧增加，需要大量资本投入生产营运。在成长阶段后期，实现规模效益的欲求使企业迫切需要吸纳外部资本。对资金的需求主要表现在企业的规模营运资金，如扩大固定资产投资、扩大流动资金、增大营销的投放等。此时，企业会有高度的成长性，形成较好的市场声誉，且具有一定的资产规模，现金流处于较好状态，但为了提高市场占有率、扩大企业规模，仍然需要大量资金。

4．成熟期的融资需求特征

在成熟期，企业在产品生产、营销服务和内部管理等方面已经成熟，创业企业的管理与运作处于较优状态，企业进入稳定发展轨道，风险显著下降，资本需求稳定且筹资较前面任一阶段都更加容易。这一阶段，尽管现金流能够满足现有业务的发展需要，但新的机会不断出现，企业仍需外部资金来实现高速增长，资本扩张成为这一时期企业发展的内在需求，因而规模扩大成为这一阶段融资需求的重要特征。

总之，企业创业在不同的发展阶段，会呈现不同的融资需求特征。一般来说，随着新创企业生命周期的扩张，从种子期到成熟期资金需求量越来越大，而风险则相对越来越小，资金供给和需求的矛盾伴随着整个创业过程。

5．创业融资方式的选择

创业融资需求具有阶段性特征，不同阶段的资金需求量和风险程度存在差异，不同的融资渠道所能提供的资金数量和风险程度也不相同，创业者在融资时必须将不同阶段的融资需求与融资渠道进行匹配，才能高效地开展融资工作，获得创业活动所需的资金，化解融资难题。

在种子期和启动期，企业处于高度不确定中，只能依靠自我融投资或亲戚朋友的支持，以及从外部投资者获取天使投资。创业投资家很少在此时介入，而商业银行给予贷款支持的难度更大。建立在血缘和信任管理基础上的个人资金是该阶段融资的主要渠道。

企业进入成长期后，已经有了前期的经营基础，发展潜力逐渐显现，资金需求量也比以前增大，此时，依靠个人资金已无法满足企业的需要，企业也具备了进行机构融资的条件，创业投资、商业银行、政府支持计划等都成为可用的资金来源，此时，创业者应该充分发挥想象力，积极了解各方面的信息，尝试多种多样的融资方式。

企业进入成熟期后，债券、股票等资本市场可以为企业提供丰富的资金来源。如果创业者选择不再继续经营企业，则可以选择公开上市，管理层收购或其他股权转让方式退出企业，收获自己的成果。表4-1列出了创业过程与融资渠道的匹配过程。

表4-1　创业过程与融资渠道的匹配

融资渠道	种子开发期	启动期	成长期	成熟退出
创业者				
朋友和家庭				
天使投资				
战略合作伙伴				
风险投资				
资产抵押贷款				
设备租赁				
信用担保融资				
政府资助				
上市融资（IPO）				
债券融资				
管理层收购				

4.3　创业资金估算

合理地筹集创业所需资金是对创业者最为基本的素质要求，也是其创办企业的前提。筹集不到足额资金会使企业出现资金断流，甚至被迫清算；筹集的资金过多又会导致资金闲置，产生机会成本，导致企业经营效率低下。所以，创业者一定要能够对创业所需资金进行科学估算。

企业经营离不开资金的投入。在“订购原料→原材料入库→原材料投入生产→生产过程半成品→产成品入库→产品销售→销售收入入账”这个资金的流动过程说明企业在运营启动时需要前期的资金投入与占用。

结合企业发展规划预测融资需求量，财务指标及报表的预估是创业者必须了解的财务知识，即使企业有专门的财务人员，创业者也应该大致掌握这些方法。需要指出的是，融资需求量的确定不是一个简单的财务测算问题，而是一个将现实与未来综合考虑的决策过程，需要在财务数据的基础上，全面考察企业的经营环境、市场状况、创业计划以及内外部资源条件等因素。

4.3.1 创业前期投资估算

企业要开始运营，首先要有启动资金，启动资金被用于购买企业运营所需的资产及支付日常开支。对启动资金进行估算，需要具备足够的企业经营经验，并对市场行情有充分的了解。创业者在估算启动资金时，既要保证启动资金能够满足企业运营的需要，又要想方设法节省开支，以减少启动资金的花费。在满足经营需求的情况下，可以采用租赁厂房、采购二手设备等方法节约资金。

投资资金包括新创企业开业之前的流动资金投入、非流动资金投入，以及开办费用支出所需要的资金投入。在估算投资资金时，大部分创业者均能想到购置厂房、设备及材料等的支出、员工的工资支出，但常常忽略诸如机械设备安装费用、厂房装饰装修费用、创业者的工资支出、业务开拓费、广告费等开业前可能发生的其他大额支出。因此，采用表格的形式，将投资资金的项目一一列举，是合理估算创业资金的有效方法。表 4-2 是投资资金估算常用的表格。

表 4-2 投资资金估算表

单位：元

行次	项　目	数量	金额	行次	项　目	数量	金额
1	房屋、建筑物			10	广告费		
2	设备			11	水电费		
3	办公家具			12	电话费		
4	办公用品			13	保险费		
5	员工工资			14	设备维护费		
6	创业者工资			15	营业税费		
7	业务开拓费			16	开办费		
8	房屋租金			17	其他		
9	存货的购置支出				合计		

表 4-2 中有关项目的内容说明如下。

第 1~3 行投资资金的支出属于非流动资金支出，一般在计算创业资金时作为一次性资金需求予以考虑。其中，房屋、建筑物的支出包括厂房的装饰装修费用，若企业拟在租来的房屋中办公，则将相应的支出填写在第 8 行房屋租金中，而且应关注房租的支付形式，一般来说，房屋租金多采用押一付三的方式支付，这样房屋租金的资金支出起码应相当于 4 个月的租金数额，若房租支付采用按半年付费，或按年付费的方式，则房屋租金的支出会更多；设备的支出包括机器设备的安装费用。

第 4~15 行投资资金的支出属于流动资金支出，在计算创业资金时需要考虑其持续性投入问题，这将在下文估算营运资金时讲到。创业者在估算投资资金时，一定不要忽略了其自身的工资、业务开拓费、设备维护费等项目。

第 16 行是新创企业的开办费用。不同行业所需要的开办费用不同，如高科技行业筹建期间员工的工资和人员的培训费可能较高，有较高进入门槛的行业筹建期可能较长等。总之，开办费用是企业无法避免的一项投资支出。

最后，不同行业所需要的资金支出不同，创业者应通过市场调查，将本行业所需的资金支出项目予以补充，填写在第 17 行及以下相应的表格中，并在最后一行计算所需要的投资资金的合计数。如创业项目需要特定技术的话，则要支付购买技术的费用；若采用加盟的方式进行创业的话，则需要支付加盟费用。

需要说明的是，创业者在估算投资资金时，一方面要尽可能多地考虑所需要的各种支出，避免漏掉一些必需的项目，以充分估算资金需求；另一方面，由于创业资金筹集具有困难，以及创业初期资金需求较为迫切，创业者应想方设法节省开支，减少投资资金的花费，如采用租赁厂房、采购二手设备等方法节约资金。

4.3.2 创业企业营运资金及利润估算

营运资金主要是流动资金，是新创企业开始经营后到盈亏平衡前创业者投入企业的资金。营运资金的估算需要根据企业未来的销售收成本和利润情况来确定，通过财务预测的方式实现。

1. 测算新创企业的营业收入和成本费用

营业收入是指企业在从事销售商品，提供劳务和转让资产使用权等日常经营业务过程中所形成的经济利益的总流入。对新创企业营业收入的测算是制订财务计划与编制预计财务报表的基础，也是估算营运资金的第一步。在进行营业收入测算时，创业者应立足于对市场的研究和对行业营业状况的分析，根据其试销经验和市场调查资料，利用推销人员意见、综合专家咨询、时间序列分析等方法，以预测的业务量和市场售价为基础估计每个会计期间的营业收入，并根据行业的信用政策特点和新创企业拟采用的信用政策估算由此可能产生的现金流入。

另外，要对营业成本、营业费用以及一般费用和管理费用等进行估计。由于新创企业起步阶段在市场上默默无闻，市场推广成本相当大，营业收入与推动营业收入增长所付出的成本不可能成比例增加，因此，对于第一年的全部经营费用都要按月估计，每一笔支出都不可遗漏。在预估第二年及第三年的经营成本时，首先应该关注那些长期保持稳定的支出，如果对第二年和第三年销售量的预估比较明确的话，则可以根据营业百分比法，即根据预估净营业量按固定百分比计算折旧、库存、租金、保险费、利息等项目的数值。在完成上述项目的预估后，就可以按月估算税前利润、税后利润、净利润以及第一年利润表的内容，然后就进入预计财务报表阶段。

2. 编制预测利润表

利润表是用来反映企业在某一会计期间的经营成果的财务报表。该表是根据“收入-费用=利润”的会计等式，按营业利润、利润总额、净利润的顺序编制而成的，是一个时期的、动态的报表。创业者在编制预计利润表时，应根据测算营业收入时预计的业务量对营业成本进行测算，根据拟采用的营销组合对销售费用进行测算，根据市场调查阶段确定的业务规模和企业战略，对新创企业经营过程中可能发生的管理费用进行测算，根据预计采用的融资渠道和相应的融资成本对财务费用进行测算，根据行业的税费标准对可能发生的营业税费进行测算，以此计算新创企业每个会计期间的预计利润。预计利润表的格式如表 4-3 所示。

由于新创企业在起步阶段业务量不稳定，在市场上默默无闻，营业收入和推动营业收入增长所付出的成本之间一般不成比例变化，所以，对于新创企业初期营业收入、营业成本和各项费用的估算应按月进行，并按期预估企业的利润状况。一般来说在企业实现收支平衡之前，企业的利润表均应按月编制；达到收支平衡之后，可以按季、按半年，或者按年度来编制。

4.3.3 企业基本财务报表

财务报表是对企业财务状况、经营成果和现金流量结构性表述的表格。财务报表包括资产负债表（Balance Sheet）、利润表（Income Statement）、现金流量表（Statement of Cash Flow）。新创企业的创业者和会计人员需要初步了解预计资产负债表、预计利润表、预计现金流量表的作用和做法，以便掌握企业的资金状况。

新创企业可以采用营业百分比法预估财务报表。这一方法的优点是能够比较敏捷地预测相关项目在营业额中所占的比率，预测相关项目的资本需求量。但是，由于相关项目在营业额中所占的比率往往会随着市场状况、企业管理等因素发生变化，因此，必须根据实际情况及时调整有关比率，否则会对企业经营造成负面影响。

1. 资产负债表

资产负债表是总括反映企业在某一特定日期全部资产、负债和所有者权益状况的报表。资产负债表是根据“资产=负债+所有者权益”这一会计基本等式，依照流动资产和非流动资产、流动负债和非流动负债大类列示，并按照一定要求编制的，是一张有时点的、静态的会计报表。创业者在编制预计资产负债表时，应根据测算的营业收入金额和企业的信用政策确定在营业收入中回收的货币资金及形成的应收款项，材料或产品的进、销、存情况确定存货状况，投资资本估算时确定的非流动资金数额和选择采用的折旧政策计算固定资产的期末价值，行业状况和企业拟采用的信用政策计算确定应付款项，估算的收入和行业税费比例测算应交税费和预计利润表中的利润金额确定每期的所有者权益，并可据此确定需要的外部筹资数额。

预计资产负债表是应用营业百分比法的原理预测外部融资额的一种报表。通过提供预计资产负债表，可预测资产和负债及留用利润有关项目的数额，进而预测企业需要外部融资的数额。预计资产负债表的格式如表 4-3 所示。

与预计利润表相同的道理，一般来说，预计资产负债表在企业实现收支平衡之前也应该按月编制，在实现收支平衡之后可以按季、按半年或按年度编制。

表 4-3 预计资产负债表

项　目	1	2	3	4	5	6	7	……	n
一、流动资产									
货币资金									
存货									
其他流动资产									
流动资产合计									
二、非流动资产									
固定资产									
无形资产									
非流动资产合计									
资产合计									
三、流动负债									
短期借款									
应付款项									
应缴税费									
其他应付款									
流动负债合计									
四、非流动负债									
长期借款									
其他非流动负债									
非流动负债合计									
负债合计									
五、所有者权益									
负债和所有者权益合计									
六、外部筹资额									

企业在经营过程中增加的留存收益是资金的一种来源方式，属于内部融资的范畴，当留存收益增加的资金无法满足企业经营发展所需时，需要从外部融集资金。外部融资额=资产合计-负债和所有者权益合计。

2．利润表

利润表是总括反映企业在某一会计期间（如年度、季度、月份）内经营及其分配（或弥补）情况的一种会计报表；预计利润表是应用营业百分比法的原理预测可留用利润的一种报表。通过提供预计利润表，可以预测留用利润这种内部筹资方式的数额。创业企业预测利润表具体形式见表 4-4。

表 4-4 预测利润表

项目	1	2	3	4	5	6	7	……	n
营业收入									
减：营业成本									
营业税金及附加									
销售费用									
管理费用									
财务费用									
二、营业利润（损失以“—”填列）									
加：营业外收入									
减：营业外支出									
三、利润总额（损失以“—”填列）									
减：所得税费用									
四、净利润（损失以“—”填列）									

3．现金流量表

现金流量表反映企业在一定会计期间（通常是年度）内资金的来源渠道和运用去向的会计报表，是一张综合反映企业理财过程，以及财务状况变动的原因与结果的报表。现金流量是新创企业面临的主要问题之一。一个本来可以盈利的企业可能会因为现金短缺而破产，因此，对于新创企业来说，逐月预估现金流量是非常重要的。与预估利润表一样，如何精确地计算现金流量表中的项目是一个难题。因此，在编制预计财务报表时需要假设各种情境，比如最乐观的估计、最悲观的估计以及现实情况估计。这样的预测，既有助于潜在投资者更好地了解创业者如何应对不同的环境，也能使创业者熟悉经营的各种因素，防止企业陷入可能的灾难。

预计现金流量表形式如表 4-5 所示。

表 4-5 预计现金流量表

项目	行次	金额
一、经营活动产生的现金流量		
销售商品、提供劳务收到的现金		
收到的增值税销项税额和退回的增值税款		
……		
现金流入小计		
购买商品、接受劳务支付的现金		
支付给职工以及为职工支付的现金		
支付的增值税款		
支付的所得税款		
……		

续表

项　　目	行次	金额
现金流出小计		
经营活动产生的现金流量净额		
二、投资活动产生的现金流量		
收回投资所收到的现金		
分得股利或利润所收到的现金		
处置固定资产、无形资产和其他长期资产而收到的现金净额		
……		
现金流入小计		
购建固定资产、无形资产和其他长期资产所支付的现金		
权益性投资所支付的现金		
债权性投资所支付的现金		
……		
现金流出小计		
投资活动产生的现金流量净额		
三、筹资活动产生的现金流量		
吸收权益性投资所收到的现金		
发行债券所收到的现金		
借款所收到的现金		
……		
现金流入小计		
偿还债务所支付的现金		
发生筹资费用所支付的现金		
分配股利或利润所支付的现金		
偿付利息所支付的现金		
……		
现金流出小计		
筹资活动产生的现金流量净额		
四、汇率变动对现金的影响		
五、现金及现金等价物净增加额		
六、期末现金及现金等价物净增加额		

本章小结

资金是企业经济活动的第一推动力和持续推动力，融资问题对新创企业来说显得尤为重要。本章首先分析了创业资源的特点及重要作用；然后介绍了创业融资的特点与步骤、创业融资的种类和渠道，在此基础上分析了创业融资的阶段性特征，指出了创业融资应当遵循的基本原则及创业融资方式的选择策略；最后详细阐述了创业资金估算方法和企业常用会计报表的一般形式。

思考题

1. 创业资源的特点和作用有哪些？
2. 简述创业融资的步骤。
3. 新创企业有哪些融资渠道？
4. 简述创业融资的阶段性特征及策略。
5. 创业者在融资时应该遵循哪些原则？
6. 简述创业融资的基本财务估算的内容。

案例讨论

【案例 1】

摩托车修理厂的资源筹措

刘刚是市郊一家摩托车修理厂的老板。走进他的维修间，你会发现一个很大的库房，里面堆满了工具、废轮胎、二手引擎、汽化器、燃油泵、传动器等杂七杂八的东西。有趣的是，老刘总是能够从一堆乱七八糟的杂物中找到他想要的东西。

有一次位老顾客来找他，老刘放下手中的活儿去检查。老刘从他那堆零碎宝贝中找了个零件给客户的摩托车换上就打发他走了，也没向他要钱。老刘解释说，客户的排气管出了问题，他帮客户修好了，“正常情况下要花 100 多元”。我们问他为什么不收钱，“这点小毛病反正也收不了多少钱”，老刘又补充，“出了大问题他还是会来找我的”。这种凑合有没有麻烦呢？当然有，首先坚持不了多长时间，其次增加了尾气排放，“不合标准，但是没人管”。

我们在老刘的店铺待了半小时，就看到他和各种各样来来往往的人打招呼。“都是朋友。”老刘解释。我们注意到，他的雇员都是其老乡，一个村里出来的。问及他的员工有没有培训，老刘说：“有啊，我做的时候他们都在看，都是我手把手教出来的。”

请结合案例思考下面的问题：

（1）很多新企业在创办之初都不自觉地采取了拼凑策略,请分析一下老刘的资源拼凑策略的实施有什么优势?有什么问题?

（2）如果你是这个修理厂的老板,你会如何规划你的资源筹措方案?

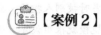

【案例2】

郑海涛的三次创业融资故事

2003 年中关村科技园区评选出 10 位优秀创业者，北京数码视讯科技有限公司总裁郑海涛身在其列。作为一家成立于 2000 年的高新企业，在与国外大公司和华为等国内领先企业的竞争中，郑海涛的公司通过两次重要的融资使该公司在 3 年的时间里获得迅猛的发展，2002 年销售收入为 2001 年的 20 倍。而更令许多创业者羡慕的是，该公司的第三次融资正在谈判之中。同样是创业者，郑海涛成功融资的秘诀是什么呢?

郑海涛认为创业可以分为三种：第一种是为了生存的创业；第二种是因为有个好的机会促使创业者创业；而第三种是一种事业型创业，是创业者为了追求更高的人生事业而创业。他的创业就属于第三种。1992 年从清华大学计算机控制专业硕士毕业后，郑海涛在国内知名的通信设备公中兴通讯公司工作了 7 年。从搞研发到做市场，从普通员工到中层管理人员，郑海涛在中兴的事业可以说十分成功。但是，具有强烈事业心的郑海涛并不满足于平稳安逸的工作。在经过一番市场调查之后，2000 年他带着自筹的 100 万元资金，在中关村创办了以生产数字电视设备为主的北京数码视讯科技有限公司。

（一）来之不易的第一次融资

2000 年公司成立之初，郑海涛将全部资金投入研发。不料，2001 年互联网泡沫破灭，投资形势急转直下，100 万元的资金很快用光，而后续资金还没着落。此时，郑海涛只得亲自捧着周密的商业计划书，四处寻找投资商，一连找了 20 家，都吃了闭门羹——投资商的理由是:互联网泡沫刚刚破灭，选择投资要谨慎；数码视讯产品还没有研发出来，投资种子期风险太大。因此，风险投资商宁愿做中后期投资或短期投资，甚至希望跟在别人后面投资。

在最困难的时候，郑海涛也曾动摇过，但他从来都没有放弃。他曾应邀参加了中央电视台的《对话》节目，嘉宾是柳传志。在现场，他问了柳传志两个问题：在你成功的过程中，机遇起了多大作用？在创业过程中，是否有过动摇？郑海涛回忆说，这些问题与其说是在问柳传志，不如说是在问自己。柳传志的回答是，机遇当然重要，但更重要的还是自身的努力和实力。这位鼎鼎大名的创业前辈给了郑海涛很大的信心。

2001 年 4 月，公司研制的新产品终于问世，第一笔风险投资也因此有了着落。清华创业园、上海运时投资和一些个人投资者共投了 260 万元。郑海涛回忆说，这笔资金对公司十分重要，但没有现实的产品在当时的情况下休想拿到合理的风险投资，公司凭借的就是过硬的技术和领先的产品。

谈到创业初期的第一笔资金，郑海涛认为选择投资者十分重要。他举了一个例子：在2000 年春节前，也曾经有投资机构愿意投资，但条件苛刻，要求对企业控股 50%。在当时资金十分紧张的情况下，郑海涛明明知道这是一个不合适的交易，但也不得不同意合作，唯一的条件是资金必须在两周内到位。结果由于种种原因，投资方的资金没有按时到位，合作协议也就终止了。郑海涛说，这是公司的一次幸运，如果当时被别人控股，公司的发展将不会按照自己原有管理团队的意愿，能不能发展到现在的规模就很难说了。所以对初期的创业者来说，选择投资者要慎重，哪怕是在资金最紧张的时候。

（二）水到渠成的第二次融资

2001 年 7 月，国家广电总局为四家公司颁发了入网证，允许它们生产数字电视设备的编码、解码器。这四家公司除了两家国外领先企业和国内知名的华为公司外，还有一家就是成立一年多的北京数码视讯科技有限公司。郑海涛不无自豪地介绍，在当时参加测试的所有公司中，数码视讯的测试结果是最好的。也正是由于这个原因，随后的投资者才蜂拥而至。

7 月，清华科技园、中国信托投资公司、宁夏金蚨创业投资公司又对数码视讯投了450 万元。郑海涛说，他看中的不仅是这些公司肯掏钱，更重要的是，这些公司能够为数码视讯在会计、法律、IPO 等方面出谋划策，为以后公司上市奠定好的基础。

拿到第二笔投资之后，公司走上了快速发展之路。2001 年 10 月,在湖北牛刀小试地拿到 10 万元订单不久，公司就参与了江西省台的竞标。虽然招标方开始并没有将数码视讯列在竞标单位之内，但在郑海涛的再三游说下，招标方还是决定给他一次机会。结果几乎和国家广电总局的测试一样，数码视讯又在测试中拿到了第一。很顺利地，公司拿到了第一笔大订单，价值 450 万元。此后，公司产品进入了 29 个省份，2002 年盈利 730 万元，2003 年盈利 1200 万元。

（三）扩大发展的第三次融资

在公司取得快速发展之后，郑海涛现在已经开始筹划第三次融资，按计划这次融资的金额将达 2000 万元。郑海涛认为，数字电视市场是一个具有巨大潜力的市场，在全球都还处于起步阶段。据预测，中国的数字电视设备市场规模将达 1000 亿元，而世界数字电视设备市场规模在 2005 年将在 1000 亿美元以上。面对这样巨大的市场，郑海涛绝不甘心公司现在的规模。

郑海涛认为，一个企业要想得到快速发展，产品和资金同样重要，产品市场和资本市场都不能放弃，必须两条腿走路，而产品与资本是相互促进、相互影响的。郑海涛下一步的计划是通过第三次大的融资，对公司进行股份制改造，使公司走上更加规范的管理与运作轨道。此后，公司还计划在国内或者国外上市，通过上市进一步优化股权结构，为公司进军国际市场做好必要的准备。

请结合上述案例思考以下问题：

（1）该公司获得资金的渠道有哪些？

（2）分析郑海涛为什么能够三次融资成功？

（3）你可以从上述案例中学到什么经验？

【案例3】

创业资金计算

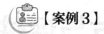

小王是一名会计学专业毕业生，毕业时想自己开办一家会计公司。在开办公司前，他进行了简单的市场调查，觉得这个行业有很大的市场空间，他对开办公司的必要支出进行了如下估算。

在北京市海淀区苏州街租一间 20 平方米左右的办公室，每月需要 3000 元左右的租金；购置两台电脑，每台 5000 元；购买一套最基本的财务软件，大约需要 3000 元；购置两台打印机，一台针式打印机用来打印输出的会计凭证和账簿，另一台打印一般的办公文件，两台打印机大概需要 3500 元；购置一台税控机（用于帮助客户进行纳税申报），价格 3000 元；购置一台传真机，价格 1000 元；购置 3 套办公桌椅，每套 300 元；购置 1 台饮水机，需要 500 元，每月大约需要 4 桶水，每桶水 15 元；置办一些办公用品及办公耗材，需支出 1000 元，大约可供 1 个月使用；电话费、网费每月 320 元左右；水电费每月 200 元；同类会计服务公司的广告费一般每月 1200~2000 元，小王准备每月花费 1500 元。

公司开办初期需雇 1 名会计和 1 名外勤人员，两人的工资每月合计为 3500 元，社会保险费合计每月 1000 元。

开户、刻章直至办完整套开业手续，大约需要 1 个月的时间，需要的开业前的基本费用为 1000 元。

每家客户每月可以收取 250 元的服务费，为每个客户服务的基本支出大约为 20 元/月。另外，客户在 60 户以内时基本上不用增加会计和外勤人员。

于是，小王简单算了一下，他创办会计公司所需要的资金为 33480 元。由于开办公司需要的资金不是太多，而每一户的利润也较为可观，加上小王对自己的专业知识和开拓市场的能力非常自信，他觉得自己的公司一定会开办得很红火。

但是，为了以防万一，怕哪些项目考虑不周全，小王在筹集资金时还准备了一些风险资金，共筹集了 50000 元。可是，让小王没想到的是，公司刚刚经营了几个月资金就出现了断流，连支付房屋租金的钱都不够了。

请结合上述案例思考以下问题：

（1）你能帮小王分析一下公司资金断流的原因吗？

（2）请帮小王计算一下开办这样的会计公司大概需要多少资金？

第5章 商业模式的开发与评估

每一个企业都有成功的梦想，每一个成功的企业都有成功的模式，因此任何一个新办的企业或处于困境中的企业都应该找到属于自己的、唯一的成功商业模式，而不是简单复制。

学习目标

(1) 掌握创业模式的概念与特征。
(2) 了解商业模式的内在逻辑和开发方法。
(3) 掌握商业模式的设计框架。
(4) 了解商业模式的SWOT评估方法。

5.1 商业模式的概念与特征

5.1.1 商业模式的基本问题

在机会识别阶段，创业者通过对产品和市场进行认真的可行性分析，基本上明确了具有市场潜力的产品或服务，对它们的品质和特征有了较清晰的了解，但是，对于企业如何通过这些创新产品或技术实现新企业的盈利，依然模糊不清，而盈利是市场经济中企业生存的根本。因此，为了理解创新产品如何才能实现盈利，迫切需要厘清以下基本问题。

- 建立什么样的产品价值链可以成功实现产品的商业化？
- 在这一价值链中，新企业将扮演什么角色？
- 还有哪些合作伙伴需要加入？他们将分别扮演什么角色？其获利点在哪？
- 谁将向谁付费？为什么？或者说，在即将建立的价值链中，顾客是谁？是否有足够多的顾客愿意加入？

以上都是属于商业模式的问题。琼·玛格丽塔在《什么是管理》一书中指出，商业模式就是一个企业如何赚钱的故事。与所有经典故事一样，商业模式的有效设计和运行需要人物、场景、动机、地点和情节。为了使商业模式的情节令人信服，人物必须被准确安排，人物的动机必须清晰，最重要的是情节必须充分展示新产品或服务如何为顾客带来了价值和利益，同时又如何为企业创造了利润。

如果把通过可行性分析确定的创新产品或服务看成一种技术投入，那么商业模式是使其进行价值创造的转换器，从而把技术性投入与社会性产出连接起来，如图 5-1 所示。

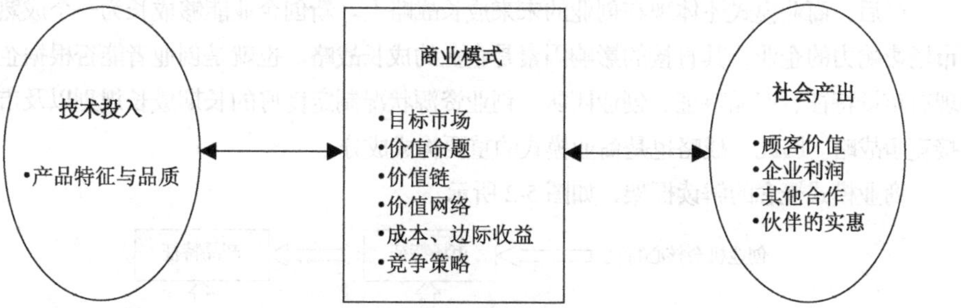

图 5-1　商业模式的基本问题

图 5-1 可以让我们理解，创新技术或者创新产品为顾客、合作伙伴、企业创造价值，取决于它对商业模式的选择，而不仅仅取决于技术本身的内在特征。许多创业企业成功，并不是因为技术创新性有多强，而是因为开发了一套切实可行的商业模式。例如，阿里巴巴是电子商务领域的佼佼者。电子商务，顾名思义，是利用高科技信息和网络技术实现产品或服务交换的一种交易形式。阿里巴巴与其他电子商务创业企业一样运用的是网络技术，而它之所以获取很高的利润，主要是因为其所开发的有效盈利模式。根据中国企业财务实力不太强的现实，阿里巴巴利用免费入网方式获取了尽可能多的中国企业信息，建立在这一基础上的企业信用认证概念为产品相对过剩的中国供应商提供了竞争优势，进而为阿里巴巴创造了巨额利润。这就是阿里巴巴的商业模式。

商业模式是新企业开发有效创意的重要环节。一方面，它是新企业技术（产品特征和品质）创意的必要补充，有效创意包括如何同时为顾客、合作伙伴以及企业创造价值；另一方面，它是新企业得以启动筹集资金、雇用高素质员工、整合优秀合作伙伴等实际工作的前提。商业模式是新企业盈利的核心逻辑，新企业只有开发出有效的商业模式，才能激发足够多的顾客、供应商等参与合作，创建成功的新企业才真正可行。

5.1.2　商业模式的概念

“商业模式”一词最初在商业领域非常流行。现在，各个行业的企业都非常依赖这一概念。但对于商业模式的定义，不同学者有着不同的界定。综合现有研究成果，本书认为商业模式是企业整合资源和能力，进行战略规划，以充分开发创业机会，并且实现利润目标的内在逻辑。其实，商业模式并非简单的企业盈利方法或过程，对商业模式概念的解读应当是多层次、多角度的。

首先，商业模式体现在创业机会核心特征层面，即市场特征和产品特征的特定组合。创业者将要进入的市场是否有充分的吸引力，将要提供的产品是否能够获取充分的市场分析，这一组合是新创企业独特竞争优势的根本源泉，也是企业商业模式的构成基础。

其次，商业模式体现在创业机会的外围特征如何有效支持创业机会的核心特征上，特别是创业团队和创业资源两个要素如何有效整合，来共同维系创业机会核心特征的有效开发。商业模式是否可行，取决于创业者所构思的商业逻辑是否能够有效推行，在这一推行过程中，人力资源、资金资源、信息资源等资源要素都是必不可少的支持因素。

最后，商业模式还体现在创业的未来成长战略上。新创企业能够成长为一个成熟的有市场影响力的企业，其直接的影响因素是企业的成长战略。也就是创业者能否根据企业的现有市场特征、产品特征、创业团队、创业资源状况制定良好的长期成长规划以及市场直接竞争战略。因此，战略也是商业模式的重要构成成分。

商业模式概念的解读框架，如图 5-2 所示。

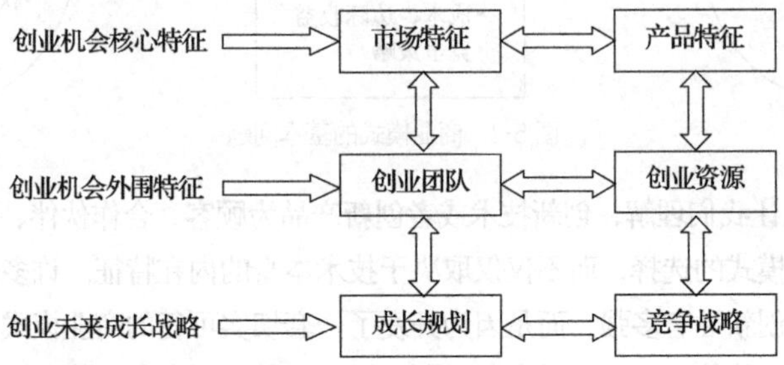

图 5-2　商业模式概念的解读框架

5.1.3　商业模式的特征

由于不同行业的差异，宏观和微观经济环境的共同影响，没有一个单一的商业模式能够保证在各种条件下都能产生优异的财务回报。尽管如此，我们仍需要对商业模式的内在属性进行解构，提炼商业模式的属性框架，唯有如此，才能够便利于现实商业模式的分析以及创新商业模式的构建。

戴尔的成功案例被许多研究人士所熟悉，通常在列举商业模式例子的时候，都会拿出戴尔的直销模式作为范例。然而，应该认识到，直销模式只不过是商业模式的一种表象。虽然直销模式确实为戴尔计算机的成功带来了重要的推动作用，但这一模式还不能与商业模型划上直接的等号——要找到一种创新的销售模式太容易了，只要你有足够的想象力，关键是，为什么这一直销模式是可行的？唯有其背后的支持因素和这种直销模式整合在一起，才是我们所要讨论的商业模式。

在戴尔直销模式的背后，一些重要的支持因素包括：戴尔对客户需求的关注，戴尔坚信客户的需求是企业所要首先关注的，因此，戴尔力图做顾客的顾问，帮助顾客做正确的决策，让企业真正为顾客创造更大的价值。同时，戴尔注重客户反馈，基于顾客意见并进行灵活的调整。据称，戴尔内部还成立了专人客户负责制，为所有戴尔用户设立客户档案，他们可以随时随地联系到专门的戴尔客户代表，他们能根据客户的不同情况，制订最适合的 IT 解决方案。除了在客户关系处理上，在企业运作方面，戴尔一直实行精细化管理，低成本一直是戴尔模式的核心，但价格的竞争力并不等于要做赔本买卖，这就要求公司管理层在压缩开支方面做到极致。同时，直销模式能够成功还与戴尔的供应链管理方式密不可分，戴尔在渠道建设、原材料供应方面也做得非常成功，戴尔和供应商的合作非常密切，通过为他们提供长期产量预测以便进行制造预测，将整个系统中的库存量保持在最低。零库存、快速制造模式缩短了供求距离，没有库存风险和成本，因此戴尔的产品价格很具有吸引力。这一系统的企业运营过程构成了戴尔的商业模式。

从戴尔的商业模式中，我们可以看到，成功的商业模式应具备如下三个条件。

1．全面性

商业模式是对企业整体经营模式的归纳总结。在企业经营的基础层面，创业者需要制订必要的方案来引导基层员工的操作。在企业层面，创业者必须关注企业的整体发展目标和发展方案。在各个不同的管理职能分类上，创业者也必须设想可行的经营方案。因此，商业模式的全面性反映了创业者是否对创业发展中所遇到的各类问题进行了全面思考，是否准备了应对之策。缺乏全面性的商业模式很可能在某一方面相当诱人，但是由于创业者忽略了支持其内在盈利性的某些要素，这种诱人的商业模式可能根本无法实现。

当然，全面性并不意味着商业模式需要涵盖所有经营管理中琐碎的事务。商业模式需要提炼归纳，提取更为重要的要素，这样对企业的整体发展才具备更强的指导意义。

2．独特性

成功的商业模式要能提供独特价值，创业者通过确立自己的独特性，来保证市场占有率。这一独特价值表现在创业者能够向客户提供的额外价值，或者使得客户能用更低的价格获得的同等价值，或者用同样的价格获得更多的价值。例如，如家酒店连锁公司通过全力拓展其独创的经济型连锁酒店，以低价、舒适、干净为特色，吸引了大批中小商务人群和休闲游客，常年入住率保持在 90%以上。这一独特的商业模式与传统意义上的酒店经营模式截然不同。

商业模式独特价值的根本来源是创业者所拥有的独特资源以及基于资源独特性所构建的发展战略，这一战略包括未来可行的公司层面发展战略，同时也包括市场经营层面的竞争战略，例如独特的营销方案及分销渠道。

3．难以模仿性

成功的商业模式必须是难以模仿的。一个易被他人模仿的商业模式，即使其再独特、再全面，也难以维系。迅速跟进的追随者很快就会使得企业的盈利能力大大下降。因此，难以模仿的商业模式首先意味着企业的经营模式是可持续的。创业者至少可以通过有效的手段在一定时间内维持企业的成长速度，而不用太早陷入行业竞争的旋涡。

难以模仿的要旨首先在于企业的商业模式要充分发挥先行者的优势，让后进入者的获利可能降至最低，这样追随者对模仿现有的商业模式的兴趣就不会很大。同时，为了实现难以模仿的商业模式，创业者也需要注重细节。只有执行到位，注重每一个细节，这一特定的商业模式才是竞争对手难以模仿的。当然，如果有可能，创业者也需要及时抓住知识产权保护的有力武器来防止他人模仿。

全面性、独特性、难以模仿性，构成了商业模式的基本属性特征。对于成功的商业模式来说，这三个属性之间的关系类似于通常意义上说的木桶效应，任何一个层面存在短板都会对商业模式造成重大伤害。因此，创业者在准备创业的时候，尤其需要警惕那些在其他层面特别突出，但是在某一个层面上存在缺憾的商业模式。

5.2 商业模式的开发

5.2.1 商业模式的逻辑

商业模式是企业创造价值的核心逻辑。商业模式的这一逻辑性主要表现在层层递进的三个方面，如图 5-3 所示。

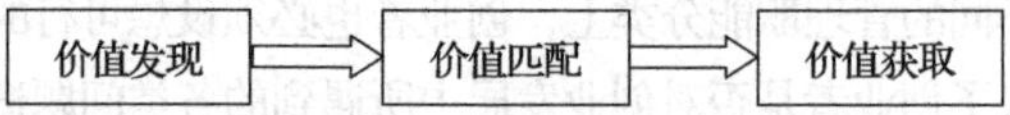

图 5-3 商业模式的逻辑

1．价值发现

明确价值创造的来源，是对机会识别的延伸。通过可行性分析创业者所认定的创新性产品和技术，只是创建新企业的手段，企业最终盈利与否取决于它是否拥有顾客。创业者在对创新产品和技术识别的基础上，进一步明确和细化顾客价值所在，确定价值命题，是商业模式开发的关键环节。

绕过价值发现的思维过程，创业者容易陷入“如果我们生产出产品，顾客就会来买”的错误逻辑，这是许多创业实践失败的重要原因之一。

1991 年，摩托罗拉为开发卫星电话成立了独立的铱星公司。它生产的卫星电话叫铱星手机。铱星手机的价格是 3 000 美元，每分钟通话费是 3～8 美元。如此高的服务价格肯定竞争不过传统的蜂窝电话服务。于是，铱星公司把目标市场定为传统网络无法覆盖的地区的人们，主要包括国际商务旅行者、边远地区的建筑工人，以及海上船只、世界各地的军队和近海石油钻塔的工作人员等，但是，到 1999 年 7 月，公司仅有 2 万用户，而公司至少需要 5.2 万用户才能达到贷款合约的要求。结果当年 8 月，铱星公司因拖欠了 15 亿美元贷款而申请破产。

从铱星公司惨败的教训中，我们看到，铱星公司花费了如此高昂的财务成本和 11 年的时间开发出来的铱星手机并没有为顾客带来真正的便利和实惠，因而没有吸引足够多的顾客成为它的用户。铱星电话技术依靠电话天线和在轨卫星间的视距传输，所以电话功能非常有限。在行驶的汽车内、建筑物内或大城市的许多地方，高层建筑阻碍了电话和卫星之间的视距传输，铱星电话无法使用；还有，在没有电的偏远地区，手机电池只能使用特殊的太阳能附件，而这无法吸引繁忙的旅行者。

2．价值匹配

明确合作伙伴，实现价值创造。新企业不可能拥有满足顾客需要的所有资源和能力，即便新企业愿意亲自去打造和构建所需要的所有能力，也常常面临很大的成本和风险。因此，为了在机会窗口内取得先发优势，并最大限度地控制机会开发的风险，几乎所有的新企业都要与其他企业形成合作关系，以使其商业模式有效运作。我们知道戴尔公司与供应商、托运企业、顾客以及其他许多商业伙伴的合作，促进了其商业模式的形成。假如戴尔的供应商不愿意在即时原则基础上向它供应新式零部件，戴尔公司就要付出很高的库存成本，就不可能向顾客供应高品质产品或进行价格竞争。戴尔公司与供应商密切合作，不断激励它们参与进来。与戴尔公司合作，也有助于供应商获利，因为戴尔的订单规模占了供应商很大部分的生产份额。

3. 价值获取

制定竞争策略，占有创新价值。这是价值创造的目标，是新企业能够生存下来并获取竞争优势的关键，因此是有效商业模式的核心逻辑之一。许多创业企业是新技术或新产品的开拓者，但不是创新利益的占有者。这种现象发生的根本原因在于这些企业忽视了对创新价值的获取。

价值获取的途径有两方面：一是为新企业选择价值链中的核心角色；二是对自己的商业模式细节最大可能地保密。对第一方面来说，价值链中每项活动的增值空间是不同的，哪一个企业占有了增值空间较大的活动，就占有了整个价值链价值创造的较大比例，这直接影响到创新价值的获取。对第二方面来说，有效商业模式的模仿一定程度上将会侵蚀企业已有利润，因此创业企业越能保护自己的创意不泄露，就越能较长时间地占有创新效益。

例如，Google 公司通过以下几种方式赚取收入：①巧妙地安排随同搜索结果一起出现的广告；②向门户网站（如美国在线）许可搜索技术；③向企业许可搜索技术，以建立企业内部搜索引擎；④即使有见识的观察者也难以觉察其他获利途径。Google 公司严守其商业模式秘密，避免其他企业成功复制其运作方式。Google 有效商业模式的细节保密的时间越长，就越能长时间地获得巨额投资回报。

总体来看，价值发现、价值匹配和价值获取是有效商业模式的三个逻辑性原则，在其开发过程中，每一项思维过程都不能忽略。新企业只有认真遵循了这一原则，才能真正开发出同时为顾客、企业以及合作伙伴都创造经济价值的商业模式。

5.2.2 商业模式的开发方法

商业模式的开发可采用价值链分析方法。

价值链是指产品如何从原材料阶段，经过制造和分销活动，直至到达最终用户手中的一系列转移活动链条，如图 5-4 所示。

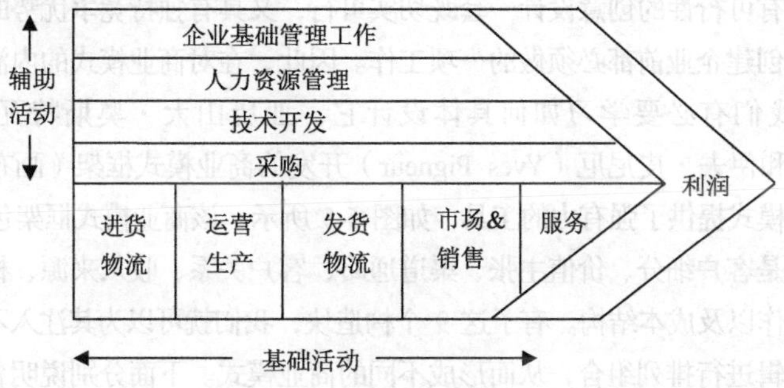

图 5-4 价值链示意图

价值链由基础活动和辅助活动构成。基础活动涉及产品制造、销售以及售后服务，而辅助活动提供对基础活动的支持。价值链上每项活动的合理性和有效性取决于其对产品价值的贡献。价值链分析被广泛应用于管理成本与价值、控制辅助性活动成本以及企业差异化竞争战略等诸多方面。比如应用于管理成本和价值分析的情况：通过对比每项活动所耗费的费用与其创造的顾客价值，管理者一般能够识别出价值链上哪一项活动存在进一步改善的空间以及改善空间有多大；同时，管理者也会发现某项活动之所以在企业内完成可能只是历史原因造成的，如果分包可能会削减成本、提高质量、为高峰期储备额外的生产能力或者使管理者能够把精力集中于具有高附加值的活动。

价值链分析同样有助于识别机会以进行商业模式的开发。随着市场竞争的激烈，现在大多数产品和服务是在包含了很多企业而非单一企业的复杂供应链中被生产的。这样，价值链分析不再局限于单一企业内供应链活动，而是用来描述产品和服务在“价值网络”或“价值体系”中的生产过程，因此，价值链更多地按照产品或者服务来加以识别，而不是特定的企业。

创业者可以通过审视一个产品或服务的价值链，来发现价值链的哪个阶段能够以其他更有意义的方式增加价值。这种分析可以集中于：价值链的某项基础活动（比如营销）；价值链某个部分与其他部分的结合处（如运营和外部后勤之间）。某项辅助活动（如人力资源管理）。不管集中于价值链的哪一种活动，创业者都要确定自己在整个价值链中的地位和角色，并进一步明确合作伙伴以给新企业提供有效支持。例如，戴尔公司的首席执行官迈克尔·戴尔通过考察发现已有电脑库存和供应链中明显存在无效率的情况，这一发现说明已有价值链的销售活动存在明显的增值空间。而要真正实现这一增值，一方面，戴尔公司需要创造性地确定自己的角色：接受顾客订单，装配零配件，然后将产品直接运送到顾客家中。这样戴尔公司不像其他企业那样，生产计算机并将它们运送给零售商，然后寄希望于产品售出。它不需要生产零件的工厂和设备，但是顾客确实得到了想要的具备所有最新技术的计算机。另一方面，要与优秀伙伴合作，如果没有低成本的运货商（如联合包裹服务公司）和电脑零部件制造商，戴尔公司直接向最终用户销售电脑的创意就不可能实现。

5.2.3 商业模式的设计框架

如何为具有可行性的创意设计一套既切实可行，又具有独特竞争优势的商业模式，是所有创业者在创建企业前都必须做的一项工作。因此，在对商业模式的内涵具有一定了解的基础上，我们有必要学习如何具体设计它。亚历山大·奥斯特瓦德（Alexander Osterwalder）和伊夫·皮尼厄（Yves Pigneur）开发的商业模式框架（画布）为描绘、分析、设计商业模式提供了强有力的工具，如图 5-5 所示。该商业模式框架包括 9 个构造块（要素），分别是客户细分、价值主张、渠道通路、客户关系、收入来源、核心资源、关键业务、重要合作以及成本结构。有了这 9 个构造块，我们就可以为其注入不同的内容，并按照不同的逻辑进行排列组合，从而形成不同的商业模式。下面分别说明各个构造块的具体内涵。

重要合作	关键业务	价值主张	客户关系	客户细分
	核心资源		渠道通路	
成本结构		收入来源		

图 5-5 商业模式的设计框架

1．客户细分

该构造块用来描述一个企业想要接触和服务的不同人群或组织，主要回答以下两个问题。

- 我们正在为谁创造价值?
- 谁是我们最重要的客户?

一般来说，可以将客户细分为以下 5 种群体类型。

① 大众市场：价值主张、渠道通路和客户关系全都聚集于一个大范围的客户群组，客户具有大致相同的需求和问题。这类客户经常能在消费类电子行业中找到。

② 利基市场：价值主张、渠道通路和客户关系都针对某一利基市场的特定需求定制，常可在供应商—采购商的关系中找到。例如，很多汽车零部件厂商严重依赖来自主要汽车生产工厂的采购。

③ 区隔化市场：客户需求略有不同，细分群体之间的市场区隔有所不同，所提供的价值主张也略有不同。例如，瑞士信贷的银行零售业务，在拥有超过 10 万美元资产的大客户群体和拥有超过 50 万美元资产的更为富有的群体之间的市场区隔就有所不同。

④ 多元化市场：经营业务多样化，以完全不同的价值主张迎合完全不同需求的客户细分群体。例如，亚马逊通过销售云计算服务而使其零售业务多样化。

⑤ 多边平台或多边市场：服务于两个或更多的相互依存的客户细分群体。例如，信用卡公司需要大范围的信用卡持有者，同时也需要大范围的可以受理那些信用卡的商家。

2．价值主张

该构造块用来描绘为特定客户细分创造价值的系列产品和服务，主要回答以下 4 个问题。

- 我们该向客户传递什么样的价值?
- 我们正在帮助我们的客户解决哪一类难题?
- 我们正在满足哪些客户需求?
- 我们正在提供给客户细分群体哪些系列的产品和服务?

一般来说，价值主张主要包括以下 11 个方面。

① 新颖：产品或服务满足客户从未感受和体验过的全新需求。例如，智能手机围绕移动互联网开创了一个全新的领域。

② 性能：改善产品和服务性能是传统意义上创造价值的普遍方法。例如，个人计算机（PC）行业依靠运行速度、存储空间等性能的改善向市场推出更强劲的机型。

③ 定制化：定制产品或服务以满足个别客户或客户细分群体的特定需求来创造价值。大规模定制和客户参与制作的方式在近年来变得越来越重要。

④ 把事情做好：可通过帮客户把某些事情做好而简单地创造价值。例如，劳斯莱斯航天公司的客户完全依赖它所制造和服务的引擎，按引擎用时向该公司支付费用。

⑤ 设计：产品因优秀的设计脱颖而出。在时尚和消费类电子产品行业，这是一个非常重要的组成部分。

⑥ 品牌/身份地位：客户可以通过使用和显示某一特定品牌而发现价值。例如，佩戴一块劳力士手表象征着财富。

⑦ 价格：以更低的价格提供同质化的价值满足价格敏感客户细分群体。如今免费产品和服务正在越来越多地渗透到各行各业，例如网易邮箱、360 杀毒软件。

⑧ 成本削减：帮助客户削减成本是创造价值的重要方法。例如，Salesforce.com 销售的在线客户关系管理系统（CRM），减少了购买者的开销并免除了用户自行购买、安装和管理 CRM 软件的麻烦。

⑨ 风险抑制：帮助客户抑制风险也可以创造客户价值。例如，对于二手车买家而言，为期一年的服务担保规避了在购买后发生故障和修理的风险。

⑩ 可达性：把产品和服务提供给以前接触不到的客户。例如，美国共同基金（Mutual Funds）使那些微富的人建立多元化的投资组合成为可能。

⑪ 便利性/可用性：使事情更方便或易于使用可以创造可观的价值。例如，苹果公司的 iPod 和 iTunes 为用户提供了在搜索、购买、下载和收听数字音乐方面前所未有的便捷体验。

3．渠道通路

该构造块用来描绘公司是如何沟通接触其客户细分群体而传递其价值主张，主要回答以下 5 个问题。

- 通过哪些渠道可以接触我们的客户细分群体？
- 我们如何接触他们？我们的渠道如何整合？
- 哪些渠道最有效？
- 哪些渠道成本效益最好？
- 如何把我们的渠道与客户的例行程序进行整合？

企业可以选择接触客户的渠道通路主要包括 3 种类型。

① 自有渠道：包括自建销售队伍和在线销售。

② 合作伙伴渠道：包括合作伙伴店铺和批发商。

③ 两者混合。虽然合作伙伴渠道导致更低的利润，但允许企业凭借合作伙伴的强项，扩展企业接触客户的范围和收益。自有渠道有更高的利润，但其建立和运营成本也很高。每个渠道都会经历 5 个不同的阶段或其中的一部分，如表 5-1 所示。

表 5-1　渠道经历的 5 个阶段

<table>
<tr><th colspan="2">渠道类型</th><th colspan="5">渠道阶段</th></tr>
<tr><td rowspan="3">自有渠道</td><td>销售队伍</td><td rowspan="5">1.认知
我们如何在客户中提升公司产品和服务的认知?</td><td rowspan="5">2.评估
我们如何帮助客户评估公司的价值主张?</td><td rowspan="5">3.购买
我们如何协助客户购买特定的产品和服务?</td><td rowspan="5">4.传递
我们如何把价值主张传递给客户?</td><td rowspan="5">5.售后
我们如何提供售后支持?</td></tr>
<tr><td>在线销售</td></tr>
<tr><td>自有店铺</td></tr>
<tr><td rowspan="2">合作伙伴渠道</td><td>合作伙伴店铺</td></tr>
<tr><td>批发商</td></tr>
</table>

4．客户关系

该构造块用来描绘公司与特定客户细分群体建立的关系类型，主要回答以下 4 个问题。

- 每个客户细分群体希望我们与之建立和保持何种关系?
- 哪些关系我们已经建立了?
- 这些关系成本如何?
- 如何把他们与商业模式的其余部分进行整合?

一般来说，可以将客户关系分为以下 6 种类型。

① 个人助理：基于人与人之间的互动，可以通过呼叫中心、电子邮件或其他销售方式等个人自助手段进行。

② 专用个人助理：为单一客户安排专门的客户代表。例如，银行会指派客户经理向高净值个人客户提供服务。

③ 自助服务：公司与客户之间不存在直接的关系，为客户提供自助服务所需要的所有条件。

④ 自助化服务：整合了更加精细的自动化过程，可以识别不同客户及其特点，并提供与客户订单或交易相关的服务。例如，在线提供图书或电影推荐。

⑤ 社区：利用用户社区与客户或潜在客户建立更为深入的联系，如建立在线社区。

⑥ 共同创作：与客户共同创造价值，鼓励客户参与全新和创新产品的设计和创作。例如，YouTube 请用户来创造视频供其他用户观看。

5．收入来源

该构造块用来描绘公司从每个客户群体中获取的现金收入（需要从收入中扣除成本），主要回答以下 5 个问题。

- 什么样的价值能让客户愿意付费?
- 他们现在付费买什么?
- 他们是如何支付费用的?
- 他们更愿意如何支付费用?
- 每个收入来源占总收入的比例是多少?

一般来说，收入来源可分为以下 7 种类型：①资产销售：销售实体产品的所有权；

②使用收费：通过特定的服务收费，例如，旅馆按照客户入住天数计费；③订阅收费：销售重复使用的服务；④租赁收费：暂时性排他使用权的授权；⑤授权收费：知识产权授权使用；⑥经纪收费：提供中介服务收取佣金；⑦广告收费：提供广告宣传服务收费。

此外，每种收入来源可能有不同的定价机制，而不同的定价机制会严重影响其收入。一般来说，定价机制主要分为固定定价和动态定价两种类型，如表 5-2 所示。

表 5-2 定价机制

固定定价 根据静态变量而预设价格的定价		动态定价 根据市场情况变化而调整的定价	
标价	单独产品、服务或其他价值主张的定价	协商定价（谈判定价）	双方或多方商定价格，最终的价格取决于谈判能力或谈判技巧
基于产品特性的定价	基于价值主张特性的数量或质量的定价	收益管理定价	基于库存和购买时间的定价（通常用于易损资源）
基于客户细分的定价	基于客户细分群体的类型和特点的定价	实时市场定价	由基于市场供求的动态关系决定
数量定价	基于客户购买数量的定价	拍卖定价	根据竞拍结果决定

6. 核心资源

该构造块用来描绘让商业模式有效运转所必需的最重要因素，主要回答以下 4 个问题。

- 我们的价值主张需要什么样的核心资源？
- 我们的渠道通路需要什么样的核心资源？
- 我们的客户关系需要什么样的核心资源？
- 我们的收入来源需要什么样的核心资源？

一般来说，核心资源可以分为以下 4 种类型：①实体资产：包括生产设施、不动产、系统、销售网点和分销网络等；②知识资产：包括品牌、专有知识、专利和版权、合作关系、客户数据库；③人力资源：在知识型产业和创意产业中，人力资源至关重要；④金融资产：金融资源或财务担保，如现金、信贷额度或股票期权。

7. 关键业务

该构造块用来描绘为了确保其商业模式可行，企业必须做的最重要的事情，主要回答以下 4 个问题。

- 我们的价值主张需要哪些关键业务？
- 我们的渠道通路需要哪些关键业务？
- 我们的客户关系需要哪些关键业务？
- 我们的收入来源需要哪些关键业务？

一般来说，关键业务可以分为三种类型：①制造产品：与设计、制造及发送产品有关，是企业商业模式的核心；②平台/网络：网络服务、交易平台、软件甚至品牌都可看成平台，与平台管理、服务提供和平台推广相关；③问题解决：为客户提供新的解决方案，需要知识管理和持续培训等业务。

8．重要合作

该构造块用来描述让商业模式有效运作所需的供应商与合作伙伴的网络，主要回答以下4个问题。

- 谁是我们的重要伙伴？
- 谁是我们的重要供应商？
- 我们正在从伙伴那里获取哪些核心资源？
- 合作伙伴都在执行哪些关键业务？

一般来说，重要合作可以分为四种类型：①在非竞争者之间的联盟关系；②在竞争者之间的战略合作关系；③为开发新业务而构建的合资关系；④为确保可靠供应的购买方-供应商关系。

9．成本结构

该构造块用来描述运营一个商业模式所引发的所有成本，主要回答以下3个问题。

- 什么是我们商业模式中最重要的固有成本？
- 哪些核心资源花费最多？
- 哪些关键业务花费最多？

一般来说，成本结构可以分为两种类型：①成本驱动：创造和维持最经济的成本结构，采用低价的价值主张，最大限度地自动化和广泛外包；②价值驱动：专注于创造价值，增值型的价值主张和高度个性化的服务通常是价值驱动型的商业模式。

与成本结构密切相关的一组概念是：①固定成本：不受产品或服务的产出变化的影响的成本，如生产设施、租金等，制造业企业往往固定成本比例很高；②变动成本：伴随着产品或服务的产出变化而按比例变动的成本，如原材料、动力费等。

介绍完了商业模式框架的9个构造块，我们以苹果公司的iPod产品为例完整地描述其独特的商业模式。2001年，苹果发布了其标志性的便携式媒体播放器iPod。这款播放器需要与iTunes软件结合，用户可以将音乐和其他内容从iPod同步到电脑中。同时，iTunes软件还提供了与苹果在线商店的无缝连接，用户可以从这个商店购买和下载所需要的内容。这种设备、软件和在线商店的完美、有效结合，很快颠覆了音乐产业，并给苹果带来了市场主导地位，迅速超越了帝盟多媒体公司等竞争对手。iPod商业模式成功的关键在于：苹果通过销售iPod赚取了大量与音乐相关的收入，同时利用iPod设备与在线商店的整合，有效地把竞争对手挡在了门外。苹果公司iPod产品的商业模式框架如图5-6所示。

重要合作
唱片公司、OEMs
关键业务
硬件设计、营销
价值主张
无缝音乐体验
客户关系
挚爱品牌、转换成本
客户细分
大众市场
核心资源
人力、苹果品牌、iPod硬件、内容与协议、iTunes软件
渠道通路
零售商店、苹果商店、Apple.com网站、iTunes商店
成本结构
人力、制造、营销与销售
收入来源
大笔硬件收入、部分音乐收入

图5-6 苹果公司iPod的商业模式框架

5.2.4 商业模式的常见类型

1. 非绑定式商业模式

约翰·哈格尔（John Hagel）和马克·辛格（Marc Singer）提出了“非绑定式公司”的概念，他们认为企业是由具有不同经济驱动因素、竞争驱动因素和文化驱动因素等完全不同类型的业务组成的，业务可分为产品创新型业务、客户关系型业务、基础设施型业务。与此相似，特里西（Treacy）和威斯玛（Wiersema）建议企业应该专注于以下三种价值信条之一：产品领先、亲近客户、卓越运营。

哈格尔和辛格阐述客户关系型业务的职责是寻找和获取客户并与他们建立关系。同样，产品创新型业务的职责是开发新的和有吸引力的产品和服务。而基础设施型业务的职责是构建和管理平台，以支持大量重复性的工作。哈格尔和辛格认为企业应该分离这三种业务，并在企业内部聚焦到这三种业务类型之一。因为每一种业务类型都是由不同的因素驱动的，在同一组织中，这些业务类型可能彼此之间冲突，或者可能产生不利的权衡妥协。三种核心类型业务的比较如表 5-3 所示。

表 5-3 企业内三种核心业务类型的比较

项目	产品创新	客户关系管理	基础设施管理
经济	更早地进入市场可以保证索要溢价价格，并获取巨大的市场份额；速度是关键	获取客户的高昂成本决定了必须获取大规模的客户份额；范围经济是关键	高昂的固定成本决定了通过大规模生产达到单位成本降低的必要性；规模是关键
竞争	针对人才而竞争；进入门槛低；许多小公司繁荣兴旺	针对范围而竞争；快速巩固；寡头占领市场	针对规模而竞争；快速巩固，寡头占领市场
文化	以员工为中心；鼓励创新人才	高度面向服务；客户至上心态	关注成本；统一标准可预测和有效性

【案例】

诸如法国电信、荷兰皇家电信、沃达丰等电信运营商已经将它们一部分网络的运营和维护工作外包给像诺基亚-西门子网络公司、阿尔卡特-朗讯和爱立信等电信设备制造商。电信设备制造商可以在同一时间服务多个电信运营商，并以此从规模经济中获益，它们可以以更低的成本运营网络。

在将基础设施业务拆分后，电信运营商可以改进自己对品牌和区域客户以及服务的关注。客户关系则成为核心资产与核心业务。通过专注客户并提高现有客户的单客户贡献率，电信运营商可以改善多年来花费在获取和维持客户上的投资。而最先采取这种非绑定式商业模式的电信运营商之一巴蒂电信（Bharti Airtel），现在已经是印度电信行业的领先企业之一。该公司将网络运营外包给爱立信和诺基亚-西门子网络公司，将 IT 基础设施外包给 IBM，使得其可以专注于培育自身的核心能力：构建客户关系。

对于产品和服务创新而言，分拆业务的电信运营商可以转变成规模更小、更具创新性的公司。创新需要创意人才，而更活跃的小型公司具有独特的吸引力。电信运营商与大量第三方在创新技术、新服务和媒体内容上合作，诸如地图、游戏、视频和音乐等。如，奥地利 Mobilizy 专注于为智能手机提供基于位置服务的解决方案，而瑞典的 TAT 专注于提供高级的移动用户界面。

2．长尾商业模式

“长尾”这一概念由原《连线》杂志主编克里斯·安德森（Chris Anderson）提出。该概念描述了媒体行业从面向大量用户销售少数拳头产品，到销售庞大数量利基产品的转变。安德森认为有三个经济触发因素在媒体行业引发了这种现象：①生产工具的大众化。不断降低的技术成本使得个人可以接触到以往非常昂贵的工具。如果有兴趣，任何人现在可以录制唱片、拍摄小电影或者设计简单的软件。②分销渠道的大众化。互联网使得数字化内容分发成为商品能以极低的库存、沟通成本和交易费用，为利基产品开拓新市场。③连接供需双方的搜索成本不断下降。销售利基产品真正的挑战是找到感兴趣的潜在买家，现在强大的搜索和推荐引擎、用户评分和兴趣社区，已经让这些变得相对容易。安德森的研究主要集中在媒体行业，但他证明长尾理论在其他行业同样有效，如在线拍卖网站 eBay 也是基于数量庞大的拍卖者交易小额非热点商品而成功的。

长尾商业模式的核心是多样少量。该模式关注为利基市场提供大量产品，每种产品相对而言卖得少；但是，销售总额可以与凭借少量畅销产品产生绝大多数销售额的传统模式相媲美。因此，该模式需要低库存成本和强大的平台，以使得利基产品对于兴趣买家来说容易获得。长尾商业模式框架如图 5-7 所示。

<table>
<tr><td rowspan="2">重要合作
利基内容供应商是这个模式的重要伙伴</td><td>关键业务
包括平台开发和维护，还有利基内容的获取和生产</td><td rowspan="2">价值主张
提供宽泛非拳头产品，这些产品可以和拳头产品共存；可以构建在用户自生成基础上</td><td>客户关系
通常基于互联网作为客户关系</td><td rowspan="2">客户细分
专注于利基客户；可以同时服务于专业和业余的内容创作者</td></tr>
<tr><td>核心资源
平台</td><td>渠道通路
通常基于互联网作为交易渠道</td></tr>
<tr><td colspan="2">成本结构
主要成本是平台开发和维护</td><td colspan="3">收入来源
基于大量产品带来小额收入的集合；收入来源多种多样，它们可能来自广告、销售或订阅</td></tr>
</table>

图 5-7 长尾商业模式框架

【案例】

传统的图书出版模式建立在选择过程的基础上，出版商审查许多作者和稿件，然后选择那些似乎最有可能达到销售目标的作者和稿件；希望不大的作者及其作品将会被拒绝。Lulu.com 将传统以畅销书为中心的出版模式转变为提供让每个人都能出版作品的服务。它通过为作者提供清样、出版和在线商场分销作品的工具消除了传统商业模式的高进入门槛。成千上万的作者在使用 Lulu.com 的自助服务工具出版和销售自己的书籍。这种模式之所以能够发挥作用，是因为其只根据实际订单来印刷书籍。特定主题的作品销售失败也与 Lulu.com 无关，不会给 Lulu.com 带来任何成本。Lulu.com 的长尾模式框架如图 5-8 所示。

重要合作
关键业务
平台开发、物流
价值主张
自助出版服务利基内容市场
客户关系
兴趣社区、在线资料
客户细分
利基作者、利基读者
核心资源
平台、按需印刷基础设施
渠道通路
Lulu.com 网站
成本结构
平台管理和开发
收入来源
销售提成（低）、发行服务收费

图 5-8　Lulu.com 的长尾模式框架

3．多边平台商业模式

多边平台又被经济学家称为多边市场，是一个重要的商业现象。该现象已经存在了很长时间，但是随着信息技术的发展，这种平台得以迅速兴起，如 Visa 信用卡、微软 Windows 操作系统、《金融时报》、Google、Wii 家用视频游戏机、Facebook 等。它们作为连接这些客户群体的中介来创造价值。例如，信用卡连接了商家和持卡人；计算机操作系统连接了硬件生产商、应用开发商和用户；报纸连接了读者和广告主；家用视频游戏机连接了游戏开发商和游戏玩家。多边平台对某个特定用户群体的价值本质上依赖于这个平台“其他边”的用户数量。如果有足够多的游戏，一款家用游戏机平台就能吸引足够多的玩家；而如果有足够多的玩家已经在玩游戏了，游戏开发商也会为新的游戏机开发更多的游戏。

多边平台是将两个或者更多有明显区别但又相互依赖的客户群体集合在一起的平台。只有相关客户群体同时存在的时候，这样的平台才具有价值。多边平台通过促进各方客户群体之间的互动来创造价值。多边平台需要提升其价值，直到它达到可以吸引更多用户的程度。多边平台商业模式框架如图 5-9 所示。

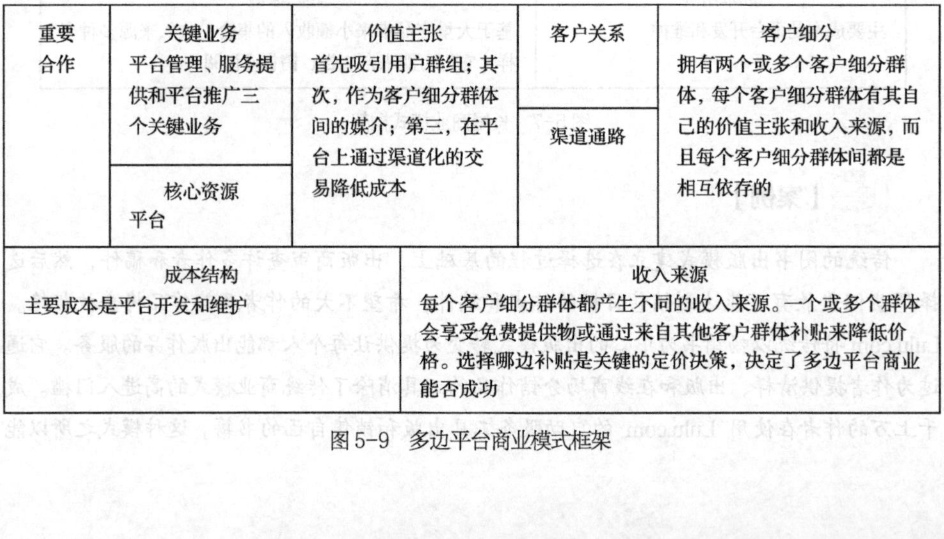
重要合作
关键业务
平台管理、服务提供和平台推广三个关键业务
价值主张
首先吸引用户群组；其次，作为客户细分群体间的媒介；第三，在平台上通过渠道化的交易降低成本
客户关系
客户细分
拥有两个或多个客户细分群体，每个客户细分群体有其自己的价值主张和收入来源，而且每个客户细分群体间都是相互依存的
核心资源
平台
渠道通路
成本结构
主要成本是平台开发和维护
收入来源
每个客户细分群体都产生不同的收入来源。一个或多个群体会享受免费提供物或通过来自其他客户群体补贴来降低价格。选择哪边补贴是关键的定价决策，决定了多边平台商业能否成功

图 5-9　多边平台商业模式框架

【案例】

Google 商业模式的核心价值主张是其在全球网络提供极具针对性的文字广告。通过 AdWords 服务，广告主可以在 Google 搜索页面及其关联内容网络上发布广告和赞助商链接。当人们使用 Google 的搜索引擎时，这些广告会显示在搜索结果的旁边。Google 确保仅与搜索关键字相关的广告被显示，因此对广告主非常有吸引力，广告主可以针对具体的搜索和特定人口统计目标定制在线广告营销活动。但是该模式只有在很多人使用 Google 搜索引擎时才能运转。使用 Google 搜索引擎的人越多，Google 就能显示越多的广告并为广告主创造越大的价值。所以 Google 使用了一个强大的搜索引擎来迎合网民，同时还有越来越多的诸如 Gmail（基于 Web 的电子邮件）、Google 地图和 Picasa（在线相册）等工具。Google 还设计了一款第三方服务，允许第三方网站通过在自己网站上显示 Google 广告来赚取部分 Google 的广告收入。作为一个多边平台，Google 有非常独特的收入模式。它从广告商那一边赚钱，同时免费补贴给网民和第三方网站。广告主不直接从 Google 购买广告位，而是通过 AdWords 拍卖服务竞标与搜索或与第三方网站内容相关联的关键词。越受欢迎的关键词，广告客户付出的价格越高。Google 的多边平台模式框架如图 5-10 所示。

<table>
<tr><td rowspan="2">重要合作</td><td>关键业务
建立和维护搜索基础设施；管理三个客户细分群体；向三个客户细分群体推广期搜索平台</td><td rowspan="2">价值主张
定向广告、免费搜索、货币化内容</td><td>客户关系</td><td rowspan="2">客户细分
广告主、网民、内容拥有者</td></tr>
<tr><td>核心资源
搜索平台</td><td>渠道通路</td></tr>
<tr><td colspan="3">成本结构
平台成本（大规模 IT 基础设施支持的高度复杂的专有搜索和匹配算法）</td><td colspan="2">收入来源
关键词拍卖、免费</td></tr>
</table>

图 5-10 Google 的多边平台模式框架

4. 免费商业模式

任何销售商或经济学家都会证明在零价格点所引发的需求会是一分钱或任何其他价格所引发需求的许多倍。近年来，免费产品或服务呈现爆炸式增长态势，特别是在互联网上。有些传统的免费模式已经广为人知了，例如广告；有些模式正在通过互联网提供的数字化产品或服务同步流行开来，如免费增收（Freemium）提供免费的基础服务，并通过增值服务收费。此外，作为免费模式的延伸，诱钩模式（Bait & Hook）也是重要的一种类型，即使用免费或廉价的初始产品或服务来吸引客户重复购买，如提供绑定服务的免费手机。

在免费式商业模式中，至少有一个庞大的客户细分群体可以享受持续的免费服务。免费服务通过该商业模式的其他部分或其他客户细分群体，给非付费客户细分群体提供财务支持。该商业模式框架见图 5-11。

重要合作	关键业务	价值主张	客户关系	客户细分
	平台管理	合适的产品或服务及巨大的流量吸引广告主	必须实现自动化和低成本；同时能处理大量免费用户	以少量付费用户补贴大量免费服务用户，也可以提供额外的增值服务
	核心资源		渠道通路	
	平台是关键资产，以很低的边际成本提供免费基础服务			
成本结构			收入来源	
含有大量的固定成本， 极低的针对免费用户提供的边际成本和针对增值用户的成本			最重要的经营度量标准是免费用户转化为付费用户的转换率	

图 5-11　免费商业模式框架

【案例】

Skype 是 eBay 旗下的一个子公司。据电信研究公司 Telegeography 的数据，Skype 现已成为全球最大的跨国语音通信服务供应商。该公司通过提供基于网络的免费通话服务扰乱电信市场。Skype 公司开发了以 Skype 命名的软件，在电脑或智能电话上安装这个软件后，用户可以在设备间拨打免费电话。Skype 能够提供这种服务是因为它和电信运营商的成本结构完全不同。免费电话完全是通过网络基于所谓的点对点技术路由的，这项技术利用了用户的硬件和互联网作为通信的基础设施。Skype 除了后端软件和用户账号托管服务外，基本没有自己的基础设施。因此，Skype 也就不必像电信运营商那样管理自己的网络，而只需要支持额外用户所引发的少量成本。用户只有在呼叫固定电话和移动电话时才需要付费，这种增值服务被称为 SkypeOut，费率非常低廉。Skype 的免费增值模式框架如图 5-12 所示。

重要合作	关键业务	价值主张	客户关系	客户细分
支付业务提供商、分销伙伴、电信运营商伙伴	软件开发	免费互联网和视频呼叫、电话的廉价呼叫（SkypeOut）	大规模定制	全球网络用户、想打电话的人群
	核心资源		渠道通路	
	软件开发人员 软件		skype.com 网站、配件伙伴	
成本结构		收入来源		
软件开发、投诉管理		免费、SkypeOut 预付费或订阅、硬件销售		

图 5-12　Skype 的免费增值模式框架

5．开放式商业模式

开放式创新和开放式商业模式是由亨利·切萨布鲁夫（Henry Chesbrough）创造的两个术语。两者都是指将公司内部的研究流程开放给外部伙伴。切萨布鲁夫认为在一个以知识分散为特征的世界里，组织可以通过对外部知识、智力资产和产品的整合创造更多价值，并能更好地利用自己的研究。切萨布鲁夫还展示了闲置于企业内部的产品、技术、知识和智力资产，可以通过授权、全资或分拆的方式向外部伙伴开放并变现。切萨布鲁夫区分了“由外到内”和“由内到外”两种创新模式。

开放式商业模式可用于那些通过与外部伙伴系统性合作来创造和捕捉价值的企业。这种模式既可以是“由外到内”，将外部的创意引发到公司内部，也可以是“由内到外”，将企业内部闲置的创意和资产提供给外部伙伴。“由外到内”的开放式商业模式框架如图 5-13 所示。

<table>
<tr><td rowspan="2">重要合作
来自完全不同行业的外部组织可能会提供有价值的见解、知识、专利，或者对内部开发团队来说现成的产品</td><td>关键业务
需要将外部实体和内部业务流程和研发团队联系在一起的专门的业务</td><td rowspan="2">价值主张</td><td>客户关系</td><td rowspan="2">客户细分</td></tr>
<tr><td>核心资源
借助外部创新的优势，需要能构建与外部网络连接的特定资源</td><td>渠道通路
拥有强势品牌、强大分销渠道和良好客户关系的知名老字号公司适用于此</td></tr>
<tr><td colspan="3">成本结构
从外部资源获取来的创新需要花费成本，但是通过基于外部已创建的知识和高级研究项目的研发，企业可缩短产品上市前的时间，并提高内部研发的效率</td><td colspan="2">收入来源</td></tr>
</table>

图 5-13 “由外到内”的开放式商业模式框架

【案例】

2000 年 6 月，宝洁的股价不断下滑，长期担任宝洁高管的雷富礼（A. G. Lafley）临危受命，成为这家消费品巨头的新 CEO。为了振兴宝洁，雷富礼再次将“创新”作为公司的核心。但是他没有对研发部门大力投资，而是建立了一种新的创新文化：从关注内部研发到关注开放式研发过程的转变。一个关键因素就是“连接和发展”战略，这个战略旨在通过外部伙伴关系来促进内部的研发工作。雷富礼制定了一个雄心勃勃的目标：在现有的接近 15%的基础上，将公司与外部伙伴的创新工作提高到总研发量的 50%。2007 年，该公司完成了这个目标。与此同时，研发生产率大幅提升了 85%，而研发成本仅比雷富礼接任 CEO 前有略微提高。为了连接企业内部资源和外部世界的研发活动，宝洁在其商业模式中建立了三个“桥梁”：技大创业家、互联网平台和退休专家。技术创业家是来自宝洁内部业务部门的高级科学家，他们与外部的大学和其他公司的研究人员建立了良好的关系。他们还扮演“猎人”的角色，不断寻找外部世界的解决方案以解决宝洁内部的挑战。通过互联网平台，宝洁与世界各地的问题求解专家建立了联系，通过像 InnoCentives 那样的平台，把自己研究上的难题暴露给全球各地的宝洁以外的科学家，成功开发解决方案即可获得现金奖励。宝洁通过 YourEncore.com 网站从退休专家那里获取知识。这是一个由宝洁公司专门推出的作为连接外部世界开放创新桥梁的平台。

“由内到外”的开放式商业模式框架如图 5-14 所示。

<table>
<tr><td colspan="2" rowspan="2">重要合作</td><td colspan="2">关键业务
在内部投入大量精力的研发组织闲置下来时可采用此模式</td><td colspan="2" rowspan="2">价值主张
有些研发成果因为战略或运营层面的原因而变得没有价值，但是可能对外部其他行业的组织有巨大的价值</td><td colspan="2">客户关系</td><td colspan="2" rowspan="2">客户细分</td></tr>
<tr><td colspan="2">核心资源</td><td colspan="2">渠道通路</td></tr>
<tr><td colspan="5">成本结构</td><td colspan="5">收入来源
允许其他公司利用闲置的内部创意，企业可以轻松地增加额外的收入来源</td></tr>
</table>

图 5-14 “由内到外”的开放式商业模式框架

【案例】

葛兰素史克的目标是让药物在世界上最贫穷的国家更容易获得，并促进疑难病症的研究。为达到此目标，其采用的方法之一是把开发这些疑难杂症药物相关的知识产权放入对外开放的专利池，供外部的其他研究者使用。因为制药公司主要关注研发畅销药物，所以未被深入研究的疾病的相关知识产权往往被闲置。专利池聚集了来自不同专利持有者的知识产权，并使其更容易获得。这个做法可以防止研发进度被某个专利持有者阻碍。

5.3 商业模式的评估

5.3.1 商业模式的评估准则

一个具有吸引力、成功的商业模式，通常需要具备某些能够创造价值与竞争优势的特点，而这些特点往往影响企业创业情况，是商业模式评价忽略的重要因素。评价商业模式时，应遵循以下一些基本原则。

1. 适用性原则

适用性也可称为个性，是商业模式的首要前提。由于企业自身情况千差万别，市场环境变幻莫测，商业模式必须突出一个企业不同于其他企业的独特性。这种独特性表现在它怎样为自己的企业赢得顾客、吸引投资者和创造利润。严格地说，一个企业的商业模式应当仅仅适用于自身，而不可能为其他企业照搬照抄。商业模式最终体现的是企业的制度和最终实现方式。从这个意义上说，模式没有好坏之分，只有是否适用的区别。适用的就是好的，适用较长久的就是更好的。

2．有效性原则

有效性是商业模式的关键要素。在经济全球化、信息化的今天，无论哪个行业或企业，都不可能有一个万能的、单一的、特定的商业模式，用来保证自己在各种条件下均产生优异的财务结果。一个成功的商业模式不一定是在技术上的突破，而可能是对某一环节的改造，对资源进行有效的配置，并进行高效管理、风险控制和统筹规划。因此，评价商业模式，最根本的一条在于它的有效性。根据埃森哲咨询公司对 70 家企业的商业模式所做的研究分析，这种有效性应当具有以下三个特点。

（1）它必须是能够提供独特价值的。在一些时候，这个独特价值可能是新的思想，而更多的时候，它往往是产品和服务的独特性的组合。这种组合要么可以向客户提供额外的价值，要么使得客户能用更低的价格获得同样的利益，或者是用同样的价格获得更多的利益。

（2）它必须是难以模仿的。企业通过确立自己与众不同的商业模式，如对客户的悉心照顾、无与伦比的实力等，来提高行业的进入门槛，从而保证利润来源不受侵犯。

（3）它必须是脚踏实地的。脚踏实地就是实事求是，就是把商业模式建立在对客户行为的准确理解和把握上。

3．前瞻性原则

前瞻性是商业模式的灵魂所在。商业模式是与企业的经营目标相联系的，一个好的商业模式要和企业长远的经营目标相结合。商业模式实际上就是企业为达到自己的经营目标而选择的运营机制。企业的运营机制反映了企业持续达到其主要目标的最本质的内在联系。企业以营利为目的，它的运营机制必然突出确保其成功的独特能力和手段——吸引客户、雇员和投资者，在保证盈利的前提下向市场提供产品和服务。但是，仅仅如此是不够的，因为这只是商业模式的“现在式”，而商业模式的灵魂和活力则在于它的“将来式”，即前瞻性。企业必须在动态的环境中保持自身商业模式的灵活性，及时修正，快速适应。一句话，就是具有长久的适用性和有效性，以实现持续盈利。

5.3.2　商业模式的 SWOT 评估

单个构造块的具体化分析可以给商业模式的创新和改进提供一些建议。行之有效的方法便是结合商业模式画布，使用经典的 SWOT（优势、劣势、机会和威胁）框架进行分析。SWOT 分析法提供了评估商业模式各元素的四个不同视角，而商业模式画布提供的是一个可以进行结构化讨论的平台。

1．优势和劣势评估

表 5-4 提供了一份问题清单来帮助思考商业模式各个构造块的优势和劣势，使创业者明白现在的处境。评估分值越高，表示优势越明显；反之，劣势越明显。

表 5-4　商业模式各个构造块的优势和劣势

项目	评估内容	评估分值
价值主张	我们的价值主张和用户需求一致	⑤④③②①
	我们的价值主张具有很强的网络效应	⑤④③②①
	我们的产品和服务之间有很强的协同效应	⑤④③②①
	我们的客户非常满意	⑤④③②①
收入来源	我们受益于强劲的利润率	⑤④③②①
	我们的收益是可以预测的	⑤④③②①
	我们有重复增加的营业收入和频繁的重复销售	⑤④③②①
	我们的收入来源是多样化的	⑤④③②①
	我们的收入来源是可持续的	⑤④③②①
	我们先收账款再付各种支出费用	⑤④③②①
	我们卖的都是客户愿意支付的产品和服务	⑤④③②①
	客户完全接受我们的定价机制	⑤④③②①
成本结构	我们的成本是可以预测的	⑤④③②①
	我们的成本结构和商业模式是完全匹配的	⑤④③②①
	我们的运营成本低、效率高	⑤④③②①
	我们受益于规模效应	⑤④③②①
核心资源	竞争对手很难复制我们的核心资源	⑤④③②①
	我们的资源需求是可以预测的	⑤④③②①
	我们在恰当的时间合理地调配核心资源	⑤④③②①
关键业务	我们高效地执行关键业务	⑤④③②①
	我们的关键业务很难被复制	⑤④③②①
	我们的执行质量很高	⑤④③②①
	我们很好地平衡了内部自主开展业务和外部承包业务	⑤④③②①
重要合作	我们专心致志，必要时会与合作伙伴合作	⑤④③②①
	我们和重要合作伙伴的工作关系十分融洽	⑤④③②①
客户细分	客户的流失率低	⑤④③②①
	客户细分群体的细分很合理	⑤④③②①
	我们在持续不断的赢得新客户	⑤④③②①
渠道通路	我们的渠道通路运作非常高效	⑤④③②①
	我们的渠道通路设置十分合理	⑤④③②①
	渠道通路与客户群是强接触	⑤④③②①
	客户很容易就能看到我们的渠道通路	⑤④③②①
	我们的渠道通路整合得很好	⑤④③②①
	渠道通路创造了范围效应	⑤④③②①
	渠道通路与客户细分群体完全匹配	⑤④③②①
客户关系	我们的客户关系良好	⑤④③②①
	客户关系品质与客户细分群体相匹配	⑤④③②①
	客户的转移成本很高	⑤④③②①
	我们的品牌实力很强	⑤④③②①

2. 机会和威胁评估

表 5-5、表 5-6 分别提供了一份问题清单来帮助创业者思考商业模式各个构造块的机会或威胁，使其明白未来的趋势。评估分值越高，表示机会或威胁越明显。

表 5-5 商业模式各个构造块的机会

项目	评估内容	评估分值
价值主张	可以将产品转化成服务来获得重复增加营业收入吗？	①②③④⑤
	能更好地整合我们的产品或服务吗？	①②③④⑤
	还可以满足哪些额外的客户需求？	①②③④⑤
	还存在与我们的价值主张互补或其延伸的东西吗？	①②③④⑤
收入来源	可以将一次性交易收入转换成经常性收入吗？	①②③④⑤
	还有什么产品或服务是客户愿意付费的？	①②③④⑤
	在内部或合作伙伴那有没有交叉销售的机会？	①②③④⑤
	还能增加或创造其他的收入来源吗？	①②③④⑤
	能否提高价格？	①②③④⑤
成本结构	在哪个环节可以缩减成本？	①②③④⑤
核心资源	能否在保持相同结果的同时，使用成本更低的资源？	①②③④⑤
	哪种核心资源从合作伙伴那里获取效果会更好？	①②③④⑤
	哪种核心资源没有得到充分利用？	①②③④⑤
	有没有什么未使用过的有价值的知识产权？	①②③④⑤
关键业务	可以对某些关键业务实施标准化流程吗？	①②③④⑤
	该如何从整体上提高效率？	①②③④⑤
	IT 技术支持能够提高效率吗？	①②③④⑤
重要合作	是不是存在一些业务外包的可能？	①②③④⑤
	与合作伙伴更深入合作是否有助于更专注核心业务？	①②③④⑤
	在与合作伙伴的关系中存在交叉销售的机会吗？	①②③④⑤
	合作伙伴的渠道通路可以帮助我们接触客户吗？	①②③④⑤
	合作伙伴能够补充我们的价值主张吗？	①②③④⑤
客户细分	应该怎样利用日益壮大的市场？	①②③④⑤
	能服务新的客户细分群体吗？	①②③④⑤
	能通过更精细的客户细分群体来更好地服务客户吗？	①②③④⑤
渠道通路	该如何改善渠道通路的效率和效能？	①②③④⑤
	能更好地整合渠道通路吗？	①②③④⑤
	能在合作伙伴那里发现与我们互补的渠道通路吗？	①②③④⑤
	可以直接服务我们的客户来提高我们的利润吗？	①②③④⑤
	能否更好地平衡渠道通路与客户细分群体之间的关系？	①②③④⑤
客户关系	还有针对客户售后服务的改进空间吗？	①②③④⑤
	应该如何加强与客户之间的关系？	①②③④⑤
	能在服务的个性化上加以改善吗？	①②③④⑤
	应该怎样来提高客户的转移成本？	①②③④⑤
	是否已经发现并放弃了不能为我们带来收益的客户？	①②③④⑤
	需要自主化一些关系吗？	①②③④⑤

表 5-6　商业模式各个构造块的威胁

项目	评估内容	评估分值
价值主张	市场上存在我们的产品或服务的替代品吗？	①②③④⑤
	竞争对手正在试图提供比我们价格更低或价值更高的产品或服务吗？	①②③④⑤
收入来源	利润率受到竞争对手的威胁吗？	①②③④⑤
	是否过于依赖一种或几种收入来源？	①②③④⑤
	哪种收入来源可能会在将来消失？	①②③④⑤
成本结构	哪种成本可能会在将来变得不可预测？	①②③④⑤
	哪种成本可能会快速增加？	①②③④⑤
核心资源	会遭遇某些资源的供应中断吗？	①②③④⑤
	资源的质量在某种程度上受到威胁了吗？	①②③④⑤
关键业务	关键业务会遭遇中断吗？	①②③④⑤
	业务的质量在某种程度上受到威胁了吗？	①②③④⑤
重要合作	会有失去合作伙伴的危险吗？	①②③④⑤
	合作伙伴会与竞争对手合作吗？	①②③④⑤
	是否过于依赖某个合作伙伴？	①②③④⑤
客户细分	市场可能会迅速饱和吗？	①②③④⑤
	竞争对手是否威胁到我们的市场份额？	①②③④⑤
	客户会弃我们而去吗？	①②③④⑤
	所在市场的竞争会加剧吗？	①②③④⑤
渠道通路	竞争对手威胁到渠道通路了吗？	①②③④⑤
	渠道通路处于边缘化的境地了吗？	①②③④⑤
客户关系	某些客户关系正在恶化吗？	①②③④⑤

本章小结

对于准备创业的创业者来说，商业模式是创业之前所有设想和准备的总结，也是对企业创立之后发展模式的设想。本章首先介绍了商业模式的基本概念及特征，在此基础上探讨了商业模式的开发逻辑和开发方法，系统分析了商业模式的评估准则和基于 SWOT 的评估方法。

思考题

1. 什么是商业模式？商业模式的特征有哪些？
2. 商业模式的逻辑性是什么？
3. 商业模式的分析方法是什么？
4. 如何设计一个清晰可行的商业模式？

5. 常见的商业模式都有哪些类型？

6. 如何对商业模式进行评估？

案例讨论

【案例1】

途牛网

因为酷爱做网站，想在这个领域干出一番事业，又因为喜好旅游，在这个市场看到了商机，于敦德的创业就从做旅游网站开始了。2006 年，他 25 岁，和几个合作伙伴一起创办了旅游产品电子商务网站——途牛网，卖起了旅游路线。网站每年的成长幅度高达 300%，2010 年，公司的年销售业绩已经接近 4 亿元。

早在读大学期间，于敦德就为学校网站“先声网”工作，在那里他跟现在的 COO 严海峰相识并成为搭档。2004 年，23 岁的于敦德加入“博客网”（现名为“博客中国”），担任技术总监，负责产品和技术，亲身见证了 Web 2.0 的崛起。一年后于敦德又加入另一个初创型公司“育儿网”，担任 CTO。这段经历让于敦德意识到，“类似博客、社区等通用性网站需要大量资金做支撑，盈利模式也不易快速确立，竞争相当激烈”，与之相比，垂直性网站比较容易有所作为。这就是他当初选择行业类网站入手的原因。

刚开始，途牛网没有明确的盈利模式。于敦德走的第一步棋便是不断完善景点库。他还清晰地记得网站起步阶段的艰辛：“最初的 4 万多个景点几乎都是一个一个手工添加进去的，其中也有网友的参与，这为途牛网以后的发展打下了坚实的基础。当时的途牛网更像一个社区。”2007 年，公司开始考虑，是做社区网站提高流量卖广告，还是通过卖旅游产品直接赚钱。于敦德选择了直接卖产品，理由是：卖旅游产品发展空间大，并且内容容易放大。紧接着途牛网便成立呼叫中心，马上做在线旅游产品。

途牛网把旅行社的旅游路线搬到网站上，采取按效果付费的形式打消传统旅行社的顾虑。盈利模式很简单，为旅行社提供旅游路线预订服务，“驴友”与旅行社签订合同后，途牛网从中抽取一定服务费。和携程、艺龙等卖酒店订单、机票不同的是，于敦德只卖旅游线路；与传统旅行社门店销售模式的区别又在于，途牛网以“网站+呼叫中心+旅游线路”的方式展开业务。这就是于敦德为途牛网寻找到的差异化竞争优势。

“最初曾经考虑过卖户外用品，但由于对这个行业不了解，最终还是转向了在线旅游路线产品。”于敦德说。那时在线旅游才刚刚起步，占整个旅游市场的规模也不大，和酒店、机票预订等旅游产品相比，旅游线路产品预订的竞争压力会小很多。途牛网决定做在线路线产品网站时，鲜有类似的网站存在，这让于敦德的团队看到了更多的希望。

2007 年时，途牛网的市场开始慢慢扩大，拥有了 30 多名员工。2008 年下半年，尽管有金融危机，但途牛网很幸运，因为其成功获得戈壁约 200 万美元的融资。有了这笔资金，于敦德终于可以放手升级呼叫中心了。他们还改进了业务运营系统，培训业务人员。于敦德总结道："做旅游路线预订，关键是要让客户获得良好的服务体验，在效率和服务水平方面都要下大工夫，这样才能赢得众多的回头客。"

2009 年，途牛网开始设立自己的旅行社，直接跟消费者签合同并收取一定费用。这一年途牛网还拿到了 DCM 等风投机构近千万美元的投资，有了充足的资金作为支撑，途牛网的发展速度明显加快，销售额度呈现 300%的年增长速度。途牛网除了新开旅行社之外，又收购了一些旅行社，并不断开发北京、上海、深圳等不同城市出发地、目的地的旅行线路。

【案例 2】

力美互动广告有限公司

2004 年上大一的时候，舒义学会了上网，在网上偶然认识了纽约大学毕业的华裔人士 Edwyn，两人随后创建了网站"Blogku"。那段时间，美国什么模式火，舒义和搭档就做什么。尽管没有成功，但舒义并不灰心，他接下来又创建了一个高校 SNS，并获得了新希望集团的 100 多万元投资。此外，他们还创建一家校园电子商务公司。

如同许多缺乏经验的大学生创业者，舒义的这几次尝试均以失败告终。2007 年，舒义再次开始了征程。"做互联网，你可以把一个小网站做到大网站，这种模式的优势在于网站是你的，但缺点是你要做很长时间。100 个网站里可能只有一个会成功，对于初级创业者来说不是很合适"，舒义说，"既然想去生小孩儿，那不如先带一个小孩儿"。吸取了前几次追赶创业模式新潮却无法保证现金流的教训，新公司"力美互动广告有限公司"的主营业务很简单：代理地方网站的广告。在一线城市，与互联网相关的公司已经太多，而二线城市，正是还未被过分发掘的市场。正值腾讯来成都开设地方分站，舒义意识到这是力美必须拿下的大客户。腾讯的条件是先交 16 万元保证金，而当时舒义还欠着前几次创业失败带来的几万元债务。

舒义找到腾讯西南区的区域总监，提出免费为腾讯做成都地方站的外包。依靠这个条件，腾讯免除了其第一年的保证金。当年，腾讯给力美的业绩指标是 160 万元，而舒义的成绩是 1100 万元。腾讯对这样的结果也感到满意，随后，力美又成为腾讯在武汉、重庆、西安等二线城市的合作伙伴。2009 年，舒义决定去移动互联网领域试一试。他将移动互联网业务放到了北京，不过打法仍然是实用型的。与拿了几千万美元融资、公司一两百人的竞争对手不同，力美的技术与行政人员都留在成都，北京只有 40 人左右，有效地控制了成本。在模式上，切入点仍是为几大 Wap 门户进行广告代理，没有去跟风做流行的 Admob 模式。"国内智能手机用户还少得可怜，这个市场还需要探索"，舒义说，"可能别人会认为我的模式很土，但是有市场"。在客户的选择上，力美只为腾讯、新浪等几家大网站服务，"做手机 Wap 联盟不靠谱，这类公司基本上很难赚钱。因为在移动互联网上排行前三的网站就会占去主要的流量份额，这和互联网很不一样"。2010 年，力美完成了整个腾讯手机门户 70%的广告业绩，2011 年又获得了新浪无线的广告代理权，销售额能增长到 8000 万元。

舒义对力美的商业构想也逐渐清晰起来：一个角度是原有的二线城市区域互联网，力美的竞争对手不多，优势明显，会再拓展 3～5 个城市；另一个角度是移动互联网，靠 Wap 站点切入，接下去随着国内智能手机市场的扩大来发展相关业务，同时投资一些智能手机应用开发和游戏制作团队，弥补公司技术力量不足的短板，再进行产业内的布局。在财富上，舒义已经有了相当多的积累，真实资产有几千万元，算上所投资的公司的估值，差不多有上亿元。但这位从二线城市走出的年轻创业者仍然感到有些迷茫："在二线城市，感觉到和很多创业者不太一样；但像北京这样的一线城市，从新浪、百度出来的创业者，他们有一个自己的圈子，我也有距离感。"为了进一步提升自己，他打算今年抽出一些时间出国游学。"有国内实际的运营经验，也有国际化的视野"——舒义希望自己成为这样的创业者，他还有很多时间。

请结合上述案例思考以下问题：

（1）应用商业模式设计框架绘制创业企业的商业模式？

（2）针对创业企业的商业模式进行 SWOT 评估？

（3）根据评估结果，你对创业企业的未来发展有什么建议？

（4）通过了解创业者及创业企业的历程，你学到了什么？

第6章 新企业设立

新企业生成意味着以组织身份参与市场活动并开始实现创业机会价值，一般以三个维度衡量：存在雇用性质的员工关系、产生第一笔销售、注册登记成合法实体。

学习目标

（1）了解创业者可以选择的企业法律形式及其特点。

（2）明确新创企业名称和选址的各种影响因素。

（3）把握新企业创建的程序和步骤。

（4）了解公司治理结构及其制衡关系。

在企业创建阶段，创业者会面临很多问题，如确定企业的形式、签署协议、登记注册、设立适当的税收记录、协调租赁和融资问题、起草合同以及申请专利、保护商标和版权等，而这些问题大多是由法律规定的。在每一个创建活动中，都有特定的法律和规定决定创业者能做什么和不能做什么，创业者必须熟悉创业阶段相关的法律法规。当然法律环境对创业的影响并没有到此为止。当新企业创建并开始运营后，仍然有与经营相关的法律问题。例如，人力资源或劳动法规可能会影响员工的雇用、报酬以及工作评定的确定；安全法规可能会影响产品的设计和包装、工作场所和机器设备的设计和使用、对环境污染的控制和保护等。尽管许多影响可能在某一企业达到一定规模时才产生，但事实上，新企业都追求不断地发展壮大，这意味着创业者很快就会面临这些法律问题。而创业者最先遇到的就是新企业法律组织形式的选择问题。

企业的组织形式是由法律规定的，创业者有权选择设立不同组织形式的企业。但不同组织形式的企业，法律要求设立的条件和程序是不同的，创业者必须了解有关不同企业组织形式的法律规定及其特征，才能结合自己的创业条件做出选择。

6.1 新企业法律组织形式及选择

当创业者把创业项目确定下来时，就要考虑企业形式的问题，即创办什么样的企业？是独资企业、合伙企业，还是有限责任公司？这三种企业形式各有什么优势和缺点？在现有的资源条件和目标约束之下，哪种企业形式对自己最适合？

随着市场经济的不断发展需要，我国法律允许的经营主体的法律形式越来越多样化。根据我国相关企业法律制度的规定，创业者可以选择的法律组织形式有：个人独资企业、合伙企业、公司（含有限责任公司、股份有限公司），以及农民专业合作社、企业分支机构等。另外，根据我国《民法通则》的规定，个体工商户虽不属于企业，但从事经营活动，为市场中的特殊主体。

6.1.1 企业法律组织的形式

创业者在考察企业的法律组织形式时，需要考虑以下几个重要因素：实施的难易程度、所需资金的数额、对创业者的备选方案具有限制性影响的法律问题、被选组织形式的税收效应等。创业者应根据不同企业组织形式的特点，选择适合自己的企业组织形式。

1．个体工商户

个体工商户简称个体户，是指生产资料归个人或家庭所有，以个人或家人的劳动为基础，劳动成果归个人或家庭占有和支配，在法律允许的范围内，依法经核准登记、从事工商业活动的个人。严格地讲，个体工商户不是企业。

个体工商户可以起字号，刻印章，在银行开设账户及申请贷款，与劳动者签订劳动合同等。个体工商户不具有法人资格，以个人或家庭财产对其债务承担责任。随着我国市场经济的逐步完善，尤其是《中华人民共和国个人独资企业法》颁布实施后，相当数量的个体工商户（特别是有自己的字号名称，有一定的出资，有固定的生产经营场所和生产经营条件的个体工商户）已转变为个人独资企业或公司制企业。

2. 个人独资企业

个人独资企业是指依法设立，由一个自然人投资，财产为投资人个人所有，投资人以其个人财产对企业债务承担无限责任的经营实体。

（1）设立个人独资企业的设立条件

根据法律规定，设立个人独资企业应当具备以下五个条件。

① 投资人为一个自然人，法律、行政法规禁止从事营利性活动的人，不得作为投资人申请设立个人独资企业。

② 有合法的企业名称。

③ 有投资人申报的出资。

④ 有固定的生产经营场所和必要的生产经营条件。

⑤ 有必要的从业人员。

（2）个人独资企业的特点

① 个人独资企业的出资人是一个自然人。

② 个人独资企业的财产归投资人个人所有。该企业财产不仅包括企业成立时投资人投入的初始资产，而且包括企业存续期间积累的资产。投资人是个人独资企业财产的唯一合法所有者。

③ 个人独资企业不具有法人资格，投资人以其个人财产对企业债务承担无限责任，这是个人独资企业的重要特征。也就是说，当投资人申报登记的出资不足以清偿个人独资企业所负的债务时，投资人就必须以其个人财产甚至家庭财产来清偿债务。

3. 合伙企业

合伙企业是指自然人、法人和其他组织依照《中华人民共和国合伙企业法》在中国境内设立的普通合伙企业和有限合伙企业。普通合伙企业由普通合伙人组成，合伙人对合伙企业债务承担无限连带责任。有限合伙企业由普通合伙人和有限合伙人组成，普通合伙人对合伙企业债务承担无限连带责任，有限合伙人以其认缴的出资额为限，对合伙企业债务承担责任。国有独资公司、国有企业、上市公司以及公益性的事业单位、社会团体不得成为普通合伙人。

（1）普通合伙企业的设立条件

根据法律规定，设立普通合伙企业，应当具备下列条件。

① 有两个以上的合伙人，合伙人为自然人的，应当具有完全民事行为能力。

② 有书面的合伙协议。

③ 有各合伙人认缴或者实际缴付的出资。

④ 有合伙企业的名称和生产经营场所。

⑤ 法律、行政法规规定的其他条件。

普通合伙企业名称中应当标明“普通合伙”字样。合伙人可以用货币、实物、知识产权、土地使用权或者其他财产权利出资，也可以用劳务出资。合伙人以实物、知识产权、土地使用权或者其他财产权利出资，需要评估作价的，可以由全体合伙人协商确定，也可以由全体合伙人委托法定评估机构评估。合伙人以劳务出资的，其评估办法由全体合伙人协商确定，并在合伙协议中载明。

合伙协议是合伙企业成立的基础，也是合伙人权利和义务的依据，必须以书面形式订立，且经过全体合伙人签名、盖章方能生效。合伙协议应载明以下事项：合伙企业的名称和主要经营场所的地点；合伙目的和合伙经营范围；合伙人的姓名或者名称、住所；合伙人的出资方式、数额和缴付期限；利润分配、亏损分担方式；合伙企业事务的执行；入伙和退伙；争议解决办法；合伙企业的解散与清算；违约责任等。合伙协议的修改或补充也需经全体合伙人协商一致。

（2）有限合伙企业的设立条件

我国法律对于有限合伙企业设立条件的特殊规定包括如下几条。

① 有限合伙企业由 2 个以上 50 个以下合伙人设立，法律另有规定的除外。

② 有限合伙企业至少应当有一个普通合伙人。

③ 有限合伙人不得以劳务出资。

④ 有限合伙企业登记事项中应当载明有限合伙人的姓名或者名称及认缴的出资数额。

有限合伙企业名称中应当标明“有限合伙”字样。有限合伙协议除符合普通合伙协议的规定外，还应当载明下列事项：普通合伙人和有限合伙人的姓名或者名称、住所；执行事务合伙人应具备的条件和选择程序；执行事务合伙人权限与违约处理办法；执行事务合伙人的除名条件和更换程序；有限合伙人入伙、退伙的条件、程序以及相关责任；有限合伙人和普通合伙人相互转变程序。

有限合伙人可以用货币、实物、知识产权、土地使用权或者其他财产权利作价出资，但不得以劳务出资。

有限合伙企业由普通合伙人执行合伙事务，有限合伙人不执行合伙事务，不得对外代表有限合伙企业。

（3）特殊的普通合伙企业

以专业知识和专门技能为客户提供有偿服务的专业服务机构，可以设立特殊的普通合伙企业。特殊的普通合伙企业是指合伙人依照法律规定承担“特殊”责任的普通合伙企业。这个“特殊”责任的法律规定是：一个合伙人或者数个合伙人在执业活动中因故意或者重大过失造成合伙企业债务的，应当承担无限责任或者无限连带责任，其他合伙人以其在合伙企业中的财产份额为限承担责任；合伙人在执业活动中非因故意或者重大过失造成的合伙企业债务以及合伙企业的其他债务，由全体合伙人承担无限连带责任。

特殊的普通合伙企业名称中应当标明“特殊普通合伙”字样。特殊的普通合伙企业应当建立执业风险基金、办理职业保险。执业风险基金用于偿付合伙人执业活动造成的债务。执业风险基金应当单独立户管理。

（4）合伙企业的特点

① 合伙企业具有很强的人合性，合伙协议是合伙企业成立的基础。合伙企业的利润和亏损，由合伙人依照合伙协议约定的比例分配和分担。

② 合伙企业不具有法人资格。

③ 合伙企业的普通合伙人对企业债务承担无限连带责任。所谓无限连带责任，是指合伙企业财产不足以抵偿企业债务时，普通合伙人应以其个人甚至家庭财产清偿债务，而且债权人可以就合伙企业财产不足清偿的那部分债务，向任何一个普通合伙人要求全部偿还。

4. 有限责任公司

有限责任公司是指公司的股东以其认缴的出资额为限对公司承担责任，公司以其全部资产对公司的债务承担责任的企业法人。

（1）有限责任公司的设立条件

根据法律规定，设立有限责任公司应具备下列条件。

① 股东符合法定人数。有限责任公司由50个以下股东出资设立。一个自然人或者一个法人也可设立一人有限责任公司，一个自然人只能投资设立一个一人有限责任公司。该一人有限责任公司不能投资设立新的一人有限责任公司。有限责任公司中的一人有限责任公司应当在公司登记中注明自然人独资或者法人独资，并在公司营业执照中载明。

② 有符合公司章程规定的全体股东认缴的出资额。有限责任公司的注册资本为在公司登记机关登记的全体股东认缴的出资额。有限责任公司注册资本的最低限额公司法未做规定，但法律、行政法规以及国务院决定对有限责任公司注册资本实缴、注册资本最低限额另有规定的，从其规定。股东可以用货币出资，也可以用实物、知识产权、土地使用权等可以用货币估价并可以依法转让的非货币财产作价出资；但是，法律、行政法规规定不得作为出资的财产除外。

③ 股东共同制定公司章程。设立公司必须依法制定公司章程。公司章程对公司、股东、董事、监事、高级管理人员具有约束力。有限责任公司章程应当载明下列事项：公司名称和住所；公司经营范围；公司注册资本；股东的姓名或者名称；股东的出资方式、出资额和出资时间；公司的机构及其产生办法、职权、议事规则；公司法定代表人；股东会会议认为需要规定的其他事项。股东应当在公司章程上签名、盖章。

④ 有公司名称，建立符合有限责任公司要求的组织机构。有限责任公司的组织机构由股东会（一人有限责任公司不设股东会）、董事会（执行董事）、监事会（监事）组成。股东会由全体股东组成，是公司的权力机构。董事会对股东会负责并报告工作，决定聘任或者解聘经理。监事会由股东代表和适当比例的公司职工代表所组成，监事会有权检查公司财务并对董事、高级管理人员执行公司职务的行为进行监督。

⑤ 有公司住所。公司以其主要办事机构所在地为住所。公司的住所是法律管辖、文件送达的重要依据。

（2）有限责任公司的特点

相对于个人独资企业和合伙企业，有限责任公司具有以下特点。

① 股东和公司承担有限责任，即股东以其认缴的出资额为限对公司承担责任，公司以其全部资产对公司的债务承担责任。

② 有完善的组织机构。包括股东会、董事会、监事会等。

③ 具有法人资格。法人是具有民事权利能力和民事行为能力，依法独立享有民事权利和承担民事义务的组织。有限责任公司和股份有限公司都是企业法人，有独立的法人财产，享有法人财产权。公司以其全部财产对公司的债务承担责任。

5. 股份有限公司

股份有限公司是指公司的全部资本分为等额股份，股东以其认购股份为限对公司承担责任，公司以其全部资产对公司的债务承担责任的企业法人。

股份有限公司的设立，可以采取发起设立或者募集设立的方式。发起设立，是指由发起人认购公司应发行的全部股份而设立公司。募集设立，是指由发起人认购公司应发行股份的一部分，其余股份向社会公开募集或者向特定对象募集而设立公司。以募集设立方式设立股份有限公司的，发起人认购的股份不得少于公司股份总数的35%。

（1）股份有限公司的设立条件

设立股份有限公司，应当具备下列条件。

① 发起人符合法定人数。设立股份有限公司，应当有 2 人以上 200 人以下为发起人，其中必须有半数以上的发起人在中国境内有住所。

② 有符合公司章程规定的全体发起人认购的股本总额或者募集的实收股本总额。股份有限公司采取发起设立方式设立的，注册资本为在公司登记机关登记的全体发起人认购的股本总额。在发起人认购的股份缴足前，不得向他人募集股份。股份有限公司采取募集方式设立的，注册资本为在公司登记机关登记的实收股本总额。法律、行政法规以及国务院决定对股份有限公司注册资本实缴、注册资本最低限额另有规定的，从其规定。

③ 股份发行、筹办事项符合法律规定。

④ 发起人制定公司章程，采用募集方式设立的经创立大会通过。

⑤ 有公司名称，建立符合股份有限公司要求的组织机构。

⑥ 有公司住所。

其中第④、⑤、⑥项与有限责任公司的法律规定类似。

（2）股份有限公司的特点

① 相对于个人独资企业和合伙企业而言，股份有限公司的股东和公司承担有限责任，即股东以其认购股份为限对公司承担责任，公司以其全部资产对公司的债务承担责任；有完善的组织机构；具有法人资格。

② 相对于有限责任公司而言，股份有限公司的注册资本由股东认购的股本总额构成；股东人数无最高限制；经营信息公开；股份可以自由转让；通过发行股票募集股本，融资便利，因而股份有限公司的规模可以迅速扩张。

6. 企业分支机构

个人独资企业、合伙企业、公司都可以依法设立分支机构，分支机构不具有法人资格。分支机构的民事责任由设立该分支机构的企业承担。我国企业设立分支机构的主要形式有分公司（分厂、分行、分部等）与代表处（办事处、联络处等）。前者可以从事经营活动，后者一般从事相关联络活动。

有限责任公司和股份有限公司设立的子公司不是公司的分支机构，其设立的子公司具有法人资格，依法独立承担民事责任。

6.1.2 企业法律组织形式的选择

1. 不同法律组织形式的区别

（1）个体工商户、个人独资企业、一人有限责任公司是个人投资可供选择的不同的组织形式（个体工商户不是企业），它们的区别有如下几点。

① 名称。个体工商户可以起字号，也可以不起字号，个人独资企业和一人有限责任公司应当有合法的企业名称和字号。

② 法律地位。个体工商户不具有法人资格，也不是企业；个人独资企业也不具有法人资格，但可以对外以企业名义从事民事活动；一人有限责任公司是具有法人资格的民事主体。

③ 出资人。个体工商户既可以由一个自然人设立，也可以由家庭共同设立；个人独资企业的出资人只能是一个自然人；一人有限责任公司则可以由一名自然人股东或一名法人股东投资设立。

④ 承担责任的财产范围。个体工商户对所负债务承担的是无限清偿责任，即不以投入经营的财产为限，而应以其所有的全部财产承担责任。是个人经营的，以个人财产承担；是家庭经营的，以家庭财产承担。个人独资企业的出资人在一般情况下仅以其个人财产对企业债务承担无限责任，只是在企业设立登记时明确以家庭共有财产作为个人出资

的，才依法以家庭共有财产对企业债务承担无限责任。一人有限责任公司的股东仅以其投资为限对公司债务承担有限责任，这也是一人公司作为独立法人实体的一个主要特点。但当一人有限责任公司的股东不能证明公司财产独立于股东自己的财产的，应当对公司债务承担连带责任。

⑤ 税收。税务机关对个体工商户和个人独资企业的税收管理相对宽松，对建账要求较低，在税款征收方式上主要采用定额或定率征收；而对于一人有限责任公司，要求则严格得多，在税款征收方式上主要采用定率或查账征收。此外，根据《国务院关于个人独资企业和合伙企业征收个人所得税问题的通知》，个人独资企业和合伙企业从 2000 年 1 月 1 日起，停止征收企业所得税，比照个体工商户生产经营所得征收个人所得税。所以个体工商户或个人独资企业只需缴纳个人所得税，不用缴纳企业所得税；而一人有限责任公司必须缴纳企业所得税，对股东进行利润分配时还要缴纳个人所得税。

（2）合伙企业与公司的主要区别有以下几点。

① 成立的基础与关系。公司以章程为基础而成立，而合伙企业是以合伙协议为基础而成立的。股份有限公司的股东之间是典型的资合关系，有限责任公司虽然具有一些人合性，但由于有限责任制度的存在，资合的色彩也重。而合伙企业的合伙人之间就是靠人合关系成立的，也就是靠人与人之间的信任基础来成立的，所以合伙人之间依附性关系比较强，信用度要求也比较高。

② 承担的责任。公司的股东都承担有限责任，而合伙人承担的是无限连带清偿责任。设立合伙企业没有最低注册资本限额的规定，而设立公司却有注册资本最低限额的规定。

（3）有限责任公司和股份有限公司的主要区别有如下几点。

① 股东人数与筹资能力。有限责任公司股东人数是有限制的，股份有限公司股东人数是无限制的，因而除个别有限责任公司外，股份有限公司的筹资能力强于有限责任公司。

② 组成因素与规模要求。股份有限公司以资本联合为基础而组成，这是其显著特点，而有限责任公司除了资本的联合之外，还考虑了人的因素，就是股东之间需相互了解并有一定的信任。一般来说，股份有限公司规模较大，而有限责任公司则规模较小。

③ 出资的表现形式与流动性。有限责任公司股东的出资以占公司的出资比例来表现，不发行股票；股份有限公司将其资本划分为等额股份，以发行股票来表现。有限责任公司股东转让出资要受到较多的限制；而股份有限公司的股票流动性较强，易于变现，筹资能力强。

④ 公开性程度。股份有限公司公开程度较高，有较多的公开义务；而有限责任公司则是比较封闭的。股份有限公司管理的规范化程度较高；而有限责任公司则较低。这是与它们的筹资状况、公司规模等相联系的。

2．选择企业法律组织形式的要点

从以上分析的特点与区别可以看出，从最低级的市场竞争主体个体工商户开始，到个人独资企业、合伙企业、有限责任公司、股份有限公司，是一个规模由小到大、企业治理制度由任意到严格、承担责任由无限到有限的进化链。独资企业和合伙企业都是企业的低级形态，随着资本的积累，企业类型和组织形式都在向规模化方向和更高层次发展。

表 6-1 是不同组织形式的企业法律特征比较。创业者应根据自己的资源条件和创业目标选择合适的组织形式。

表 6-1 不同组织形式的企业法律特征比较

比较因素＼企业形式	个人独资企业	合伙企业	有限责任公司		股份有限公司
			一人有限责任公司	普通有限责任公司	
创建者人数	1个自然人	2个以上合伙人	1个自然人或法人	50个以下股东	2~200个发起人
注册资本	申报的出资额	合伙人认缴或者实际缴付的出资额	股东认缴的出资额	全体股东认缴的出资额	全体发起人认购的股本总额或者募集的实收股本总额
筹资	个人自行筹集	合伙人自行筹集	自行筹集	股东自行筹集	发起人认购或社会公开募集
出资方式	不限	以货币、实物、知识产权、土地使用权或者其他财产权利出资，也可以用劳务出资	货币、实物、知识产权、土地使用权等可以用货币估价并可以依法转让的非货币财产	货币、实物、知识产权、土地使用权等可以用货币估价并可以依法转让的非货币财产	发起人以货币、实物、知识产权、土地使用权等出资；社会公众以货币认购股份
验资	投资者决定	可协商确定或评估	委托评估机构验资	委托评估机构验资	委托评估机构验资
企业财产性质	个人所有	合伙人共有	法人独立的财产	法人独立的财产	法人独立的财产
企业责任	无限责任	无限连带责任	以全部资产为限的有限责任	以全部资产为限的有限责任	以全部资产为限的有限责任
投资者的责任	无限责任	无限连带责任或有限责任	不能证明公司财产独立于股东自己的财产的，股东承担连带责任	以其认缴的出资额为限对公司承担责任	以其认购的股份为限对公司承担责任
盈亏分担	投资者个人	按约定	投资者	按出资额比例	按股份
权力机构	投资者个人	全体合伙人	投资者	股东会	股东大会
执行机构	投资者或委托他人	普通合伙人或委托他人	执行董事	董事会或执行董事	董事会
所得税	个人所得税	合伙人分别缴纳个人所得税	企业所得税	企业所得税	企业所得税
企业信用	个人资信	任何一名普通合伙人资信	注册资本	注册资本	注册资本

从表 6-1 中可看出，个人独资企业、合伙企业、有限责任公司和股份有限公司从左至右依次排列，设立企业的难度越来越大，对资本和人数的要求越来越高，企业发展程度或规模由小到大，企业资信由弱到强，公司管理由简单到复杂，运营成本由低到高。通过对这些特征进行对比，我们会发现不同的企业组织形式具有不同的优劣势，如表 6-2 所示。对于创业者来讲，应在分析不同企业组织形式特征与优劣势的基础上，根据自己的资源条件和创业目标选择合适的组织形式。

表 6-2　不同组织形式的企业优劣势比较

企业类型	优势	劣势
个人独资企业	设立手续非常简便，且费用低； 所有者拥有企业控制权； 可以迅速对市场变化做出反应； 只交纳个人所得税，无需双重课税； 在技术和经营方面易于保密	创业者承担无限责任； 企业成功过多地依赖创业者个人能力； 规模有限，筹资困难； 企业随着创业者退出而消亡，寿命有限； 创业者投资的流动性低
合伙企业	创办比较简单、费用低； 经营比较灵活； 企业拥有更多人的技能和能力； 资金来源较广，信用度较高	普通合伙创业人承担无限责任； 企业绩效依赖合伙人的能力，企业规模受限； 企业往往因关键合伙人死亡或退出而解散； 合伙人的投资流动性低，产权转让困难
有限责任公司	股东承担有限责任，风险小； 公司具有独立寿命，易于存续； 可以吸纳多个投资人，促进资本集中； 所有权与经营权分离，管理效率高	创立的程序比较复杂，创立费用较高； 存在双长纳税问题，税收负担较重； 不能公开发行股票，筹资能力受限； 产权不能充分流动，资产运作受限
股份有限公司	股东承担有限责任，风险小； 公司具有独立寿命，易于存续； 筹资能力强，产权可以充分流动； 所有权与经营权分离，管理效率高	创立程序复杂，创立费用高； 存在双长纳税问题，税收负担较重； 定期报告财务状况，公开财务数据； 法律要求和限制较多

一般而言，创业者选择企业法律组织形式的要点如下。

（1）要考虑个人投资还是与他人合作投资：个人投资的，可以选择个体工商户、个人独资企业、一人有限责任公司；合作投资的，可以选择合伙企业、公司等。

（2）要考虑企业投资规模：规模小的，可以考虑个体工商户、个人独资企业、合伙企业；规模大的，应当考虑有限责任公司甚至股份有限公司。中小企业者一般选择有限公司形式。

（3）要考虑企业经营风险以及投资人承担风险的能力或预期：风险大或投资人承担风险的能力较差的，宜选用公司；风险小的，可以选择个体工商户、个人独资企业、合伙企业等。

（4）要考虑企业管理与控制能力的差异：对企业的管理与控制能力强的，可以选择风险较大的个体工商户、个人独资企业、合伙企业等；否则，应当选择公司。

6.2 企业名称与企业选址

6.2.1 企业名称

企业名称一般是用以辨认和识别企业的特定标志。它的基本功能是在一定区域范围内和一定行业中，识别不同企业，以避免混淆。当企业生产的产品进入市场以后，企业名称还能起到表示商品出处的作用，并集中反映企业的商誉。因此，企业名称不仅是企业的标志，而且是企业信用和信誉的载体，它是企业的一项无形财产，并且受到法律的保护。

1．企业名称的特征和功能

（1）企业名称的特征

企业名称作为工业产权的一种，有以下几个特征。

① 企业名称权具有专有性，权利人在一定的地域或地区范围内，享有使用企业名称的独占权，并可禁止同行业中其他企业使用相同或近似的企业名称。

② 企业名称具有地域性或地区性。首先，企业名称只有在登记注册所在国的范围内有效，例如外商投资企业使用的企业名称权在我国全国范围内发生效力。其次，在本国范围内，企业名称权的法律效力仅在登记机关辖区内有效。

③ 企业名称权没有时间性的限制，这是它与专利、商标等工业产权最本质的区别，只要企业存在，企业名称权也就依附该企业而存在。

④ 企业名称权既具备人身性，又具有财产性，是人身权与财产权的复合体。

（2）企业名称的功能

一个优秀的企业名称具有六大功能，即识别、便利、广告、示意、美化、增值六大功能。

① 识别功能：易于识别是一优秀的企业名称的最基本的功能。企业名称只有具备了识别功能，才能使消费者在众多企业中很快将之分辨出来，因而企业名称应具有显著的特征。

② 便利功能：一个优秀的企业名称能够使消费者在购物时感到便利，易读易记易懂，健康和谐优美，具有很强的视觉识别力。

③ 广告功能：一个优秀的企业名称，本身就是一则很好的广告，具有很强的信息传播效果。

④ 示意功能：企业名称是企业的专有标志，“名正言顺”“名副其实”的企业名称，能准确反映企业的经营方向和特征，从而正确引导消费者，因而具有示意功能，并引起消费者的购买欲望。

⑤ 美化功能：一个优秀的企业名称会具有很好的寓意、美观的设计，富有艺术性，具有美化企业及其产品的功能。

⑥ 增值功能：一个优秀的企业，通过其优质的商品或服务赢得消费者对企业的信赖，使企业在社会中建立良好的信用和信誉，从而使企业名称成为一种无形资产。

总之，具有高度概括力和强烈吸引力的企业名称，对大众的视觉刺激和心理等各方面都会产生影响。一个设计独特、易读易记、富有艺术和形象性的企业名称，能迅速抓住大众的视觉，激发其浓厚的兴趣和丰富的想象，能使之留下深刻的印象。企业名称对树立企业良好形象有着重大影响。

2．企业名称设计应考虑的因素

按照我国《企业名称登记管理规定》和《企业名称登记管理实施办法》，企业法人和不具有法人资格的企业应当依法选择自己的名称，并申请登记注册。企业自成立之日起享有名称权。

企业及企业产品的名称对消费者的选购有直接的影响。每一位企业经营者，都深知企业名称在竞争中所起的作用，所以企业的名称需要精心设计，要兼顾“名正”和“言顺”两个方面。

所谓名正，即企业名称应符合我国法律规定。按照我国法律规定，企业只准使用一个名称，在登记主管机关辖区内不得与已登记注册的同行业企业名称相同或者近似。

按照我国法律规定，企业名称应当使用符合国家规范的汉字，不得使用汉语拼音字母、阿拉伯数字。企业名称不得含有下列内容和文字：①有损于国家、社会公共利益的；②可能对公众造成欺骗或者误解的；③外国国家（地区）名称、国际组织名称；④政党名称、党政军机关名称、群众组织名称、社会团体名称及部队番号；⑤其他法律、行政法规规定禁止的。

所谓言顺，是指企业名称要做到易读易记、顺口顺耳、吉祥响亮，并有利于联想和传播。企业名称（字号）设计应与企业经营的产品或服务相吻合，凸显个性，给消费者留下深刻的印象；要强化企业名称的标志性和识别功能，避免雷同；挖掘企业名称的文化底蕴，开发企业名称的时代内涵，凸显企业个性和品质特征；注重企业名称（字号）与商品名称、商标的统一性，共同作用于目标市场。另外，还要考虑到企业名册录上字母表的排列顺序，排在字母表前面比靠后要好些。

3．企业名称的命名方法

企业名称命名方法有一段式命名法、二段式命名法、三段式命名法、四段式命名法等，其中以四段式命名法最为常见。

一段式命名法一般是仅以企业创办者“姓氏”或“字号”为企业的名称。如“林记”“王致和”“荣宝斋”“全聚德”“亨得利”“都一处”“六必居”“同仁堂”“得月楼”“冠生园”等。

二段式命名法一般是以“创办者的姓氏+行业”或“字号+行业”为企业名称。如“林家铺子”“李氏车行”“郭家烧鸡”“张小泉剪刀”“马明仁膏药铺”“老鼎丰南味货栈”“汪瑞裕茶号”“戴月轩笔庄”“丰泽园饭店”“宝庆银楼”“商务印书馆”“新华书店”等。

三段式命名法是在地名、字号、行业、组织形式这四个要素中选取其中三个要素组合成企业名称。其中比较常见的是以“地名+行业+组织形式”构成企业名称，没有字号。如“扬州玉器厂”“北京手表厂”“杭州卷烟厂”“哈尔滨锅炉厂”“上海自行车三厂”“长春第一汽车制造厂”“牛栏山酒厂”“山西老陈醋集团有限公司”“中国茶叶股份有限公司”等。也有以“字号+行业+组织形式”构成的企业名称，没有地名。“如桂馨斋食品厂”“果仁张（天津）食品有限公司”“杏花楼食品餐饮股份有限公司等”。还有以“地名+字号+行业”构成的企业名称，没有组织形式。如“杭州西泠印社”“上海三阳南货店”“北京来今雨轩饭庄”“北京同升和鞋店”“天津老美华鞋店”等。还有少量以“地名+字号+组织形式”构成的企业名称，没有行业。如“上海老凤祥有限公司”“浙江五芳斋实业股份有限公司”“太原六味斋实业有限公司”“天津市飞鸽集团有限公司”“中国北京同仁堂（集团）有限责任公司”等。

以上三种企业名称主要是由历史原因形成的。随着我国法制建设的完善，这些企业名称已经按照我国《企业名称登记管理规定》重新命名登记，其原有的企业名称大多已改为企业字号或者以商标形式注册登记。

四段式命名法是企业依法命名的主要方法。按照我国《企业名称登记管理规定》的要求，企业名称应当由以下部分依次组成：字号（或者商号）、行业或者经营特点、组织形式，并冠以企业所在地（包括省、自治区、直辖市，市、州，或者县、市辖区等）行政区划名称，即企业名称是由“行政区划+字号+行业+组织形式”依次组成，这是目前企业命名普遍采用的方法。如“杭州娃哈哈食品有限公司”“大连辉瑞制药有限公司”“四川长虹电器股份有限公司”等。

按照《企业名称登记管理实施办法》的规定，经国家工商行政管理总局核准，符合下列条件之一的企业法人，可以使用不含行政区划的企业名称：国务院批准的；国家工商行政管理总局登记注册的；注册资本不少于 5000 万元人民币的；国家工商行政管理总局另有规定的。如“一汽轿车股份有限公司”“有研半导体材料股份有限公司”“大唐电信科技股份有限公司”等。

若企业经济活动性质分别属于国民经济行业 5 个以上大类，并且企业注册资本在 1 亿元以上或者是企业集团的母公司，在企业名称中可以不使用国民经济行业类别用语表述企业所从事的行业。如“海尔集团公司”“福建七匹狼实业股份有限公司”“大商集团股份有限公司”“东安黑豹股份有限公司”等。

4．字号与企业名称

值得注意的是，字号与企业名称是不同的：第一，从结构上来说，二者是包含与被包含的关系，商号包含在企业名称之中，是企业名称不可缺少的组成部分，我国曾有不少国有企业名称没有商号，如武汉钢铁厂、长沙客车厂等，但这类企业是与企业登记管理条例是不相符的，是计划经济的产物。第二，从功能上来说，字号侧重于区别同行业的不同企业，如“同仁堂”药号与“世一堂”药号；企业名称则是对企业登记地、行业、财产责任形式、组织形式的综合反映，能较全面地反映商品或服务信息。第三，从内容上来说，字号是一种无形财产，能在经营活动中为企业带来除商品和服务本身价值之外的利益；企业名称本身并不具有财产的内容，只有与字号结合才有可能产生财产权。第四，从使用范围来说，字号可以用于商品或者服务的包装、装潢，可以突出使用，以引起相关公众的注意；企业名称只能按有关法律的要求在包装上进行注明，以表明产品或服务的来源。

按照我国《企业名称登记管理实施办法》的规定，企业名称中的字号应当由 2 个以上的字组成，字号不得使用行业名称，行政区划名称不得作为字号使用，但县以上行政区划的地名具有其他涵义的除外。企业名称可以使用自然人投资人的姓名作为字号。

6.2.2 企业选址

1．企业选址的重要性

选址是企业创立和发展中的重大决策行为，与国家和地区的环境有着深刻的联系，涉及众多因素。企业选址包括两个方面：一是选位，即选择地区，包括不同的国家或地区、一个国家内的不同区域或城市；二是寻址，即已选定的地区内选择一个具体地点，包括市中心或市郊、商业区或住宅区、路段和街口等。不同地区和地点的商业环境必然对企业的持续竞争力产生重大影响。

企业选址是创业者的一项长期投资，是企业的空间选择，关系着创业者未来的经济效益和发展前景。两个同行业同规模的商店，即使商品构成、服务水平、管理水平、促销手段等方面大致相同，但仅仅由于所处的地址不同，经营效益就可能有较大区别。因而对于企业来说，位置选择非常重要。对于一个特定的企业，其最优选址取决于该企业的类型：制造业选址决策主要是为了追求成本最小化；零售业或专业服务性组织机构一般都追求收益最大化；至于仓库选址，可能要综合考虑成本及运输速度的问题。因而制造业、建筑公司等企业在选址的时候，主要考虑的是成本、环境以及原材料供应等问题，而零售商店和服务类企业中的服装店、干洗店等都要靠一定量的客流来生存，这类企业要想成功必须靠近其顾客。

2．企业选址应考虑的因素

由于各产业的特性存在差异，它们各自要求的空间条件是不同的。农业对土地数量和质量的要求较高，因此倾向于以分散的方式布局在地域广大的农村；而制造业和服务业，由于具有原料指向、交通运输枢纽指向、人口聚集指向等特点，倾向于布局在人口密集、原料充足、区位条件优越的城市区域。对于大型公司，其总部或分公司选址的条件要求很高，更多地考虑高素质的人力和教科资源、优良的区位优势和集聚经济、发达的交通运输网络设施、便捷的信息获取和沟通渠道、良好高效的法制环境和多元文化氛围、专业化服务支撑体系等，因而大型公司的选址对于其全球战略组合、供应链管理、合作伙伴与企业联盟等都越来越具有非凡的意义，表明了大型企业所具有的社会公共角色。

而对于初创企业而言，由于企业规模和实力的制约，创业者要求的条件可适当降低一些，主要考虑拟设地点的经济、技术、政治、社会文化和自然因素五个方面。

（1）经济因素

一群具有竞争力的企业和一系列高效运转的机构共同实现了所在地区的繁荣，因此新企业在选址时一般应考虑建在一个好的产业集聚区中。具体来说，选择接近原料供应或能源动力供应充足地区具有相对成本优势；选择接近产品消费市场的地区具有客户优势；选择劳动力充足、人工费用低且劳动生产率高的地区具有人力优势。

对于一般的消费品销售或服务性企业而言，经济因素还决定了当地的购买力，即购买产品和服务的能力，通常可以用当地的家庭总收入、银行存款、人均零售总额以及当地家庭的数量和总值等指标来反映，这些数据一般与当地繁荣程度有关。很显然，创业者希望企业所在地区的人们对他们提供的产品或服务的购买能力不断增强。

（2）技术因素

新技术对高科技创业企业成功的作用是明显的，但技术本身的进步更加难以预测，从某种意义上说技术市场的变化是最具不确定性的因素。因此，为了能够了解和把握技术变化的趋势，许多企业在创业选址时，常常考虑将企业建在技术研发中心附近，或建在新技术信息传递比较迅速、频繁的地区。

（3）政治因素

政府对市场的规制也是创业者应该重视的一个方面，创业者应评价现在已经存在的以及将来有可能出现的影响产品或服务、分销渠道、价格以及促销策略等的法律和法规问题，将企业建在政府支持该产业发展的地区。当创业者到国外去设厂时，更应该考虑不同国家的政治环境，如国家政策是否稳定、有无歧视政策等。

（4）社会文化因素

人们的生活态度会影响创业者所生产产品的市场需求，特别是当创业者准备生产的产品与健康或环境质量等有密切关系时更是如此，此时应优先考虑将企业建在其企业文化与所生产产品得到较大认同的地区。

（5）自然因素

选址也要考虑地质状况、水资源的可利用性、气候的变化等自然因素。有不良地质结构的地区，会对企业安全生产产生影响；水资源缺乏的地区对于用水量大的企业来说，会对其正常生产产生不利影响。

上述各种因素对不同的行业企业来说有不同的考虑侧重点，比如制造业企业的选址和服务业企业的选址的侧重点就不同。制造业企业侧重考虑生产成本因素，如原料与劳动力；而服务业企业则侧重于考虑市场因素，比如顾客消费水平、产品与目标市场的匹配关系、市场竞争状况等。创业者选择时必须仔细权衡各种因素，判断哪些因素与企业选址紧密相关，还要考虑在不同情况下，同一影响因素的不同影响作用。

需要强调的是，对于部分企业的选址，还应符合有关法律对于选址的强制性要求，如对于餐饮业企业的选址，法律要求选择地势干燥、有给排水条件和电力供应充足的地区，不得设在易受到污染的区域，距离粪坑、污水池、暴露垃圾场（站）、旱厕等污染源 25 米以上，并设置在粉尘、有害气体、放射性物质和其他扩散性污染源的影响范围之外。

3. 企业选址的步骤

（1）市场信息的收集和研究

根据影响选址的各项因素，创业者可以自己或者委托咨询机构搜集市场信息，包括劳动力条件、生活质量、与市场的接近程度、与供应商和资源的接近程度、与其他企业设施的相对位置等问题。对于某些商业服务型企业而言，在市场信息的收集中，最重要的概念是商圈（商圈是指以新店店址为中心，以周围一定的距离为半径所划定的销售区域）。创业者需要详尽地了解该地区的市场资讯，包括人口（人口数、年龄、男女比例、住宅人口分布）、就业（就业人口分布数量、类别）、购物场所（所在地区、营业时间、主要顾客）、娱乐（地点、使用率、年限、外观、营业时间）、交通（总乘车人数、车站的乘客数）、竞争者（位置、相对的优点与缺点、预估其营业额）、政府规划与法规（法律的强制性规定、未来计划、公路变更）、商业动态（经济增长率、失业率、新工程）等。

（2）多个选点的评价

地点优劣评价就是评定一个地点的好坏，将一个地点同商圈内其他地点的几项特定属性进行评比而得出结果。通过对市场信息的搜集、汇总、整理及初步定性分析，创业者应该已经得出了若干个企业候选地，这时可以用科学的定量方法进行评价，确定最优的方案。常用的选址评价方法有量本利分析法、综合评价法、运输模型法、重心法、引力模型法等。

（3）确定最终地点

创业者根据上述评价，做出自己的财务状况预测和分析，重点评估新企业的各项财务指标，包括获利能力、开发总成本、投资回报率、投资回收期、保本营业额、贡献利润、现金流量等，根据自己的投资能力，确定最终地点。

6.3 新企业设立的程序

新企业的设立程序，主要包括前期准备、企业名称预先核准、前置审批、银行入资验资、工商注册登记、后置审批等，如图 6-1 所示。具体包括企业名称预先核准、领取批文或许可证、办理场地或住所证明、订立合伙协议或公司章程、刻私章、到会计师事务所领取银行询证函、到银行开立验资户、到会计师事务所办理验资报告、工商登记注册、后置审批、刻公章和财务专用章、办理企业组织机构代码证、到银行开立基本账户、办理税务登记、申领发票以及其他相关手续。

需要说明的是，2014 年 3 月 1 日新《中华人民共和国公司法》的正式实施，降低了公司注册门槛，简化了公司注册流程。2015 年“大众创业、万众创新”的热潮再次把注册公司推上了改革的道路，全国各地公司注册流程和条件都在陆续调整，如北京市 2015 年 10 月开始把以前的“三证五章”正式改为“一证五章”，简称“三证合一”。“三证五章”

指的是营业执照、税务登记证、组织机构代码证和公章、合同专用章、财务专用章、发票专用章、法定代表人章。

简化公司注册程序的工作在各地开展的进度和程度有所不同，要求的条件也有所不同，如黑龙江省已实现包括社会保险登记证在内的“四证合一”。由于简化公司注册程序的工作还在进行，请以当地政府规定为准。

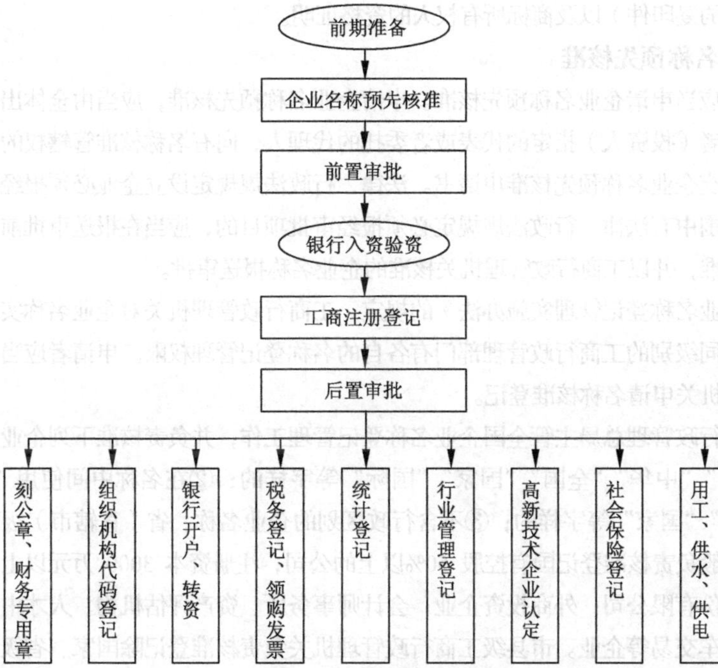

图 6-1　企业设立流程

6.3.1 新企业注册登记前的手续

企业注册登记，是指企业到工商行政管理机关申请，经过审核通过，领取营业执照的程序。营业执照的取得，标志着企业法律意义上的诞生。但是在取得营业执照前，需要办理很多手续，主要包括前期准备、企业名称预先核准、前置审批、银行入资验资。

1. 前期准备

此处的前期准备是指创业进入法律程序之前的准备工作，即在企业名称预先核准之前申报事项的确定和申报材料的准备。企业设立过程中需要做很多准备工作，一般是随程序办理陆续进行的。在企业名称预先核准之前要进行的准备工作包括创业者要确定企业类型、投资人名单、注册资本、投资额和投资比例、法定代表人、企业住所、经营范围，起好企业名称（可多起几个备选），指定好办理申报手续的代表或委托的代理人，到有登记管辖权的名称登记机关申请名称核准登记。申请时应提交全体投资人签署的《企业名称预先核准申请书》、指定代表或者共同委托代理人的证明、投资人身份证复印件，投资人为企业的应提交营业执照副本复印件。

此外，如果是使用自然人姓名（该自然人应当是投资人）作为字号的，应当提交该自然人身份证复印件及该自然人同意使用其姓名的授权（许可）文件；在同一行业内申请使用相同字号的，应当由字号所有权人出具授权（许可）文件以及加盖其印章的执照复印件；商标注册人使用或授权他人使用其注册商标中的文字作为名称字号的，应当提交商标所有权人出具的授权（许可）文件、商标注册证书（不能提交原件的，可以提交加盖商标注册权人印章的复印件）以及商标所有权人的资格证明。

2．企业名称预先核准

设立公司应当申请企业名称预先核准。申请企业名称预先核准，应当由全体出资人、合伙人、合作者（投资人）指定的代表或者委托的代理人，向有名称核准管辖权的工商行政管理机关提交企业名称预先核准申请书。法律、行政法规规定设立企业必须报经审批或者企业经营范围中有法律、行政法规规定必须报经审批项目的，应当在报送审批前办理企业名称预先核准，并以工商行政管理机关核准的企业名称报送审批。

根据《企业名称登记管理实施办法》的规定，工商行政管理机关对企业名称实行分级登记管理，不同级别的工商行政管理部门有各自的名称登记管理权限。申请者应当向具有登记管辖权的机关申请名称核准登记。

国家工商行政管理总局主管全国企业名称登记管理工作，并负责核准下列企业名称：①冠以“中国”“中华”“全国”“国家”“国际”等字样的；②在名称中间使用“中国”“中华”“全国”“国家”等字样的；③不含行政区划的企业名称。省（直辖市）级工商行政管理机关一般负责核准登记国有控股 50%以上的公司；注册资本 3000 万元以上的有限责任公司；股份有限公司；外商投资企业；会计师事务所、资产评估机构、人才中介、商标代理、机动车交易等企业。市县级工商行政管理机关负责核准登记除国家、省级工商管理机关登记的企业以外的其他内资企业、内资企业分支机构、个体工商户的名称。

工商行政管理机关对申请预先核准的企业名称做出核准决定的，发给《企业名称预先核准通知书》。预先核准的企业名称在有效期内（公司名称预先核准的有效期为 6 个月）不得用于经营活动，而是用于验资、办照等后续法律程序。公司名称预先核准登记后，申请人不得跨地域或跨级别向其他登记机关申请设立登记注册。

3．前置审批

前置审批是指企业在申请工商登记之前由人民政府按照法律规定对特定行业、特定经营范围进行专项审查批准，颁发许可，准予企业从事特定活动的法律程序和行为。我国法律规定，企业申请登记的经营范围中属于法律、行政法规或者国务院决定规定在登记前须经批准的项目（许可经营项目）的，应当在申请登记前报经国家有关部门批准，取得许可文件，在企业进行工商登记时向登记机关提交。

我国法律规定，如下事项设定行政许可：直接涉及国家安全、公共安全、经济宏观调控、生态环境保护以及直接关系人身健康、生命财产安全等特定活动，需要按照法定条件予以批准的事项；有限自然资源开发利用、公共资源配置以及直接关系公共利益的特定行业的市场准入等，需要赋予特定权利的事项；提供公众服务并且直接关系公共利益的职业、行业，需要确定具备特殊信誉、特殊条件或者特殊技能等资格、资质的事项；直接关系公共安全、人身健康、生命财产安全的重要设备、设施、产品、物品，需要按照技术标准、技术规范，通过检验、检测、检疫等方式进行审定的事项；企业或者其他组织的设立等，需要确定主体资格的事项。具体如设立营利性医疗机构需向卫生行政管理部门申请审批；娱乐经营场所、互联网上网服务营业场所需向文化管理部门申请审批；公章刻制业、拍卖业、典当业、旅馆业机构需向公安机关申请审批；药品生产、经营机构需向药品监督管理部门申请审批；烟草制品生产、销售机构需向烟草专卖主管部门申请审批；经营种子的企业需向农业行政主管部门申请审批；报纸、期刊、图书批发机构需向新闻出版行政管理部门申请审批；报纸、期刊、图书零售机构需向文化管理部门申请审批；等等。

依照有关法律规定，有些企业的设立需要进行多项前置审批，如煤炭开采和生产经营的企业须经省级国土资源管理部门核发采矿许可证，省级煤炭管理部门（发改委）核发生产许可证、经营资格证书；而食品生产、食品流通、餐饮服务企业应当依法向县级以上质量监督管理部门取得食品生产许可、食品流通许可、餐饮服务许可后，才能办理工商登记。

4. 银行入资验资

银行入资验资的程序主要包括到银行开立验资户、办理验资报告两部分。

入资指企业设立登记及企业增加注册资本时，应将缴付或增加的注册资本存入入资专户（验资专用账户）。该专户为专款存储，不办理结算业务，在企业设立登记或变更登记期间，该专户中存储的资金不得动用。

投资人携带与出资有关的协议或公司章程、工商局签发的企业名称预先核准通知书、法定代表人的私章、股东身份证明（单位出资的应提交出资单位营业执照副本）、银行询证函到工商局确认的银行开设验资专用账户，把各个出资人相应的出资额存入该账户。资金存入后，银行发给每个出资人缴款单，并在询证函上加盖银行印章。

6.3.2 工商注册登记

企业的工商注册登记是确认企业的法人资格或营业资格，是企业在法律上成立的法定程序，即企业依照有关法律法规履行登记手续，经工商行政管理机关审核注册登记，取得法人资格或营业资格的过程。企业登记注册包括企业法人登记和营业登记。企业法人登记是登记注册主管机关依法对具备法人条件的企业确认其法人资格所进行的核准登记；营业登记是对不具备法人条件但有条件进行经营活动的个人或组织（个体工商户，个人独资企业、合伙企业以及法人组织下属的不具备法人条件的经营单位）确认其合法经营资格所进行的核准登记。

我国的企业登记机关是各级工商行政管理机关，不同级的工商行政管理机关有不同的管辖权。企业在工商行政管理机关依法注册登记、领取营业执照后，方可宣告依法成立，取得营业资格。企业成立的日期，为营业执照签发日期。

根据《公司登记管理条例》的规定，国家工商行政管理总局负责下列公司的登记：①国务院国有资产监督管理机构履行出资人职责的公司以及该公司投资设立并持有 50%以上股份的公司；②外商投资的公司；③依照法律、行政法规或者国务院决定的规定，应当由国家工商行政管理总局登记的公司；④国家工商行政管理总局规定应当由其登记的其他公司。省、自治区、直辖市工商行政管理局负责本辖区内下列公司的登记：①省、自治区、直辖市人民政府国有资产监督管理机构履行出资人职责的公司以及该公司投资设立并持有 50%以上股份的公司；②省、自治区、直辖市工商行政管理局规定由其登记的自然人投资设立的公司；③依照法律、行政法规或者国务院决定的规定，应当由省、自治区、直辖市工商行政管理局登记的公司；④国家工商行政管理总局授权登记的其他公司。设区的市（地区）工商行政管理局、县工商行政管理局，以及直辖市的工商行政管理分局、设区的市工商行政管理局的区分局，负责本辖区内下列公司其他公司的登记。

根据《企业法人登记管理条例》和《企业法人登记管理条例施行细则》的规定，具备法人条件的全民所有制企业、集体所有制企业、联营企业，在中国境内设立的中外合资经营企业、中外合作经营企业和外资企业，以及私营企业和依法需要办理企业法人登记的其他企业，应当依照规定办理企业法人登记；不具备企业法人条件的联营企业、企业法人所属的分支机构、外商投资企业设立的分支机构、其他从事经营活动的单位，应当申请营业登记。

经国务院或者国务院授权部门批准的全国性公司、企业集团、经营进出口业务的公司，由国家工商行政管理总局核准注册登记。中外合资经营企业、中外合作经营企业、外资企业由国家工商行政管理总局或者国家工商行政管理总局授权的地方工商行政管理局核准注册登记。全国性公司的子（分）公司，经省、自治区、直辖市人民政府或其授权部门批准设立的企业、企业集团、经营进出口业务的公司，由省、自治区、直辖市工商行政管理局核准注册登记。其他企业，由所在市、县（区）工商行政管理局核准注册登记。

1．不同法律组织形式的企业的登记要求

（1）个人独资企业的登记

设立个人独资企业，应当由投资人或者其委托的代理人向企业登记机关申请设立登记。个人独资企业的登记事项应当包括：企业名称、企业住所、投资人姓名和居所、出资额和出资方式、经营范围及方式。

申请设立个人独资企业，应当向企业登记机关提交下列文件。

① 投资人签署的个人独资企业设立申请书。

② 投资人身份证明。

③ 企业住所证明和生产经营场所使用证明等文件，如土地使用证明、房屋产权证或租赁合同等。

④ 国家工商行政管理总局规定提交的其他文件。

个人独资企业从事法律、行政法规规定须报经有关部门审批的业务，应当在申请设立登记时提交有关部门的批准文件。

（2）合伙企业的登记

设立合伙企业，应当由全体合伙人指定的代表或者共同委托的代理人向企业登记机关申请设立登记。合伙企业的登记事项包括：企业名称、主要经营场所、执行事务合伙人、经营范围、合伙企业类型，合伙人姓名或者名称及住所、承担责任方式、认缴或者实际缴付的出资数额、缴付期限、出资方式和评估方式。合伙协议约定合伙期限的，登记事项还应当包括合伙期限。执行事务合伙人是法人或者其他组织的，登记事项还应当包括法人或者其他组织委派的代表。

申请设立合伙企业，应当向企业登记机关提交下列文件。

① 全体合伙人签署的设立登记申请书。

② 全体合伙人的身份证明。

③ 全体合伙人指定的代表或者共同委托的代理人的委托书。

④ 合伙协议。

⑤ 全体合伙人对各合伙人认缴或者实际缴付出资的确认书。

⑥ 主要经营场所证明。

⑦ 国务院工商行政管理部门规定提交的其他文件。

法律、行政法规或者国务院规定设立合伙企业须经批准的，还应当提交有关批准文件。全体合伙人决定委托执行事务合伙人的，应当向企业登记机关提交全体合伙人的委托书。执行事务合伙人是法人或者其他组织的，还应当提交其委派代表的委托书和身份证明。以实物、知识产权、土地使用权或者其他财产权利出资，由全体合伙人协商作价的，应当向企业登记机关提交全体合伙人签署的协商作价确认书；由全体合伙人委托法定评估机构评估作价的，应当向企业登记机关提交法定评估机构出具的评估作价证明。

（3）有限责任公司的登记

设立有限责任公司，应当由全体股东指定的代表或者共同委托的代理人向公司登记机关申请设立登记。法律、行政法规或者国务院决定规定设立有限责任公司必须报经批准的，应当自批准之日起 90 日内向公司登记机关申请设立登记；逾期申请设立登记的，申请人应当报批准机关确认原批准文件的效力或者另行报批。

有限责任公司的登记事项包括：公司名称、住所、法定代表人姓名、注册资本、实收资本、公司类经营范围、营业期限、股东的姓名或者名称，以及认缴和实缴的出资额、出资时间、出资方式。

申请设立有限责任公司，应当向公司登记机关提交下列文件。

① 公司法定代表人签署的设立登记申请书。

② 全体股东指定代表或者共同委托代理人的证明。

③ 公司章程。

④ 依法设立的验资机构出具的验资证明，法律、行政法规另有规定的除外。

⑤ 股东首次出资是非货币财产的，应当在公司设立登记时提交已办理其财产权转移手续的证明文件。

⑥ 股东的主体资格证明或者自然人身份证明。

⑦ 载明公司董事、监事、经理的姓名、住所的文件以及有关委派、选举或者聘用的证明。

⑧ 公司法定代表人任职文件和身份证明。

⑨ 企业名称预先核准通知书。

⑩ 公司住所证明等。

法律、行政法规或者国务院决定规定设立有限责任公司必须报经批准的，还应当提交有关批准文件。

（4）股份有限公司的登记

设立股份有限公司，应当由董事会向公司登记机关申请设立登记。以募集方式设立股份有限公司的，应当于创立大会结束后 30 日内向公司登记机关申请设立登记。股份有限公司的登记事项和有限责任公司基本相同，不同的是仅登记发起人（而不是全体股东）的姓名或者名称，以及认缴和实缴的出资额、出资时间、出资方式。以募集方式设立股份有限公司的，还应当提交创立大会的会议记录；以募集方式设立股份有限公司公开发行股票的，还应当提交国务院证券监督管理机构的核准文件。

法律、行政法规或者国务院决定规定设立股份有限公司必须报经批准的，还应当提交有关批准文件。

申请设立股份有限公司，应当向公司登记机关提交下列文件。

① 公司法定代表人签署的设立登记申请书。

② 董事会指定代表或者共同委托代理人的证明。

③ 公司章程。

④ 依法设立的验资机构出具的验资证明。

⑤ 发起人首次出资是非货币财产的，应当在公司设立登记时提交已办理其财产权转移手续的证明文件。

⑥ 发起人的主体资格证明或者自然人身份证明。

⑦ 载明公司董事、监事、经理姓名、住所的文件以及有关委派、选举或者聘用的证明。

⑧ 公司法定代表人任职文件和身份证明。

⑨ 企业名称预先核准通知书。

⑩ 公司住所证明等。

以募集方式设立股份有限公司的，还应当提交创立大会的会议记录；以募集方式设立股份有限公司公开发行股票的，还应当提交国务院证券监督管理机构的核准文件。

法律、行政法规或者国务院决定规定设立股份有限公司必须报经批准的，还应当提交有关批准文件。

2．新企业登记注册的程序

企业的登记事项主要包括企业名称、住所、法定代表人姓名、注册资本、实收资本、企业类型、经营范围、营业期限、有限责任公司股东或者股份有限公司发起人的姓名或者名称，以及认缴和实缴的出资额、出资时间、出资方式等。

登记注册的程序是受理、审查、核准、发照、公告。申请登记的单位应提交的文件、证件和填报的登记注册书齐备后，方可受理；审查内容包括申请者提交的文件、证件和填报的登记注册书是否符合有关登记管理规定，并核实有关登记事项和开办条件。核准是指经过审查和核实后，做出核准登记或者不予核准登记的决定，并及时通知申请者；对核准登记的申请单位，分别颁发有关证照，及时通知法定代表人（负责人）领取证照，并办理法定代表人签字备案手续；公告是指对核准登记注册的企业法人，由登记主管机关发布公告，公告的内容包括名称、住所、法定代表人、经济性质或者企业类型、注册资金或者注册资本、经营范围、经营方式和注册号。

企业申请设立登记应提交《企业设立登记申请书》（内含企业设立登记申请表、单位投资者名录、自然人股东名录、投资者注册资本缴付情况、法定代表人登记表等），企业名称预先核准通知书，企业住所证明，合伙协议或公司章程，法定验资机构出具的验资报告，股东资格证明，董事，监事，经理任职证明，以及前置审批许可等文件。

登记主管机关应当对申请者提交的文件、证件、登记申请书、登记注册书以及其他有关文件进行审查，核实开办条件。符合法律规定条件的，登记机关核准设立登记并发给其营业执照，企业即告成立。营业执照是经营单位取得合法经营权的凭证，企业凭营业执照办理刻制印章、开立银行账户、申请纳税登记等事项。

6.3.3 新企业注册登记后的手续

营业执照的签发标志着新企业的诞生。但营业执照只是企业取得合法经营权的一个凭证，新企业要真正开始经营，还需要依法办理许多相关手续，即后置审批。通常需要办理刻章、组织机构代码证书、银行开户、转资、税务登记、发票审批、统计登记、行业管理登记、社会保险登记等。

对于房地产开发、建筑施工、道路运输、汽车维修、物业管理、经营性网站、美容美发、洗浴、生产加工等经营项目，还需要办理相应的行业后置审批，获得批准后才能取得合法经营权。

1. 后置审批

后置审批项目是指在取得营业执照之后必须办理专项审批的项目。这是企业在领取营业执照之后，由人民政府按照法律规定对特定行业、特定经营项目进行专项审查批准，授予许可或经营资质以及进行认证、认定、评定、登记、备案程序，准予企业从事特定活动的法律程序和行为。后置审批项目由政府管理部门确定。后置审批应提交的文件视审批项目的不同而不同。以建筑业企业为例，后置审批包括建筑工程施工许可、建筑施工企业安全生产许可、企业资质的审批等。其中的企业资质分为施工总承包、专业承包和劳务分包三个序列，每个序列按照工程性质和技术特点分别划分为若干资质类别，各资质类别按照规定的条件划分为若干等级。新设立的建筑业企业取得企业法人营业执照后，还应当按照其拥有的注册资本、净资产、专业技术人员、技术装备和已完成的建筑工程业绩等资质条件申请不同种类和等级资质，经审查合格取得相应等级的资质证书后，方可在其资质等级许可的范围内从事建筑活动。建设项目涉及的建设单位、勘察单位、设计单位、施工单位、工程监理单位都需依法取得相应等级的资质证书，才能在其资质等级许可的范围内承揽业务。

2．刻制公章并备案

公章，是指单位或者机构的规范名称章，以及冠以规范名称的合同、财务、税务、发票、审验等专用章。按有关法律规定，需要刻制公章的单位或者机构，应当将单位或者机构设立的批准文件、登记证书和要求刻制公章的证明，以及载明公章的名称、形状、规格尺度、材质、使用的文字和字体、排列的方法及其顺序等内容的材料，报所在地县级以上人民政府公安部门，经公安部门对上述材料以及是否已刻公章等情况核实并将信息录入印章治安管理信息系统，由该单位或者机构委托的公章刻制经营单位刻制。

企业成立后，应持营业执照、法人代表身份证、经办人身份证到县级以上公安机关填写《印章入网管理及刻制审批表》，经审批同意后持《印章入网管理及刻制审批表》前往公安局印章治安管理信息中心办理印章入网登记手续。由取得《特种行业许可证》的公章刻制经营单位按公安部门核实的、通过印章治安管理信息系统传输的内容刻制公章，并将刻制公章的名称、数量、取章人姓名、取章日期等内容存入印章治安管理信息系统备查。

企业的规范名称章只准刻制一枚，可以另刻制钢质规范名称章一枚，合同、财务、审验等专用章可以刻制多枚，但每一枚必须用阿拉伯数字区别。

企业需要刻制专门用于公务事项的法定代表人、负责人、财务人员等有关人员印章（包括签名章）的，凭身份证和单位证明函到公章刻制经营单位刻制。公章刻制经营单位应当对刻章的有关材料登记造册备查。需要跨省、市、县刻制公章的企业，须持企业所在地县级以上人民政府公安部门出具的证明和前款规定的有关材料，向刻制地县级以上人民政府公安部门办理刻制公章手续。

3．企业组织机构代码登记

组织机构代码是对中华人民共和国境内依法注册、依法登记的国家机关、企事业单位、社会团体等组织机构颁发的一个在全国范围内唯一的、始终不变的法定代码标识，以适应政府部门的统一管理和业务单位实现计算机自动化管理的需要。组织机构代码由八位数字（或大写拉丁字母）本体代码和一位数字（或大写拉丁字母）校验码组成，具有唯一性、终身不变性、准确性、完整性和统一性。组织机构代码已在银行、税务、统计、公安、外贸、海关等领域得到广泛应用。组织机构代码证书是企业的“身份证”，是办理后续手续所必需的一种证件。

国家质量监督检验检疫总局依法负责统一组织协调全国组织机构代码管理工作。申请者应在单位核准注册或批准成立之日起 30 天内提交工商行政管理局核发的营业执照（正本）原件（核查用）、复印件（存档用，有经营期限的营业执照副本也可以）、公章或介绍信、法定代表人或负责人身份证复印件、经办人身份证原件及复印件，到批准设立或者核准登记部门同级的质量技术监督部门提出登记申请。

质量技术监督部门对申请单位提交的证明文件进行审核后，符合条件的赋予代码并核发代组织机构码证书和代码 IC 卡。组织机构代码证书自颁发之日起 4 年内有效，组织机构应当在组织机构代码证书有效期满前 30 日内进行换证登记。

4．银行开户、转资

账户是用来连续、系统记录各个会计科目所反映的经济业务内容的工具。银行账户就是客户在银行开立的各种存款、贷款、结算等账户的总称，是办理信贷、结算、汇兑和现金收付业务的工具。根据现行法律规定，每个独立核算的经济单位都必须在银行开户，各单位之间办理款项结算，除现金管理办法规定可用现金外，均需通过银行结算。企业开立银行账户是与银行建立往来关系的基础。银行账户包括基本账户、一般账户、专用账户、临时账户等。

银行基本账户是指存款人办理日常转账结算和现金收付的账户。企业的工资、资金等现金的支出，只能通过基本存款账户办理，一个企业只能开立一个基本存款账户。企业设立的时候，为入资验资需要开设一个临时账户（验资专用账户），企业获得营业执照之后，需凭营业执照、组织机构代码证书、国地税税务登记证书、法定代表人身份证、经办人身份证及企业委托证明、企业公章、财务章、法定代表人私章等资料到当地人民银行申请审批，人民银行会计部门审查通过，录入银行账户管理数据库，发给企业银行开户许可证，企业凭银行核发的银行开户许可证及其他相关资料到一家商业银行的一个营业机构开立一个基本存款账户，原验资户注销，账户资金转入企业基本账户。

5．税务登记

企业在取得营业执照、组织机构代码证之后，还要办理税务登记证、领购发票，才能合法经营。

（1）税务登记

税务登记又称纳税登记，是指税务机关格局税法规定，对纳税人的生产、经营活动进行登记管理的一项法定制度，也是纳税人依法履行纳税义务的法定手续，企业应当自领取工商营业执照之日起 30 日内向所在地税务机关申报办理税务登记。国家税务局（分局）、地方税务局（分局）按照国务院规定的税收征收管理范围，实施属地管理，采取联合登记或分别登记的方式办理税务登记。

企业在申报办理税务登记时，应当根据不同情况向税务机关提交营业执照、有关合同、章程、协议书、组织机构代码证书、银行开户许可证、验资报告和资产评估报告、法定代表人身份证、生产经营场所的所有权证明或租赁合同、单位公章、财务专用章、法定代表人章、企业会计制度和财务制度说明书、房屋及土地和车船的有关证件，包括房屋所有权（产权）证书、土地证书、机动车行驶证、船籍证书等。税务机关应当对纳税人填报的税务登记表及提供的有关证件进行审核，符合规定的，税务机关赋予企业税务代码和税务登记证号，核发税务登记证正、副本和税务代码章。

（2）领购发票

发票，是指在购销商品、提供或者接受服务以及从事其他经营活动中，开具、收取的收付款凭证。发票的基本内容包括发票的名称、字轨号码、联次及用途、客户名称，开户银行及账号、商品名称或经营项目、计量单位、数量、单价、大小写金额、开票人、开票日期、开票单位（个人）名称（章）等。增值税专用发票还应当包括：购货人地址、购货人税务登记号、增值税税率、税额、供货方名称、地址及其税务登记号。税务机关是发票的主管机关，负责发票印制、领购、开具、取得、保管、缴销的管理和监督。单位、个人在购销商品、提供或者接受经营服务以及从事其他经营活动中，应当按照规定开具、使用、取得发票。

企业在领取税务登记证件后，向税务机关申请领购发票。申领发票时，企业应当提出购票申请，提供营业执照、组织机构代码证和代码 IC 卡、税务登记证、一般纳税人申请审批表、银行开户许可证、企业公章、法定代表人章、财务专用章、发票专用章、法定代表人身份证、办税员身份证、生产经营场所的证明等文件，经主管税务机关审核后，发给发票领购簿。企业凭发票领购簿核准的种类、数量以及购票方式，向税务机关领购发票。

6. 统计登记

为了加强统计管理和监督，保障统计资料的准确性和及时性，发挥统计在国民经济和社会发展中的重要作用，我国法律规定，国家机关、企业事业单位和其他组织以及个体工商户和个人等统计调查对象，必须依法真实、准确、完整、及时地提供统计调查所需的资料。基本统计调查单位管理实行登记制度，企业应当在领取工商营业执照之日起 30 日内，持组织机构代码证、营业执照等文件到县级以上统计行政管理部门办理统计登记备案手续，报送基本统计单位备案表，领取统计登记证，并按照规定的统计范围和报表渠道建立统计关系，接受统计调查。

统计调查的内容主要是法人单位和产业活动单位的基本情况，由反映单位基本信息、基本属性、主要经济活动指标以及专业特有指标组成。基本信息指标包括单位代码、单位名称、单位地址、单位通信号码、单位负责人姓名和职务、开业时间、营业状态、从业人员、企业资产等；基本属性指标包括登记注册类型、法人批准机关或登记注册机关、执行会计制度类别、国有经济控股情况、国民经济行业分类、隶属关系等；主要经济活动指标包括营业收入和主营业务收入、主要产品生产能力等；专业特有指标包括工业企业规模、建筑业企业资质等级、零售业经营方式及业态、营业面积等。

企业名称、隶属关系、经营范围和地址发生变更，在变更之日起 30 日内到原统计管理部门办理变更登记手续。企业终止、撤销的，应当在终止、撤销后 30 日内，持有关文件到原登记的统计行政管理部门办理注销登记。

7. 社会保险登记

社会保险是指国家通过立法设立社会保险基金，保障公民在年老、患病、工伤、失业、生育等情况下依法获得物质帮助的社会保险制度。社会保险包括基本养老保险、基本医疗保险、工伤保险、失业保险、生育保险等。

国家机关、社会团体、企业、事业单位、民办非企业单位、个体经济组织等用人单位应当在成立之日起 30 日内凭营业执照、组织机构代码证、税务登记证、法定代表人身份证等文件到当地社会保险经办机构填写社会保险登记表，申请办理社会保险登记。社会保险经办机构予以审核，发给社会保险登记证件。

用人单位应当自用工之日起 30 日内为其职工向社会保险经办机构申请办理社会保险登记。我国建立全国统一的个人社会保障号码，个人社会保障号码为公民身份号码。

社会保险费由用人单位自行申报、按时足额缴纳。职工应当缴纳的社会保险费由用人单位代扣代缴。

8. 其他相关手续

创办企业除了办理上述手续外，还需办理用工、供水、用电等手续。有些企业从事的经营项目还需要到相关政府部门办理行业登记和许可，高新技术企业还需要到本地区由科技行、财政、税务部门组成的高新技术企业认定管理机构进行认定。视不同法规的规定和企业经营项目，企业一般还要办理卫生、防火、污染防治、环境保护、安全生产、质量监督、交通运输、商品检验等手续。

企业进入正常生产经营阶段后，应注意还要对部分证照按期办理年检、换证手续，如营业执照、组织机构代码证、资质证书、许可证等，不按期办理，企业会受到罚款甚至被吊销营业执照的处罚。具体项目各个地方政府的规定有些不同，企业应按照国家法律及地方政府的规定办理。

6.4 企业组织机构与公司治理结构

若一项工作一个人就能完成，那就不需要组织，若一项工作需要很多人共同完成，则需要对这些人进行分工并使之相互协作。如何分工与协作，这就是组织管理的工作。一个企业或者一个项目的目标、计划制订出来以后，管理者必须按照目标和计划的要求，设计出能够保证计划顺利实施的组织结构，合理安排和调配各种资源，通过组织管理，实现既定目标。

组织是管理的重要职能之一，企业组织管理就是根据企业内部管理对象、任务和目标的复杂程度，将企业按从属关系划分为若干单元（部门），每个单元都相应地配备一定的适合人员，并由规章制度明确规定部门和人员的分工与职责、权利与义务以及它们之间的信息交流和沟通方式。

如同一个人要从婴幼儿发育成少年、青年，其骨架也要随之长大，企业的组织结构犹如人体的骨架，当企业从创业期逐渐向成长期发展时，企业的组织结构也要随着企业的发展及时调整，否则会影响企业的正常发展。

美国学者坎农（J. Thomas Cannon）认为，组织结构的发展过程要经历“创业”“职能发展”“分权”“参谋激增”和“再集权”阶段，在不同的发展阶段，要求有与之相适应的组织结构形式。

（1）创业阶段：新的组织面临许多未知的挑战，一般采用灵活的非正规化的组织形式，决策主要由高层管理者个人做出，结构比较简单，信息沟通网络也不复杂，主要建立在非正式沟通基础之上。

（2）职能发展阶段：当组织取得经验和自信后，随着业务的增多，组织内部开始形成权力线，决策越来越多地由其他管理者建立在职能专业化基础之上。

（3）分权阶段：用分权的方法来对付职能专业化引起的各种问题时，事业部制就变得很有吸引力了，通过在组织内部划小经营单位，各部门按创业阶段的特点来管理。

（4）参谋激增阶段：划小经营单位使各部门成了组织内部的不同利益集团，本位主义严重，高层管理者对各部门有“失控”之感。为了加强对各部门的控制，组织内部应增设许多参谋和高级助手。

（5）再集权阶段：参谋激增又导致了直线与参谋之间的矛盾，为了解决分权和高度职能化所带来的问题，高层管理者再度高度集中决策权。

进一步，当企业从单一业务向多元业务、从产品经营向资本经营发展，以及由一家公司发展成一个集团时，其组织结构也要随之调整。

6.4.1 企业组织机构

从管理的角度看，组织结构是指企业内的组织机构和机构之间从属、并列配置关系的组织形态。企业设立时，就要根据创业目标设计和建立一种组织结构和职位系统，即设置机构部门和岗位，合理分配其职责并配置人员。在结构设计时要遵循分工明确、统一指挥、控制幅度、权责对等原则。

组织结构是表明组织各部分的排列顺序、空间位置、联系方式之间关系的一种模式，企业组织结构是企业的“框架”，组织结构通过企业机构的形式得以反映。机构是企业管理得以进行的载体，其结构受到行业特点、生产规模、生产技术的复杂程度、企业管理水平等因素的影响，并随着企业生产经营活动的发展不断演变。下面介绍企业组织机构的几种基本形式。

1. 直线型组织结构

直线型组织结构也可称为直线制，是一种最早、最简单的组织结构形式。它是指企业各级行政单位从上到下实行垂直领导，下属部门只接受一个上级的指令，企业管理的一切问题均由各级主管负责人独自负责，不设专门的职能管理部门。其结构形式如图 6-2 所示。

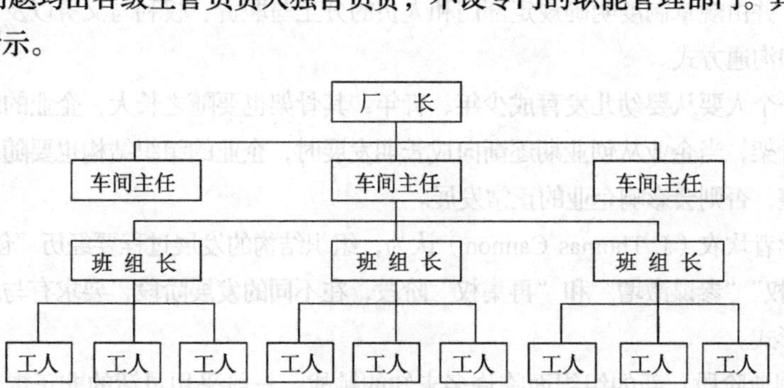

图 6-2　直线制组织结构

直线制组织结构的优点是结构简单、责任分明、命令统一、决策迅速、工作效率高。其缺点是要求主管负责人通晓各种专业知识和技能，亲自处理各种业务，但当企业规模较大、业务复杂时，所有管理职能让一个人承担是比较困难的。因此，直线制只适用规模较小、生产技术比较简单的企业或者应用于现场作业管理。

2．职能制组织结构

职能制是指在各级行政主管下面设立职能机构和人员，实行专业化分工，并把相应的管理职责和权力交给这些机构，各职能机构在各自业务范围内可以向下级行政单位下命令，因此，下级执行者除了接受上级行政主管的指挥外，还必须接受上级各职能机构的领导，其结构形式如图 6-3 所示。

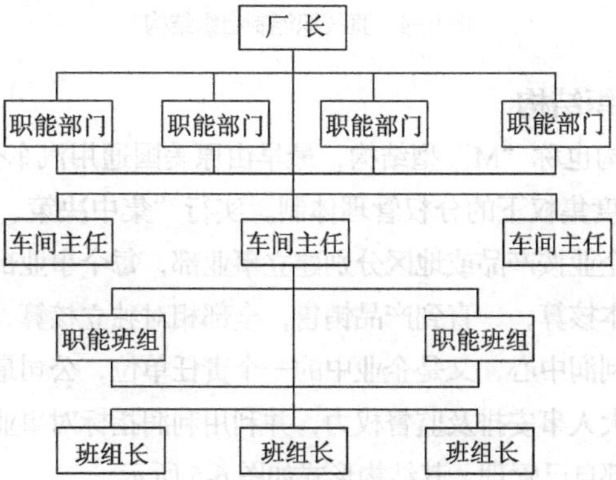

图 6-3　职能制组织结构

职能制的优点是适应现代化生产技术比较复杂、管理工作分工较细的特点，能充分发挥职能部门的专业管理作用，可减轻直线主管人员的工作负担。但缺点是实行多头领导，妨碍了组织的统一指挥，当上级行政主管和职能机构的命令及指导发生矛盾时，下级就无所适从；同时职能制强调专业化，不利于培养能力全面的管理人才。由于这种组织结构形式的缺陷明显，企业一般不采用职能制。

3．直线职能制组织结构

直线职能制组织结构也称“U”型结构，又称“生产区域制”，是在直线制和职能制的基础上，取长补短，汲取了这两种形式的优点而建立起来的组织结构。它是指在各级行政主管之下设置相应的职能部门或人员，分别从事专业管理，为各级主管充当参谋并提供建议。职能部门只能对下级业务部门进行业务指导，无权发布命令指示，无权进行直线指挥，除非上级行政主管授予他们某种权力。其结构形式如图 6-4 所示。

直线职能制的优点是分工细密，任务明确，稳定性强，各个部门的职责有明显界限，既保证了企业管理体系的集中统一，又可以在各级行政主管的领导下，充分发挥各专业管理机构的作用。其缺点是各个职能部门之间的协作与配合性较差，容易产生脱节和矛盾，企业主管人员协调工作量大，不容易从企业内部培养全面的管理人才，难以适应环境的变化等。它主要适用于中小企业及产品品种比较单一、市场销售情况比较稳定的企业。

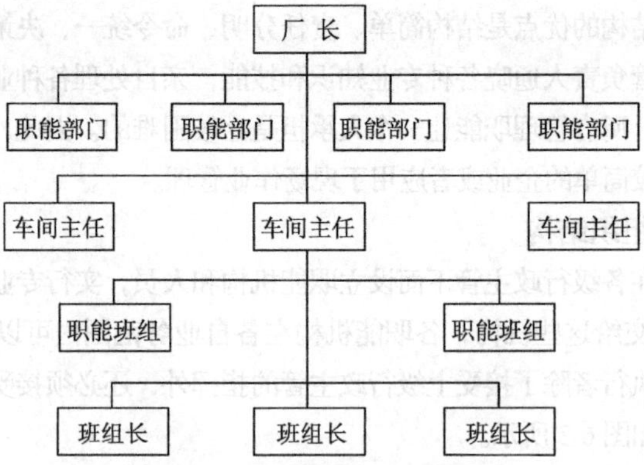

图 6-4　直线职能制组织结构

4．事业部制组织结构

事业部制组织结构也称“M”型结构，最早由原美国通用汽车公司总裁斯隆于 1924 年提出，它是一种高度集权下的分权管理体制，实行“集中决策、分散经营”的管理原则。在这种制度中，企业按产品或地区分别建立事业部，每个事业部从产品设计、原材料采购、产品制造、成本核算，一直到产品销售，全部相对独立核算，自负盈亏。事业部既是在总公司控制下的利润中心，又是企业中的一个责任单位，公司最高管理机构掌握战略决策、财务控制、重大人事安排及监督权力，并利用利润指标对事业部进行控制，日常生产经营活动由各事业部自己管理。其结构形式如图 6-5 所示。

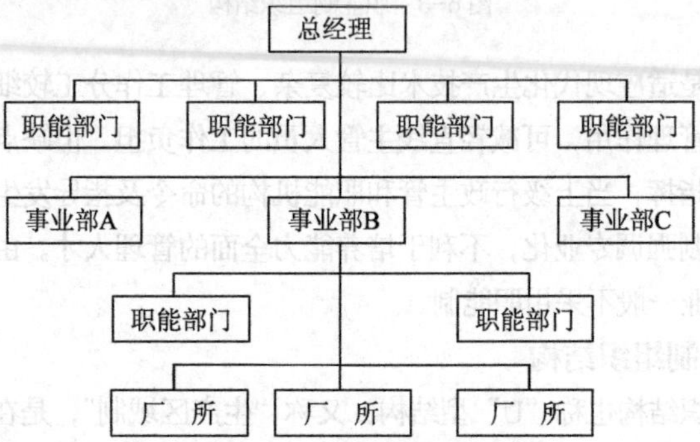

图 6-5　事业部制组织结构

事业部制具有许多显著的优点，能使公司最高领导层摆脱日常行政事务困扰，集中精力搞好企业战略决策和长远规划，有利于事业部之间开展竞争，发挥各事业部的主动性和创造性，有利于企业的发展，有利于培养和提高事业部管理人员的领导能力，培养全面的管理人才；此外，这种组织形式既具有较高的稳定性，又有较高的适应性。其主要缺点是，由于各事业部的利益相对独立，比较容易产生本位主义，总部对各事业部之间的协调困难，从而降低工作效率；总部与各事业部的职能部门重复设置，造成管理人员增多，管理费用提高。这是欧美、日本等大企业所采用的典型的组织结构形式，近几年也为我国一些大型企业或公司所采用，它适用于规模大、品种多、技术复杂的大型企业。

5. 矩阵制组织结构

矩阵制是第二次世界大战后在美国首先出现的，它由纵、横两套系统构成，一套是按职能划分的垂直领导系统，另一套是按项目产品划分的横向领导系统，两者形成一个矩阵结构，其结构形式如图 6-6 所示。

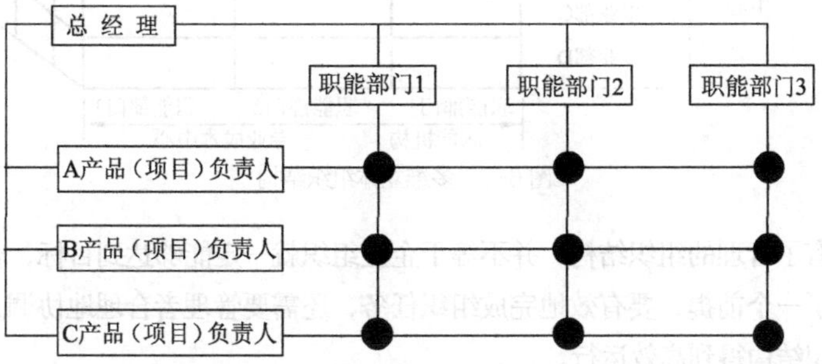

图 6-6 矩阵制组织结构

矩阵制是围绕特定产品或项目而建立的，每一个项目或产品设有专门负责人，项目或产品负责人拥有一定的责任和权力，在项目或产品执行期间，为负责人配置一定数量的来自各职能部门的人员，共同组成产品或项目小组，小组成员受原属职能部门和项目小组的双重领导，项目一旦完成，各小组成员返回原职能部门。

矩阵制的优点是加强了不同部门之间的配合和信息交流，克服了直线职能制结构中各部门互相脱节的现象，项目小组具有机动灵活性，可随着项目（产品）进行组织，目的明确，任务清楚，各方面有专长的人都是有备而来的，能激发其工作热情，促进项目的实现。其缺点是项目负责人的责任大于权力，同时参加项目的每个人都来自不同的部门，隶属关系仍在原部门，仅仅是临时参加该项目，所以项目负责人对其工作的好坏，没有足够的激励与惩治手段；另外，双重指挥也是一大缺陷，项目负责人和原部门负责人都对参加该项目的人员有指挥权，所以项目负责人必须与各个部门负责人很好地配合，才能顺利开展工作。

矩阵制适用于新产品研制、企业规划与涉及面广、临时性、复杂的工程项目。

6. 多维立体制组织结构

多维立体制是在事业部制和矩阵制基础上发展起来的，由美国道-科宁化学工业公司于 1967 年首先建立。这种组织结构形式由三维管理组织机构结合而成，即按产品（项目）划分事业部，形成产品利润中心；按职能划分职能机构，形成专业成本中心；按地区划分管理机构，形成地区利润中心。上述三方共同组成产品事业委员会，通过共同协调采取行动。其组织结构形式如图 6-7 所示。

多维立体制有利于沟通信息，集思广益，共同决策，能够发挥整个企业组织系统的整体效能，一般比较适用于跨国公司或规模巨大的跨地区公司。

企业的组织结构有多种类型，究竟采用什么样的组织结构形式，要根据各种组织结构形式的优点和缺点、企业的规模、技术特点、产品、市场等条件合理选择。同一企业在不同的时期，也要根据战略、技术、环境的变化而相应地做出组织结构调整。在同一企业中，也可根据需要，多种组织结构形式综合并用。

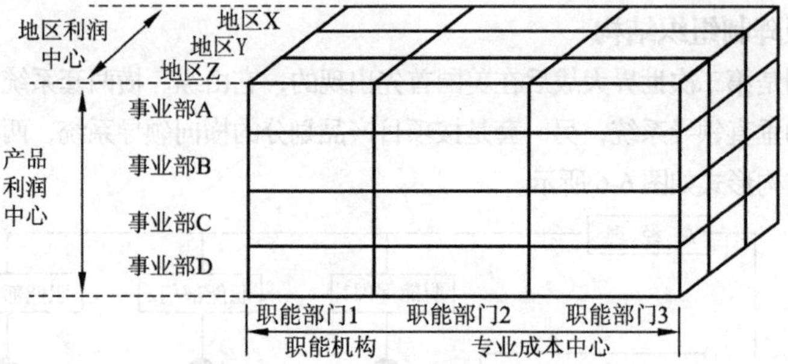

图 6-7　多维立体组织结构

当然，有了合理的组织结构，并不等于企业组织就一定能够达到目标，合理的组织结构只是提供了一个前提，要有效地完成组织任务，还需要管理者合理地协调人力、物力、财力，使组织结构得到高效运行。

图 6-8 至图 6-11 是一个制造企业不同业务领域的组织结构实例。

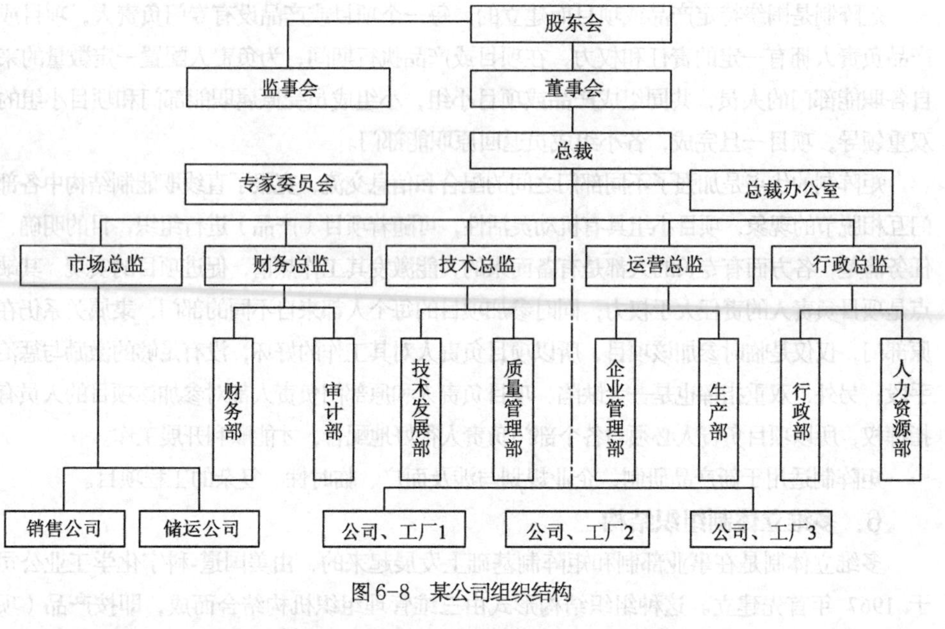

图 6-8　某公司组织结构

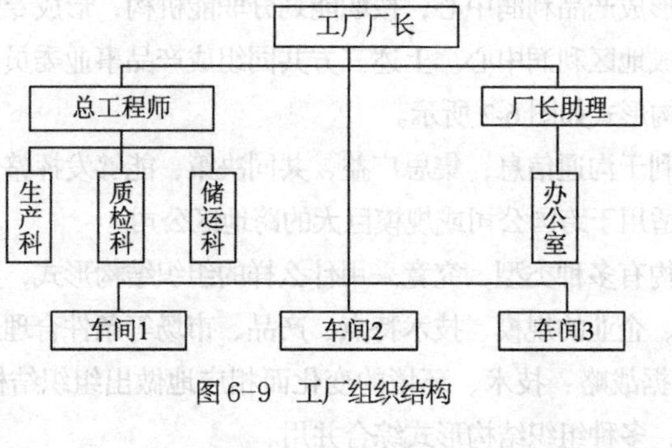

图 6-9　工厂组织结构

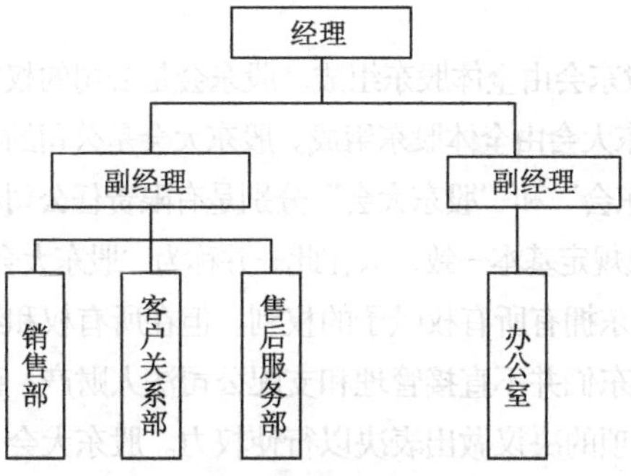

图 6-10 销售公司组织结构

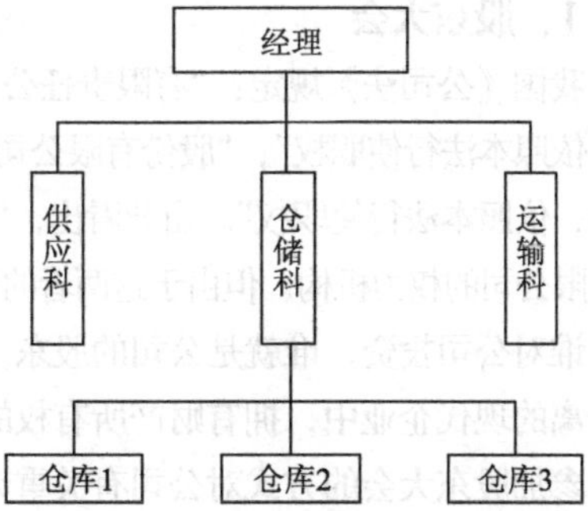

图 6-11 储运公司组织结构

6.4.2 公司治理结构

公司治理结构，就是治理公司的组织结构。公司合理治理结构的设置和运作，能明确划分各部分的权利义务关系，形成公司的所有者、经营者之间相互制衡的机制。具体来说，公司治理结构，是指根据权力机构、决策机构、执行机构和监督机构相互协调的原则，由股东大会、董事会、经理层、监事会四个部分所组成的，所有权、决策权、执行权、监督权各自独立、权责分明、相互制衡的企业领导制度。

公司治理结构四部分之间制衡关系的主要表现是：所有者将自己的资产交由公司董事会托管；董事会是公司的最高决策机构，高层经理是在董事会领导下的执行机构，在董事会授权范围内经营管理企业；监事会代表公司资产所有者利益对董事会和经理人员的行为进行监督和控制。如图 6-12 所示。

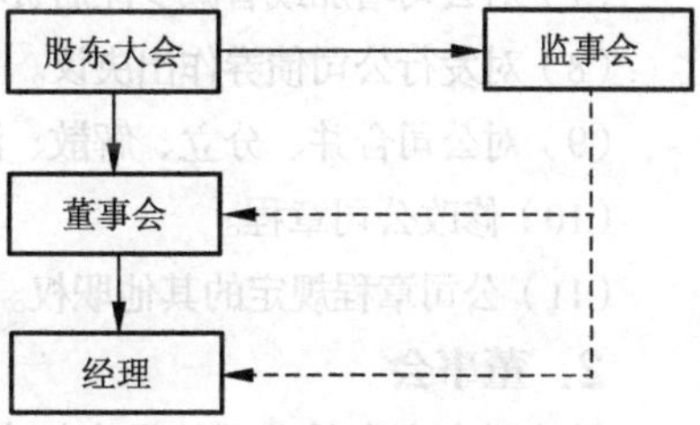

图 6-12 公司法人治理结构

在公司制企业中，资本构成是多元化的，投资者众多，所以不可能像独资企业或合伙企业那样由投资者直接进行管理，而应由一个治理结构实现对公司的治理。

公司治理结构是公司制的核心，它体现的是股权、决策权、执行权和监督权在责权利关系明确划分基础上的相互制衡关系。我国《公司法》明确规定了公司各参与方（包括股东大会、董事会、监事会、经理层和其他利益相关者）的责任和权利，规定了公司决策所必须遵循的规则和程序，同时提供了设置公司目标及实现目标的组织框架。良好的公司治理结构能够提供有效的激励和约束机制，促使公司参与方协调一致地去实现公司的目标。

我国《公司法》是 1993 年制定实施的，其后经过多次修改，最新版本于 2014 年 3 月 1 日起实施。该法规定："本法所称公司是指依照本法在中国境内设立的有限责任公司和股份有限公司"；"公司是企业法人，有独立的法人财产，享有法人财产权。公司以其全部财产对公司的债务承担责任"。

1．股东大会

我国《公司法》规定："有限责任公司股东会由全体股东组成。股东会是公司的权力机构，依照本法行使职权"；"股份有限公司股东大会由全体股东组成。股东大会是公司的权力机构，依照本法行使职权"。由此看出，"股东会"和"股东大会"分别是有限责任公司和股份有限公司的权力机构，但由于这两者的职权规定基本一致，故在此一并称为"股东大会"。

谁对公司投资，谁就是公司的股东，股东拥有所有权赋予的权利。但在所有权和经营权分离的现代企业中，拥有财产所有权的股东们并不直接管理和支配公司法人财产，而是通过参加股东大会的方式对公司有关重大事项的决议做出表决以行使权力。股东大会是由全体股东组成的公司最高权力机构，主要是就公司经济活动和与股东利益相关的重大事项行使财产所有者权益。我国《公司法》规定，股东大会的权利包括以下内容。

（1）决定公司的经营方针和投资计划。

（2）选举和更换非由职工代表担任的董事、监事，决定有关董事、监事的报酬事项。

（3）审议批准董事会的报告。

（4）审议批准监事会或者监事的报告。

（5）审议批准公司的年度财务预算方案、决算方案。

（6）审议批准公司的利润分配方案和弥补亏损方案。

（7）对公司增加或者减少注册资本做出决议。

（8）对发行公司债券作出决议。

（9）对公司合并、分立、解散、清算或者变更公司形式做出决议。

（10）修改公司章程。

（11）公司章程规定的其他职权。

2．董事会

虽然股东大会是公司的最高权力机关，但其并没有常设机构，在开会时才能发挥作用。而一个拥有众多股东的公司，不可能让所有的股东定期聚会来管理公司，因此，必须有一个代表机构，代替股东们管理公司，保护和发展股东的投资利益，这一机构就是董事会。董事会是股东大会选出的代表全体股东利益和执行公司业务的常设权力机构，也是公司的决策机构。

我国《公司法》规定：董事会对股东大会负责，行使下列职权。

（1）召集股东会会议，并向股东大会报告工作。

（2）执行股东会的决议。

（3）决定公司的经营计划和投资方案。

（4）制订公司的年度财务预算方案、决算方案。

（5）制订公司的利润分配方案和弥补亏损方案。

（6）制订公司增加或者减少注册资本以及发行公司债券的方案。

（7）制订公司合并、分立、解散或者变更公司形式的方案。

（8）决定公司内部管理机构的设置。

（9）决定聘任或者解聘公司经理及其报酬事项，并根据经理的提名决定聘任或者解聘公司副经理、财务负责人及其报酬事项。

（10）制定公司的基本管理制度。

（11）公司章程规定的其他职权。

股份有限公司设董事会，其成员应为5~19人；有限责任公司设董事会，其成员应为3~13人。董事任期由公司章程规定，但每届任期不得超过3年。董事任期满，连选的可以连任。

3．经理

以经理（总经理）为首的高层经理班子是公司的执行机构。高层经理班子包括总经理、副总经理、总会计师、总工程师、总经济师等高层经理人员，负责公司的日常经营管理活动。经理列席董事会会议。

我国《公司法》规定：公司经理由董事会决定聘任或者解聘。经理对董事会负责，行使下列职权。

（1）主持公司的生产经营管理工作，组织实施董事会决议。

（2）组织实施公司年度经营计划和投资方案。

（3）拟订公司内部管理机构设置方案。

（4）拟订公司的基本管理制度。

（5）制定公司的具体规章。

（6）提请聘任或者解聘公司副经理、财务负责人。

（7）决定聘任或者解聘除应由董事会决定聘任或者解聘以外的负责管理人员。

（8）董事会授予的其他职权。

在我国，有些公司制企业的总经理由董事长兼任。这种做法在一定程度上造成了决策机构和执行机构的职责不分，影响了公司的运作效率。而西方大公司的执行机构一般由首席执行官领导下的经理班子担任，首席执行官（CEO）由董事会授权行使权力，并由他直接对董事会和所有者负责。一般情况下，CEO 由董事会下的常设机构“执行委员会”中的首席执行董事来担任。

4．监事会

在公司法人治理结构中，决策权和经营权大部分集中在了董事会和总经理等少数经营者手中，股东大会虽然在名义上是公司的最高权力机构，但因它不是公司的常设机构，很难对经营者在经营管理中做出有悖于所有者权益的行为进行及时监督和纠正。因此，现代公司都设立专门的监督机构，即监事会，对董事会和经理班子的行为进行经常性监督，以防止他们从事违反法律和公司章程的活动，损害股东、债权人和职工的利益。

为了使监事会能够站在公正的立场独立地对经营管理者行使监督权，监事会成员不是由经营管理机构人员选任，而是由股东代表和一定比例的职工代表组成，直接向股东大会报告，对股东大会负责。我国《公司法》规定：监事会成员不得少于 3 人，监事可以列席董事会会议，并对董事会决议事项提出质询或者建议；发现公司经营情况异常，可以进行调查；必要时，可以请会计师事务所等协助其工作，费用由公司承担。

公司的董事、经理和财务负责人均不得兼任监事。

监事会和不设监事会的公司的监事行使下列职权。

（1）检查公司财务。

（2）对董事、高级管理人员执行公司职务的行为进行监督，对违反法律、行政法规、公司章程或者股东会决议的董事、高级管理人员提出罢免的建议。

（3）当董事、高级管理人员的行为损害公司的利益时，要求董事、高级管理人员予以纠正。

（4）提议召开临时股东会会议，在董事会不履行本法规定的召集和主持股东会会议职责时召集和主持股东会会议。

（5）向股东会会议提出提案。

（6）依照《公司法》第一百五十二条的规定，对董事、高级管理人员提起诉讼。

（7）公司章程规定的其他职权。

5．公司法人治理结构的制衡关系

股东大会、董事会、监事会、经理层四者在公司中处于不同的地位，它们之间的关系也不相同。要完善公司法人治理结构，就要明确划分它们各自的权力、责任和利益，以便形成合理的制衡关系。所有权和管理权的分离是治理结构的核心，决定了公司法人治理结构的基本制衡关系。

（1）股东大会与董事会之间的信任托管关系

由董事组成的董事会受股东大会的信任负责经营公司的法人财产，这种关系是一种信任托管关系。股东出于信任推选董事，董事是股东的受托人，承担受托责任。

董事会一旦受托经营公司，就成为公司的法定代表机构，独立从事公司的经营决策活动，股东大会对其不进行干预，一般只可以不再选举未尽到责任或不称职的董事连任。但这种选举结果并不取决于某个股东，而取决于股东大会的投票结果。

在有限责任公司，由于股东的人数较少，股东（或其代表）可以是董事会成员，直接控制公司。在股份有限公司，股东人数较多，便由少数股东代表、管理专家和社会人士组成董事会。

（2）董事会与公司经理人员的委托代理关系

管理公司需要专门知识，需要懂经营、会管理、具有创新精神和风险意识的专门人才。以此为标准，董事会通过招聘，任命适合本公司的经理人员。经理人员接受董事会的委托，便有了对公司事务的管理权和代理权。从法律角度来看，公司的高层管理人员在公司内部有管理事务的权限，对外有诉讼的商业代理权限。

经理人员只是董事会的一定权限的代理人。其权限受董事会委托范围的限制，超过其权限的决策要报告董事会审定。董事会对经理人员是有偿的雇用。董事会有权对其经营情况进行监督，并据此对其做出奖惩决定。

应该看到，委托人和代理人各自追求的目标是不一样的，作为委托人的董事会要求经理人员尽职尽责，执行好经营管理的职能，以便股东能够取得更多的投资报酬；而作为代理人的高层经理人员所追求的，则是他们的人力资本（知识、才能、社会地位）的增值和提供人力资本所取得的收入的最大化。针对这种目标差异的存在，董事会有必要建立一套有效的激励机制，根据经理人员的工作绩效，对他们实行奖励。

（3）监事会与公司董事和经理的监督制衡关系

为防止公司董事和经理人员做出损害公司利益的行为，维护股东的权益，执行股东大会决议和公司章程，现代公司组织结构中要建立监事会制度。监事会的制衡作用是多重的，它和股东大会的关系在正常情况下是一种从属关系；它与董事会、经理人员的关系是监督关系。监事会不参与公司的经营管理，只依照法律、法规、公司章程对公司的经营管理履行监督职责，对股东大会负责。

本章小结

本章阐述了新创企业可以选择的法律组织形式及其各自的特点；分析了企业名称的特征和功能；系统介绍了新企业选址问题，指出新企业选址需要一个较复杂的决策过程，需要综合考虑各种影响因素；介绍了新企业设立的具体流程；介绍和分析了企业组织机构的几种基本形式及其特征、优缺点和适用范围；介绍分析了公司治理结构及其各部分的制衡关系以及各自的职权。

思考题

1. 企业不同的法律组织形式各自有哪些特点？分别适合什么类型的新创企业？
2. 简述企业名称的特征与功能。
3. 影响新企业选址的因素有哪些？
4. 简述新企业的设立流程。
5. 企业组织结构的基本形式有哪些？各有何特点？
6. 分析公司治理结构中的相互制衡关系。

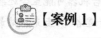

案例讨论

【案例 1】

设立中的苹果电脑公司

美国著名的苹果电脑公司所创造的“硅谷奇迹”是创业成功的典范。苹果电脑公司的设立先后经历了以下过程。

1. 一人技术

沃兹奈克在 1976 年设计了一款新型的个人电脑，样品“苹果一号”展出后大受欢迎，销售情况出乎意料的好。

2. 两人起步

受此鼓舞，沃兹奈克决定与中学时期的同学乔布斯一起创业，先进行小批量生产。他们卖掉旧汽车甚至个人计算机，一共凑到 1400 美元，但小小的资本根本不足以应付这急速的发展。

3. 三人合伙

从英特尔公司销售经理职位上提前退休的百万富翁马库拉经别人介绍，结识了乔布斯和沃兹奈克这两个年轻人，他以多年驾驭市场的丰富经验和企业家特有的战略眼光，敏锐地意识到了未来个人电脑市场的巨大潜力。他决定与两位年轻人进行合作，创办苹果电脑公司，经过与乔布斯和沃兹奈克的共同讨论，他花了两个星期时间制定了一份苹果电脑公司的经营计划书。马库拉又掏出 9.1 万美元入股，还争取到美洲银行 25 万美元的信用贷款，这样三个人合伙成立了公司，马库拉占 1/3 的股份。

4. 四人公司

三人共同带着苹果的经营计划，走访了马库拉认识的创业投资家，结果又筹集了 60 万美元的创业资金。为了加强公司的经营管理，一个月后马库拉又推荐了全美半导体制造商协会主任斯科特担任公司的总经理。马库拉和乔布斯说服了沃兹奈克脱离惠普，全身心投入苹果公司。1977 年 6 月，四个人组成了公司的领导班子，马库拉任董事长，乔布斯任副董事长，斯科特任总经理，沃兹奈克是负责研究与发展的副经理。技术、资金、管理的结合产生了神奇的效果。

5. 企业的名字

因为马库拉意识到公司在黄页号码簿中的排位靠前有利于市场营销（因为“Apple”以“A”打头），他也相信苹果的含义很好，把“苹果”和电脑放在一起，似乎有某种类似于古老印度宗教中的“顿悟”的奇异效果，这将有助于人们记住这一品牌。他们决定保留“苹果”的名字。

6. 企业的广告和标志

乔布斯找到了硅谷著名的公关和广告公司的老板——为英特尔设计芯片广告的麦克凯纳。起初麦克凯纳拒绝了苹果公司的要求，但乔布斯三番五次地上门拜访。“我不否认沃兹奈克设计了一台好机器”，麦克凯纳说，“但如果没有乔布斯，那台机器可能至今还躺在电子爱好者商店里。沃兹奈克很幸运，因为他的伙伴是一位福音传道者”。麦克凯纳最终同意为苹果帮忙。他做出了两大贡献：其一是创造了苹果的标志，今天那个被咬了一口的苹果形象几乎人尽皆知。其二是除了在行业杂志上登广告外，还在像《花花公子》这样的流行杂志上刊登彩色广告，广告强调这款低价格家庭用电脑的实用性。在那个年代，麦克凯纳走的这一步堪称大胆，他说：“这是为了唤起全国的注意力，让低成本计算机的概念为全民所接受。”其他公司卖计算机已经两年了，但从来没有一家公司以这种方式刺激公众的想象力。麦克凯纳赋予苹果公司一种“人格”，并使这个品牌在市场上占有一席之地。若干年后，麦克凯纳加入了一家著名的创业投资公司，也成为一个投资家。

综上所述，沃兹奈克设计制造了苹果电脑，马库拉有商业上的敏感性，斯科特有丰富的生产管理经验，麦克凯纳创造了苹果的声誉，但最终是乔布斯以传教士式的执著精神推动了所有这一切发展。苹果电脑公司的创业成功是创业团队有效合作的结果。

有人认为，苹果电脑公司的设立过程是硅谷模式的典型，即“人—技术—风险投资”。这个过程是任何创业者都梦寐以求的，但不是每个创业团队都这么一帆风顺。根据苹果电脑公司的创业过程，谈谈你的认识。

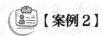

【案例 2】

合作设立分公司的失败

H 集团公司是一家专门生产农用机械等产品的知名企业，年销售额达 20 亿元，是中国民营企业 500 强、农机行业十强企业，且连续多年保持高幅度增长，在行业内赫赫有名。但就是这样一家实力雄厚、发展迅速的企业，曾由于与他人在合作中选择形态不妥，导致官司缠身，差点蒙受重大经济损失。

2006 年，H 集团公司为开拓北方市场，与河南洛阳 T 公司进行了多次洽谈，确立了由双方共同合作，在洛阳设立生产、销售基地的意向。在该基地的设立形态上，有人提出了借用 H 集团公司在业内的知名度，设立“H 集团公司洛阳分公司”的主张，H 集团公司觉得这有利于市场开拓，予以同意。

2006 年 7 月，双方签订了关于设立“H 集团公司洛阳分公司”的协议书，约定由 H 集团公司提供生产设备、图纸并委派生产专业技术人员、提供配件，T 公司则提供厂房与流动资金，共同生产农用机械。协议书中还确定 T 公司全权负责“洛阳分公司”的经营并承担全部盈亏。协议书签订后，H 集团公司按约定运去了生产设备，委派了技术人员，提供了图纸与配件，T 公司也负责生产了部分产品并销售，T 公司法定代表人还掌握了“洛阳分公司”印章等全部相关资料。

但是，双方的合作并不顺利。T 公司在掌管“洛阳分公司”期间，由于资金不足，经常拖欠技术人员工资，导致技术人员不愿去洛阳而纷纷返回。同时，由于 H 集团公司注重质量，对不符合要求的产品严格把关，不发放合格证明，导致 T 公司不满。而 T 公司拖欠应付给 H 集团公司的配件款，绕开 H 集团公司私下销售产品回收销售款，以及违规开具发票等，更使得双方的矛盾升级。

2007 年，T 公司法定代表人因拖欠与 H 集团公司有关联的他人巨额债务被起诉，多处财产被查封。10 月，T 公司突然在洛阳起诉 H 集团公司，要求 H 集团公司赔偿其在“洛阳分公司”的投入等 160 余万元。不久，T 公司又另案起诉 H 集团公司，要求 H 集团公司支付“洛阳分公司”经营期间应付的货款 160 余万元。更为蹊跷的是，T 公司法定代表人名下的另外一家 Y 公司，还突然拿着一张与“洛阳分公司”签订的供货合同，要求 H

集团公司与“洛阳分公司”支付货款近 100 万元。连续起诉的三案均通过法院进行了诉讼保全，H 集团公司账上 400 多万元现金被查封，多个银行账号被冻结。T 公司甚至还以支付劳动报酬为由，申请法院先执行 H 集团公司赔偿 40 余万元。一时间，H 集团公司上下风声鹤唳。

H 集团公司发现，在所有案件中，都有“洛阳分公司”加盖公章或合同章的文件，被 T 公司或 Y 公司用为关键证据。尤其是在 Y 公司一案中，H 集团公司对所谓的“洛阳分公司”与 Y 公司签订的供货合同一无所知，而合同约定的货物价格却远远高于市场价。进一步调查发现，该份盖有“洛阳分公司”合同章的供货合同，很可能是诉讼之前才新鲜出炉的。也就是说，由于 T 公司法定代表人掌管了“洛阳分公司”的印章，像 Y 公司这样的诉讼，几乎随时可能冒出，而依据法律，H 集团公司不得不无止境地承担“洛阳分公司”的债务。H 集团公司向律师求助，在律师的建议下，立即向警方报案。同时，律师还建议 H 集团公司对 T 公司提出反诉以及另行提起民事诉讼。然而，由于双方协议共同设立“洛阳分公司”并由T公司负责经营的事实，导致很多证据无法取得。而且，基于T公司的现状，即使最终胜诉，损失可能也难以挽回。最后，在各方压力以及律师的沟通协调下，T 公司终于主动要求和解，H 集团公司为避免更大经济损失和讼累，在同意给予 T 公司 90 余万元补偿的基础上，与 T 公司达成了和解协议，终止了“洛阳分公司”的经营。

法律人士评析道，在上述案例中，最关键的是合作双方如何选择合作经营的实体形态。任何经济上的合作都可能产生矛盾，而H集团公司之所以在矛盾爆发后陷入被动，根源不在于矛盾的本身，而在于合作的方式或者说分公司设立形态的选择。企业设立形态的选择，是牵涉经营、管理与风险控制的综合考虑。如果选择不当，则将给企业的经营管理和发展带来限制，甚至同上述案例一样，给企业投资者带来巨大的风险和损失。

请你谈谈对上述评析的理解。

第7章 商业计划书

约瑟夫·罗切索认为：每个计划应像雪花一样与众不同。

学习目标

（1）了解商业计划书的概念、功能和作用、类型、撰写目的。
（2）明确商业计划书的构成要素、结构、特征。
（3）把握商业计划书撰写原则和内容。

7.1 商业计划书概述

7.1.1 商业计划书的概念

1. 计划

作为管理流程中的一项重要职能，计划是组织根据自身的能力和所处的环境，制定组织在一定的时期内的奋斗目标，并通过编制、执行、检查、协调和合理安排组织中各方面的经营和管理活动，优化配置组织的各种资源，取得合理的经济效益和社会效益的管理职能。计划的主要功能包括为企业指引方向和目标、帮助企业发现机会与威胁、经济合理地进行管理、提供控制标准等。

2. 商业计划书

商业计划书（Business Plan），顾名思义，就是对拟进行的商业活动如投资、创业等活动进行前期计划的书面文件。在创业活动中，商业计划书也称创业策划书，是由创业者准备的书面文件，该文件描述了创建一个新企业所需要的所有相关的外部和内部因素，通常是由营销、财务、生产和人力资源这类功能计划所构成的结合体。

商业计划书是一份全方位描述企业发展的文件，是企业经营者素质的体现，是企业拥有良好融资能力、实现跨越式发展的重要条件之一。一份完备的商业计划书，不仅是企业成功创业的关键因素，也是企业发展的核心。

7.1.2 商业计划书的特征

从商业计划书的构成元素可以看出，商业计划书具有如下几个特征。

1. 客观性

客观性是商业计划书的重要特点。不论在论证哪一个关键要素时，创业者都必须依据充分的市场调研数据和客观的分析结果，而非创业者的主观判断。这些依据使得商业计划书具有真实性，可信程度非常高，也使得商业计划书的调整和改进（如果必要的话）立足于一个真实可信的基础之上。商业计划书的客观性来自实践，来自一线的大量信息和素材，这是商业计划书具有实战性和可操作性的基础，也是商业计划书能够吸引投资者的基本前提。

2．实践性

商业计划书的实践性是指商业计划书具有可操作性。从上文可以知道，商业计划书不仅是对各方面创业准备的综合归纳整理，更是对未来创业成长的预期和规划。因此，商业计划书的分析结果必须是实实在在能够在实践中运用的。因为只有在实践运作中，商业计划书的企业成长预期价值才能实现，如果只是为了获取资源炮制的一份“看起来很美”的商业计划书，这一商业计划书是毫无价值的。当然，在创业之初，对未来实践经营的细节进行设想也不尽现实，但是项目运作的整体思路和战略设想应是清晰的。实战的过程中尽管可能做出若干调整，但项目的鲜明商业特点和可操作性是不能，也不会变化的。

3．条理性

商业计划书的条理性同样是一个非常重要的特征，商业计划书本质上是一份提交给投资者的投资指南，不同于一般的商业文件。为了展现企业的优势和发展机会，创业者需要把严密的逻辑思维融汇在客观事实中体现和表达出来。应当在商业计划书中展现创业者如何通过项目的市场调研，市场分析，市场开发，以及生产的安排、组织、运作等，把所提出的战略规划付诸实施，把预想的企业成长变成切实的商业利润。论证过程应条理得当，切忌华而不实，不要为了追求华丽的效果而失去内在的逻辑。

4．创新性

商业计划书最鲜明的特点是它的创新性。这种创新性是通过其开拓性表现出来的。对现有经营模式亦步亦趋的简单模仿，是难以吸引投资者的眼光的。对于创业者来说，商业计划书应当从创新项目、创新技术、创新材料、创新营销渠道等方面进行开拓，如果能够从整体上提出一个全新的商业模式，会具备很强的吸引力。这种新项目、新内容、新营销思路和运作思路的整合，才是商业计划书的最本质特征，也是商业计划书不同于一般项目建议书的根本之处。

7.1.3　商业计划书的功能

从字面上看，商业计划书本身也是计划的一种。因此，计划的特定功能和作用，商业计划书也都拥有。但是，由于商业计划书具有特定作用对象和出现阶段，商业计划书有其独特的功能，在撰写方面也需要注意其独特之处。商业计划书的应用对象通常是尚未创立而准备创立的企业，或者刚刚创立不久的企业。从创业过程的整体视角来看，商业计划书的编写需要一个承上启下的步骤，对一份典型的商业计划书来说，它是对新企业创立之前的所有准备工作的总结和整理。对于创业者来说，必须对创业机会、创业团队、创业资源、商业模式等方面有综合性认识之后，才可能有一份非常好的商业计划书。另外，有效的商业计划书也可以作为下一阶段企业经营规划的有效指导，新创企业的成长管理活动，包括融资、战略、营销、人力资源等各个方面的管理措施，都可以在商业计划书的指导下进行。因此，商业计划书的撰写对创业过程意义重大,主要体现为以下三个方面的功能。

1．企业情况审视

商业计划书从书面上对企业或者创业团队的整体状况进行审视。在很多情况下，这一举措是不可代替的。尤其是在正式创业前，创业者最好能够撰写一份正式的商业计划书，来系统地回顾企业所拥有的资源与优劣势。由于写到了纸上，并且需要注重内在的逻辑，创业者以及创业团队就会不断地思考曾经的创业设想是否合理、准备是否充分。在此情况下，创业者的商业模式会进一步细化，未来的战略规划也会更加清晰。此时，商业计划书的撰写是其他形式的讨论、交流、沟通、思考所不能代替的。

2．未来战略规划

在创业行动尚未开始的时候，创业者就应当对企业的未来战略规划有所设想，尽管未来的市场环境变化可能随时发生，但是创业者至少应当指出新创企业的可能战略方向以及相应的配套支持。为了不至于在市场环境变动的时候惊慌失措，事先准备好战略规划是非常有必要的。商业计划书为战略的整合和设想提供了一套有效的模板。企业为何形成战略，其相应的战略支持和影响因素是什么，通过系统化的撰写过程，创业者对创业的设想将会更为明确。

3．创业资源获取

获取创业资源是撰写商业计划书的直接目的。出于正式规范的考虑，创业者必须向资源提供方提供一份翔实的商业计划书，以说明创业项目的可行性和体现自身的诚意。资源提供方也愿意通过书面的材料结合面谈来了解创业者和创业团队。否则，在合作洽谈时，缺少书面材料而只是通过创业者口头交流，势必降低对方对自己的评价。

7.1.4　商业计划书的分类

编写商业计划书的直接目的是获取资源，因此，根据资源类型的不同，商业计划书也存在不同的分类。

1．针对资金资源的商业计划书

这一类商业计划书主要用于面向投资者，特别是风险投资者募集资金。面向投资者的商业计划书是最重要的一类商业计划书。投资者评估投资项目首要的评估资料就是商业计划书。如同求职自荐书一样，一份简练而有力的商业计划书能让投资者对投资项目的运作和效果心中有数。投资者只有从商业计划书获得所需的项目经营资讯后，才会做出是否投资的决策。这一类型的商业计划书在撰写过程中要注意以投资者需求为出发点。一份能够吸引投资者注意力的商业计划书，必须说明创业者的项目有足够大的市场容量和较强的持续盈利能力，有一个完善、务实和可操作的项目实施计划，有完全具备成功实施项目素质能力的管理团队，并且具备项目运营的成功保证。

2．针对人才资源的商业计划书

这一类型的商业计划书是为了获取创业团队的新成员以及有特定意义的关键员工。在最初准备创业的时候，创业者往往从身边的亲朋好友中寻找创业伙伴。这种方式可以在很大程度上降低交易成本，并且有利于创业初期资源的整合，但是一旦企业做大，或者随着创业者的商业模式逐渐成熟，创业者将会尝试从并不熟悉的人群中寻找新的合作伙伴。此时，一份结构清晰、前景良好的商业计划书就对吸引创业团队成员相当有用。这一类型的商业计划书不仅要清晰地阐明企业的商业模式和未来发展规划，更要对如何吸纳新的合作伙伴、如何针对这些合作伙伴分配利益和权限做出说明。

3. 针对政策资源的商业计划书

对于国内的创业活动来说，政府部门所制定的支持性政策具备重要意义。只有在政策允许和鼓励的条件下，高科技企业才能获得更多的国内外人才、贷款和投资、各种服务与优惠等。这一类型的商业计划书类似于传统的项目可行性分析书，在商业计划书中，应当强调企业的项目投资可行性，尤其要着重关注企业的社会收益和社会成本，只有项目的社会影响较为良好、符合政府的区域总体发展趋势，才有可能成为政府部门关注的对象。

4. 针对网络资源的商业计划书

这一类型的商业计划书主要是针对企业大型客户群体、原材料供应商、行业协会等可能合作的对象。在创业过程中，有效的合作关系对创业者的帮助是非常强大的。为了有效获得这些合作关系，在必要的时候，创业者往往需要向合作伙伴提交商业计划书，阐明自身的优劣势以及双方进一步发展合作关系的有利之处。基于这一要求，商业计划书就要有针对性地指出具体的合作方案以及合作双方可能获取的利益。

无论是哪一类型的商业计划书，创业者都需要在计划书中清晰地阐明企业的现有资源和能力，以及企业未来的发展模式。如果未能做到这一点，那么无论在吸收哪个方面的资源时都会遭遇障碍。

7.2 商业计划书的撰写

7.2.1 商业计划书的构成要素

为了清晰地传递创业者的主张和企业的发展规划，无论是哪一类型的商业计划书，都必须阐明一些关键要素，这些关键要素缺一不可，具体包括如下几项。

1. 产品

这一要素指的是企业所提供的核心产品或者服务。在商业计划书中，应提供所有与企业的产品或服务有关的细节。作为一个创业者，不仅必须对自己所能提供的产品有信心，同时还应该能够把这一信心传达给他人。只有投资者对产品也同样产生了兴趣，他们才愿意进行投资。为了传达这种信心，创业者应当尽量给出清晰的证据来论述产品的价值。对于创业者来说，产品及其属性特征非常明确，但其他人不一定清楚它们的涵义。制订商业计划书的目的不仅是要投资者相信企业的产品会在市场上产生革命性的影响，而且要使他们相信企业有实现它的能力。商业计划书对产品的阐述，要让投资者感到投资这个项目是值得的。

2．市场

这一要素主要指的是创业者所要面临的行业市场特征。创业者的行动总是要在一定的市场上进行。产品需要在市场上卖出，创业者的营销行动和战略企划也需要依托一定的市场。商业计划书要为投资者提供创业者对目标市场的深入分析和理解。要细致分析经济、地理、职业以及心理等因素对消费者选择购买本企业产品这一行为的影响。只有市场前景明朗、成长性良好的项目，才有可能真正吸引投资者。当然，这些关于市场状况的分析和前瞻，同样需要充分到位的论证说明，而非创业者的主观臆断，这样才有可能真正获得投资者的关注。

3．创业团队

创业团队是创业成功的首要保证。创业机会能够得到持续开发并且转化为一个成功的企业，其关键的因素就是要有一支强有力的管理队伍。如果团队成员拥有较高的专业技术知识、管理才能和多年工作经验，对于投资者的吸引力也会更大。很多情况下，创业者是首次创业，团队成员也大多没有相应的管理经验，此时，创业者也需要据实说明这一情况，而不能做无谓的夸大，不实的说明只会带来适得其反的结果。当然，即使是创业团队成员本身没有太多闪光之处，创业者也应当说明他们对创业活动所进行的充分准备，以及创业的意志和决心，以表明团队成员的凝聚力和奋斗精神。

4．企业经营状况

这一要素是针对已经创立的企业，如果创业者是在创业之前撰写商业计划书，那么这一要素可以不用着笔。创业者需要说明白企业创立以来，企业的经营状况是怎样的，以显示企业的良好经营历史和一定的发展潜力。如果在历史经营中，企业曾经获得某些独特的资源，或者和某些重大的合作伙伴发生合作关系，这些都足以构成商业计划书中的亮点。

5．市场开拓方案

这是企业竞争战略中最为重要的一环。投资者一般都很关注创业者将准备如何销售自己的产品。虽然在产品部分，创业者可能将自己的产品轮廓勾画得非常美好，但是这些产品能否被市场上的客户所接受还是未知数。如果市场开拓方案不到位，甚至存在较大的失误，那么即使产品再好，再有吸引力，也难以实现预先定下的销售目标。这对于创业活动的推进是致命的，投资者的投资也将付诸东流。因此，创业者应当明确阐述自己将如何推进产品的销售活动，这些预期的方案和措施是否可行。

6．企业成长预期

商业计划书作为提供给投资者的指南性文件，投资者更关心的是企业的未来发展状况是什么样子的，以及他们所投入的资金能否及时回收。因此，创业者需要对企业的未来发展进行展望。在给出这些成长预期的同时，创业者需要给出预测根据，务必让投资者相信，所有关于企业发展的预测都是以事实为依据的，而不是闭门造车式的臆测。

7.2.2 商业计划书的撰写原则

商业计划书撰写原则及规范有以下几点。

1．目标明确，优势突出

优秀的创业计划书一定要有一个明确的目标，能够呈现项目的具体优势。优势不能面面俱到，一定要抓住核心。以下几点能够帮助创业者明确计划书目标，突出项目优势。

①突出产品或服务的核心价值，在阐述中让投资者相信产品或服务的发展空间；②写明目标市场规模，让投资人看到预期销售前景；③分析竞争对手，阐明自己居于竞争态势中的位置，让投资人相信该企业是同行中的有力竞争者并能成为某领域中的领先者；④介绍企业运营模式和盈利途径，让读者尤其是投资方对风险的担心降至最低；⑤陈述整个创业团队和管理团队的职责与目标，让投资人从创业团队中看到企业的未来。

2．内容真实，体现诚意

商业计划书不是为创业者及其团队和企业唱赞歌，而是体现项目的真实情况，包括企业可能面临的风险。成功与风险并存，优势与不足同在，任何一家企业都是如此。因此，商业计划书一定要实事求是，不要为了吸引投资夸夸其谈。

在具体成文时，创业者一定要明确指出企业的市场机会、竞争威胁、潜在风险，并尽量以具体资料为依据。关键还要分析可能的解决方法，绝不能含糊交代。同时，对所采用的假设、预估、会计处理方法等也要明确说明。总之，一定要实话实说，言辞妥帖，否则，许诺不能兑现，只会搬起石头砸自己的脚。

3．要素齐全，内容充实

商业计划书内容和格式不是千篇一律的，但无论哪种项目的商业计划书，都要涉及这些内容：计划摘要、产品与服务、团队和管理、市场预测、营销策略、生产计划、财务规划、风险分析。

在创业计划书写完之后，可以试着从以下几个方面查漏补缺：①商业计划书是否明确了产品或服务；②商业计划书是否体现了自身的优势和能力；③商业计划书是否显示了已经做过市场分析；④商业计划书是否交代了可能的风险以及应对策略；⑤商业计划书是否明确指出了融资的风险与价值。

4．语言平实，通俗易懂

在撰写商业计划书时，要尽量运用平实准确、通俗易懂的文字来表述，表达一要贴切，避免歧义；二要通俗，切忌晦涩；三要朴实，规避浮夸。

通俗易懂，表达准确，也是商业计划书的成功之处。尽管有的项目包含高新技术，对项目的分析需要用到一些专业术语，但在内容的表述上也要做到通俗易懂，一味高深、玄妙只会将投资者拒之门外。事实上，只有少量的技术专家会在意复杂的技术原理，许多读者不完全懂技术，所以他们喜欢简单通俗的解说，排斥术语和行话。为了收到理想的信息传递效果，商业计划书可适当配以图表，以图文并茂的形式将内容形象化、直观化。

5．结构严谨，风格统一

如果商业计划书让人读起来感觉很乱，则表明它是失败的。

受创业者能力、计划书篇幅、完成时间等因素影响，一份商业计划书通常由多人合作完成，难免存在体例不一、风格迥异、结构松散等问题。为了商业计划书的完整，最后应由创业团队中某一个人统一定稿。

首先，商业计划书的论述必须有条理，应当做到结构清晰、规点到位、数据真实。基本要求如下：①目录完整。商业计划书都应当有一个完整的目录，帮助投资者更方便地找到所需要的信息。写作时要注意目录中的页码与内容页码一一对应。②每段论述应有标题。标题中的关键词应当对内容有引导作用，以帮助投资者快速理解内容。③层次要合理，标题分级要清晰。

6．有理有据，循序渐进

资料准备很重要。商业计划书的写作需要丰富翔实的数据资料作为支撑。撰写计划书前应准备的材料包括市场调查报告、财务数据分析、运营具体案例、行业基本情况等。前期的资料准备得越完整，越能做到有的放矢，胸有成竹。

撰写商业计划书经过以下三个阶段的基础工作，就能基本保证资料准备的完备。①确立目标，准备资料。创业者要做以下一些准备工作：确定企业的整体规划；确定创业计划所需要的材料，进行细致的市场调查，包括行业情况、市场分析等；确立信息搜集的途径，以保证资料的真实性与完整性。②拟定纲要，整合信息。首先，根据企业自身的发展需要，制定并编写计划纲要；其次，在编写纲要的过程中，根据实际情况，对搜集的材料做进一步的整合与筛选，对创业企业的概况、竞争、销售、组织、管理、技术、财务、风险等进行全面分析；最后，撰写摘要，以便初步形成较为完整的创业计划方案。③反复修改，完善计划。文不厌改，对材料的整合与运用也是如此，材料经过整合，数据经过分析，可以形成相对完善的定稿，接下来就可以编写资料完备、数据详尽的计划书了。

7．详略得当，篇幅适当

一份商业计划书，不能因为创业者熟悉哪些方面就详细叙述哪些方面，也不能哪些方面容易驾驭就将其作为整篇的重点。计划书的对象可以是投资者、银行，也可以是企业自身，不同的目的也会使计划书的侧重点有所不同。因此，商业计划书一定要把握适度原则。一般情况下，要着重强调企业的优势和持续盈利的原因，比如市场分析、生产制造规划、竞争分析、营销方案、成本预算、风险分析与应对策略等。而企业基本情况、人员基本情况、企业前景和目标等内容要相对略写，交代清楚即可。适合的篇幅一般为 20~40 页，包括附录在内。

7.2.3 商业计划书的陈述与使用

1．陈述商业计划书

通常，大学或当地召开的某个会议会为一些有潜力的创业者提供一个机会，如创业计划大赛，使他们可以将其商业计划陈述出来。典型的情况是，每一个被选出的创业者被要求在一段限定的时间范围内陈述其商业计划中的亮点。创业者会将重点集中在这是一个好的（投资）机会，他会提出市场计划（如何把机会变成现实）的概要和付出努力的结果（销售额和利润）。总结论述可能会反映可识别的风险以及创业者打算如何去处理它们。

2. 商业计划书的使用和执行

设计商业计划书的目的之一就是在创业初始运行期指导创业者的行为。战略执行中很重要的一点是要设立执行过程的控制点，如果有必要的话，为实现这种控制还要进行更详细的计划。

对创业者来说最重要的一点是，商业计划书绝对不能在财务资金到位、企业开始运作之后就被扔到一边，而不按照它去执行。如果内外部环境发生变化，应对商业计划书进行及时的修改和完善。

商业计划失败的原因有如下几点。

- 创业者设定的目标不合理。
- 目标不可测量。
- 创业者没有全身心地投到企业。
- 创业者没有商业计划方面的经验。
- 创业者意识不到企业的劣势和潜在威胁。
- 产品或服务没有锁定目标消费者群体。

7.2.4 商业计划书的撰写技巧

商业计划书的读者是投资者、团队成员及合作方等。因此，一份好的商业计划书应该让以上对象对企业的产品与服务有明确的认识并能了解企业的亮点、核心竞争力和创业团队情况,创业者所提供的信息必须包括与项目有关的所有技术参数、经营功能与风险情况，如此才能充分体现创业者的信心和能力，从而提高企业融资成功的概率。

针对商业计划书的内容，不同的章节有不同的编写技巧。

（1）封面。总体风格要简洁大方，线条要美观流畅，公司名称、总经理姓名、联系方式等文字字体要易认明朗。

（2）目录。明晰各章节标题及所对应的页码，目录通常不超过 3 页。

（3）摘要。作为计划书的浓缩版，摘要讲求以简洁的手法勾画一幅诱人的图录以感染投资家。语意精益求精，语句清晰流畅，语言富有感染力，篇幅以 1～2 页为宜。

（4）企业概况。简单明了，概括即可，重点介绍该企业的与众不同之处。

（5）市场分析。包括市场需求现状、市场竞争现状、企业产品在市场中的地位预测，要以平实的语言进行说明。

（6）产品介绍。对于产品或服务是什么，简明地讲清楚即可，没有必要介绍太多的技术原理和内容、产品或服务的特点，重在市场化的特点，附带产品原型、图片，以吸引读者，加深读者对产品的印象。

（7）组织结构。组织结构最好采用图表的形式，这样一目了然，对于创业团队的描述关键是叙述管理者的素质和能力；经验和经历也很重要，大胆起用新人要说明理由。

（8）营销策略。需要把营销计划、宣传策略、价格决策和营销队伍及大要素先概括后具体地描述清楚。核心问题诸如市场竞争是否激烈，激烈到何种程度，当市场成长时市场占有率是上升还是下降，客户在哪里，怎样预算，应对策略如何等缺一不可。

（9）生产计划。把设备现状及更新、质量控制与改进以及新产品投产计划讲明即可。

（10）财务规划。重点是提供未来3年的现金流量表、资产负债表以及损益表。

（11）风险分析。风险在哪里？如何应对？资本如何积累？最好和最坏的设定是怎样的？将这些问题解答完毕，这一部分的编写就到位了。

（12）附录。将管理层简历、销售手册、产品图纸、其他说明等需要补充的材料附编在此即可。

商业计划书的写作有一定的规则可依，有一定的技巧可用，但并不意味着所有商业计划书千篇一律。项目不同，用途不同，商业计划书的内容和结构也不同，要突出特色，务实创新，讲求逻辑。

7.3 商业计划书的结构与内容

7.3.1 商业计划书的结构

商业计划书通常有许多现成的通用模板，这些模板的特点不一，但是在具体的内部结构上，往往有一些共同的地方。通常，一份典型的商业计划书可以分为这几个方面：封面或封页、内容表和目录、摘要、企业简介、市场分析、产品分析、创业团队、营销计划、生产经营计划、研发计划、财务分析、风险分析、投资者的退出方式。它们之间的逻辑关系如图7-1所示。

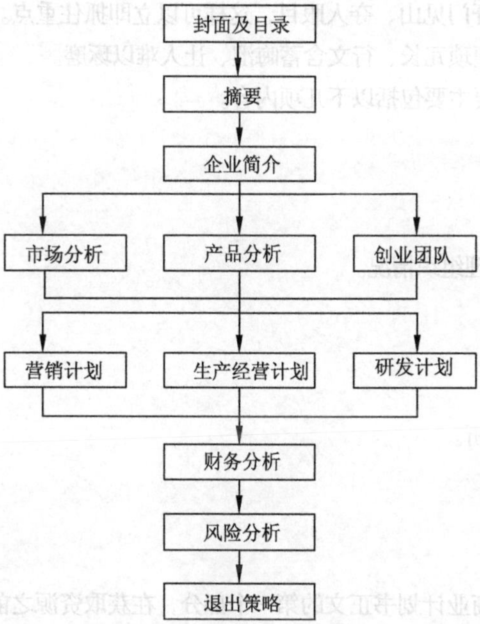

图7-1 商业计划书的结构

7.3.2 商业计划书的撰写内容

1. 摘要

商业计划书的摘要将是风险投资者阅读商业计划书时首先看到的内容。然而，摘要并不仅仅是商业计划书的前言部分，而是商业计划书的精华和核心内容所在。如果风险投资者在阅读摘要时没有看到闪光点，换而言之，如果创业者没有在摘要部分立刻吸引住投资者的眼球，那么即使后续部分写得再动人，这份商业计划书通过的可能性也非常小。因此，通过摘要，创业者应该能够使得投资者，特别是风险投资家马上理解企业的商业模式，快速掌握商业计划书的重点，然后做出是否愿意花时间继续读下去的决定。在摘要部分，应该重点向投资者传达下面几点信息。

- 创业项目的行业市场发展是蓬勃向上的。
- 创业项目的产品是具备独特价值的。
- 创业发展规划和商业模式有科学根据和充分准备。
- 目前的创业团队是坚强有力、协调良好的，完全可以为创业行动全力付出。
- 创业的成长规划和财务分析是客观实际的。
- 投资者的投资回报是客观而有吸引力的。

因为摘要是商业计划书的精华部分，在撰写商业计划书的摘要时，前面所提到几个商业计划书的重要特征同样要在摘要部分体现。为了把摘要写得更出色，实际上很多创业者首先完成对整个商业计划书的主体工作，再从中提炼整个计划书的精华，最后才动笔写商业计划书的摘要部分。这样，在动笔之前，创业者对整个商业计划书已经有更清晰准确的理解，摘要的重点将更为突出，逻辑也更为清晰。同时，应该注意的是，撰写摘要时一定要文笔生动，风格要开门见山、夺人眼目，这样可以立即抓住重点。从篇幅上看，摘要一般一两页即可，切忌烦琐冗长、行文含蓄晦涩、让人难以琢磨。

商业计划书的摘要主要包括以下几项内容。

- 公司概述。
- 研究与开发。
- 产品或服务。
- 管理团队和管理组织情况。
- 行业及市场。
- 营销策略。
- 融资说明。
- 财务计划与分析。
- 风险因素。
- 退出机制。

2. 企业简介

企业简介通常是商业计划书正文的第一个部分，在获取资源之前，创业者首先要进行自我介绍，让投资者认识自己。在很多情况下，创业者还没有建立实际的企业，创业者也应当尽可能地对自己的创业设想和企业未来的发展规划做一番介绍。如果企业已建立，那么在这一部分中，应当向投资者尽可能简明扼要而又全面地介绍企业的发展历史和经营现状，给予投资者尽可能多的关于企业及所在行业的基本特征的情况。具体而言，可以从下面几个方面加以阐述。

- 企业概述，可以提供企业的地址、电话和联系人等信息。
- 企业所从事的主要业务。
- 企业所属行业。
- 企业发展历史与经营现状。
- 企业未来发展规划，指出关键的发展阶段以及主要的推动力。
- 企业组织结构设置。
- 企业的所有制性质，如果是隶属于一个大型企业的子公司，则应该阐明它们之间的具体层级关系。

3．产品（服务）说明

关于产品特征的描述，应该从两个方面重点考虑。一是产品的独特性；二是产品的创新性。如果创业者或核心技术研发人员拥有产品技术专利，也应当予以展示，这样可以充分证明创业者的产品能够有效地防止他人的盗用和模仿。具体而言，对于产品特征的描述可以从以下几个方面进行。

- 产品的基本信息，包括名称、品牌、特征及性能用途等。
- 市场上是否已经有或即将有同类产品。
- 与同类产品相比，产品独特性在哪些方面。
- 产品的价位如何，这一价位是否合理。
- 产品的市场前景和竞争力如何。
- 让顾客购买产品的关键性因素如何。
- 产品的技术含量如何。
- 产品是否拥有知识产权保护措施。

在产品说明部分，应当尽可能详细地说明产品的特征。如果产品本身还存在不完善之处，也应当给予必要的说明，并且指出下一步可能的改进方向，使得投资者看到创业者在产品开发方面的努力，那么即使产品不尽完善，投资者会和创业者一起寻找解决方案。如果企业有好几种产品或服务，那么最好分成几个独立的部分进行描述。对每一个产品进行必要的介绍，同时针对主要产品进行更为深入和详细的分析。

4．市场分析

（1）目标市场定位

目标市场是企业所关注的真正终端市场。创业者应当细分目标市场，并且分析到底能够实现多少销售总量、销售收入、市场份额和销售利润。在撰写商业计划书时，创业者需要重新认真审视创业机会。如果创业者在创业机会识别阶段并未认真定位市场的话，在商业计划书的撰写过程中，这一工作则是不可避免的。创业者可以采用如下几种标准来细分市场。

- 按地理区域、气候、人口分布、人口密度、城镇规模等地理环境细分。
- 按消费者年龄、性别、职业、文化程度、民族、家庭状况、经济收入、宗教信仰等人文特征细分。
- 按消费者的生活方式、购买频率、购买数量、商品知识、对营销方式的感应程度等购买心理特征细分。
- 按消费者寻求的产品的特定效用细分。

创业者可以同时选择几种标准来进行市场细分，选择其中的一个或几个作为目标市场，在这个过程中，要根据企业的目标、产品、优势与劣势、竞争者的战略等因素来分析目标市场的合理性。如果创业者已经掌握了一些订单或合作意向书，此时应当直接展示给商业计划书的阅读者，因为这些材料可以有力地证明，创业者的产品确实具有广阔的市场前景，并且已经切实找到了直接客户。需要注意的是，市场细分不是越细越好。企业的目标市场要保证其足够大，以使企业能够盈利。同时，目标市场不要太小，否则投资者会对产品的市场前景产生疑虑，因为一般来说，企业价值的增长往往只有在市场潜力同等巨大时才可能实现。

（2）行业市场分析

在选定目标市场后，下一步就是进行该行业市场竞争特征的分析，市场分析的理论和方法经过多年的发展，已达到一定的完善和系统的水平。创业初期一般可以从如下几个方面入手分析。

- 该行业发展程度和未来趋势是怎样的，处于行业生命周期的早期还是成熟期。
- 该行业的总销售额以及利润率能达到怎样的规模，未来的发展趋势是怎样的。
- 是什么因素决定它的发展——国家的整体经济走向、政策导向、社会文化变迁，或者是技术发展等其他要素。
- 企业在行业内部是否拥有良好的网络关系，包括与上下游企业、同行业经营者、客户群体、行业协会等的关系。
- 在这个市场上活动的所有经济主体的概况，包括竞争者、供应商、销售渠道和顾客等。
- 进入该行业的障碍是什么，可能的跟随进入者多不多。

在市场层面分析的时候，一定要以充分的数据资料为基础，很多创业者在撰写这一部分时，往往附上实际调研调查阅卷以及数据分析结果（通常附在商业计划书的后面），以表明行业市场的分析是基于实际数据的理性分析，而非臆测。

（3）竞争对手描述

竞争对手分析可以从如下几个方面展开。

- 哪些企业是或者可能成为提供类似产品的主要竞争者。
- 竞争者的基本情况和竞争战略是怎样的。

- 竞争者的财务状况和发展潜力如何。
- 与竞争者相比，自身的优势和不足之处体现在什么方面。
- 创业者将以怎样的态度来应对竞争，能在多大程度上承受竞争者所带来的压力。

为了充分阐明潜在竞争者的优势和劣势，应当对最主要竞争者的相应销售水平、收入状况、市场份额、目标顾客群、分销渠道和其他相关特征等做出合理估计。与自身状况进行比较时，可以采用图表等形式来更直观地说明，要让投资者确信，企业的竞争战略是合理的，企业具有足够的竞争优势应付所面临的市场竞争。如果竞争者确实很强，无法超越，也不应该避而不谈，有时候有兴趣的投资者往往能够帮助创业者解决一定的竞争压力。

5．创业团队/管理团队

（1）管理层展示

管理层展示的内容可以分为以下几个方面。

- 管理团队成员基本信息（年龄、性别、籍贯等）。
- 管理团队成员的工作经历。
- 管理团队成员的行业经验。
- 管理团队成员的教育背景。
- 管理团队成员在产品设计与开发、财务管理、市场营销等方面的经历。
- 管理团队成员的职业道德、能力与素质。
- 关键雇员介绍。
- 咨询顾问、会计师、律师、金融专家及其他人士。

（2）团队分工和支持系统

创业团队分工和创业支持系统可以从以下几个方面介绍。

- 企业的主要股东介绍，可以列出股东名称、直接或间接持股比例，以及相应的控制权限。
- 管理团队是怎样分工的，其依据是什么。
- 具体项目的负责人（如果存在一个特别重要的项目）。
- 在一些特别经营区域内是否加强管理队伍。
- 团队成员薪酬制度（用数据说明）。
- 企业决策机制和冲突管理机制。

对管理团队成员的介绍既不能夸张，也不要过于谦虚，要实事求是地对其以往业绩做出描述，可以采用图表等方式对团队成员的情况进行对比分析。同时，在展示创业团队的时候，最关键之处是要强调其互补性，教育背景或者工作经历太单一都不利于吸引风险投资。

6．营销计划

营销是一个涉及从产品或服务的创意产生到实现销售到售后服务全过程的管理职能，也可以理解为在创业者、创业团队有创业动机之时就有了初步的营销意向。在创业初期，营销计划一般可以以“4P”为基本范本进行安排：产品规划、渠道规划、促销规划、价格规划。

（1）营销规划

- 企业的总体营销计划设置。
- 营销机构和营销人员配置。
- 市场渗透与开拓计划设置。
- 一般的销售程序介绍。
- 预期的销量与发生时间。
- 市场营销中意外情况的应急对策。

（2）分销渠道设置

- 当期的销售渠道构成以及实现方案。
- 销售队伍配置以及管理方法。
- 销售渠道建设中可能遇到的问题以及解决方案。
- 销售渠道发展方向和各阶段目标。

（3）广告展示和广告

- 企业将如何使企业的目标顾客群知道企业将要推出的产品。
- 企业将采用哪种类型的广告攻势。
- 企业是否参加行业会展，还是独力开设产品展销会。
- 企业用于营业推广的费用支出是多少，是否对企业造成了巨大的资金压力。
- 企业在推广产品上将采用怎样的措施。
- 企业预期的产品推广效果是怎样的，如果效果不佳是否存在应对策略。

（4）产品定价策略

- 产品的价格大致是多少。
- 制定价格的依据是什么。
- 与同类或者功能相似的产品相比，价格是偏高还是偏低；这种差距的依据是什么。
- 消费者是否对价格敏感；如果价格发生变动，将会多大程度上影响销量。
- 产品价格未来的变动趋势是怎样的，为什么。

7．生产经营计划

生产经营过程是企业的产品和服务的基本形成过程，也是企业竞争的基础。创业企业的生产经营计划是一个从零开始建设产能的过程，主要阐述创业者的新产品的生产制造及经营过程。这一部分非常重要，风险投资者从这一部分要了解生产产品的原料如何采购、供应商的有关情况，劳动力和雇员的情况，生产资金的安排以及厂房、土地等。内容要详细，细节要明确。这一部分是以后投资谈判中对投资项目进行估值时的重要依据，也是风险创业者所占股权的一个重要组成部分。生产经营计划主要包括以下内容。

- 厂房和生产设施配置。
- 基础设施（水电供应、通信、道路等）需求。
- 现有的生产设备以及将要购置的生产设备。
- 原材料需求和供应。

- 生产工艺流程介绍，是否以及具备一定的成熟度。
- 生产过程中的关键环节介绍。
- 新产品的生产经营计划。
- 未来可能的生产能力调整（压缩或者扩张）。
- 生产经营的成本分析。
- 品质控制和质量改进能力。
- 生产过程需要什么样的人力资源（基层员工和管理人员）。

8. 研发计划

研发计划主要介绍投入研究开发的人员和资金计划及所要实现的目标，主要包括以下内容。

- 未来的技术发展趋势。
- 公司的技术研发力量。
- 已用于研发的费用总额。
- 研发的计划发展方向和目标。
- 研发计划与企业的整体规划的结合程度。
- 研发的具体任务设置。
- 研发新产品的成本预算及时间进度。

9. 财务分析与融资需求

财务分析包括过去的历史财务数据分析、今后的发展预测和投资计划。历史数据和发展预测主要以财务报表（现金流量表、资产负债表、损益表）以及年度的财务总结报告书形式体现，风险投资者将会期望从财务分析部分来判断创业者的未来经营的财务损益状况，进而从中判断能否确保自己的投资获得预期的理想回报。

（1）历史财务数据

- 3 年以来的资产负债表。
- 3 年以来的损益表。
- 3 年以来的现金流量表。
- 常用的财务指标及相关分析。
- 财务状况分析，特别是针对不良的财务表现需要指出其原因和解决方法。

（2）未来的财务规划

- 未来 3~5 年内企业运营所需费用。
- 预计吸收的投资数额。
- 未来 3~5 年的运营收入状况。
- 未来 3~5 年的财务状况预测（财务报表展示）。

（3）融资需求

融资需求的相关问题包括资金需求计划（为实现公司发展计划所需要的资金额，资金需求的时间性，资金用途（详细说明资金用途，并列表说明）和融资方案（公司所希望的投资人及所占股份的说明，资金其他来源，如银行贷款等）。融资需求主要考虑以下几方面的问题。

- 融资方式选择。
- 融资抵押和担保情况。
- 融资条件（是否拥有特别的条款）。
- 资金注入方式，是否分期注入。
- 投资者对企业经营管理的介入，是否拥有一定的控制权和决策权。

10. 风险分析

风险分析要详细说明项目实施过程中可能遇到的风险，提出有效的风险控制和防范手段，包括技术风险、市场风险、管理风险、财务风险、其他不可预见的风险。

（1）市场经营方面的风险

- 市场不确定因素，即在市场开拓中可能遇到的障碍。
- 生产不确定因素，即在生产中可能遇到的问题。
- 技术发展不确定因素，即在技术研发方面可能遇到的困难。

（2）管理团队方面的风险

- 管理经验不足。管理团队成员可能很年轻，或是这个行业的新手。
- 经营期限短。如果企业刚刚成立不久，经营历史短暂也会造成各方面资源的匮乏。
- 对企业核心人物的依赖，即企业是否过分依赖核心领导者或者拥有关键技术的工程师。

（3）财务方面的风险

- 可能的现金流危机。企业的现金周转是否存在较大不确定性。
- 企业是否有足够的清偿能力。如果企业遇上麻烦而不得不清算，那么投资能回收多少。
- 资源不足。如果企业的计划出现偏差并且影响企业的资源积累，企业可能会缺乏足够的能力来维持长久经营。

（4）其他方面的风险

其他方面的风险指除了上述三个方面以外的风险，例如一些政策方面的不确定性，以及一些突发的事件，创业者都需要尽可能地予以阐述。

11. 投资者的退出方式

对于提交给投资者的商业计划书，如何保障投资者的退出是投资者所关注的重要问题。在阅读了前面所探讨的一系列市场分析和营销策略等方面的分析之后，投资者必然要关注他将获得多少投资回报以及其投资资金如何退出。因此，这一部分必须对企业未来上市公开发行股票、出售给第三者或者创业者回购投资者股份的可能性给予说明。为了使得投资者能够放心地把资金注入新创企业，所论述的退出方式应当详细具体，同时应用客观数据来说明投资者可能获得的投资收益。这一部分可以尝试从以下几个方面论述。

- 投资者可能获得的投资回报。
- 公开上市可能，上市后公众会购买企业股份，投资人所持有的股份就可以售出。
- 兼并收购可能，通过把企业出售给其他公司，投资者也能够收回投资。
- 偿付协议，如果企业未来难以上市，也不准备被收购，那么创业者将按照怎样的条款回购投资者手中的股份。

本章小结

商业计划书是创业活动的一份指导性文件，一份完整的商业计划书将创业项目运营的11个方面都做了全面计划与安排，具有审视创业活动的总体完整性、进行战略规划、防御各类风险等重要作用。不同的业务目的商业计划书的撰写侧重点有很大不同，需要创业团队对其进行具体的、有目标的、创新性的规划。

思考题

1. 你认为商业计划书有哪些核心内容？

2. 撰写各种类型商业计划书应注重哪些侧重点？为什么“切忌拿着一个依据通用模板写出的商业计划书来应对各种需求”？

3. 简述商业计划书的特征。

4. 根据商业计划书的撰写目的分析要完成一份好的商业计划书应做好哪些基础工作。

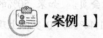

案例讨论

【案例1】

PAF公司商业计划执行摘要

1．行业简介

从2001年起，健身产业成长迅猛，至2006年其产业价值已超过210亿美元。本产业增长很大程度上受中老年人口增长驱动，这部分人口越来越关注自身健康。本产业缝隙之一是缺乏专为50岁以上人口服务的健身中心，他们与年轻人的健身需求类型不同。PAF将填补该市场缝隙——它是一家专为50岁以上人口服务的健身中心，位于佛罗里达州中部。

2．企业描述

PAF计划营业面积21 600平方英尺，位于佛罗里达州奥兰多市郊区的奥维多。奥维多是本健身中心的理想地点——该地区的中老年人口比例及其收入水平都高于全美平均水平。本健身中心的特色是健身器材、课程、训练都专门针对老年人，并开设营养、睡眠、大脑体操等专题讲座与讨论会。

设计专门为老年人服务的健身中心是独特的挑战，需对他们的生理与心理需求高度敏感。因此本中心经营方向为:①为会员提供舒适愉悦的环境；②提供高品质课程与设施；③鼓励会员间交往，使 PAF 成为他们的生活中心之一。

3．产业分析

PAF 将在“健身与休闲运动中心”产业内竞争，该产业价值 210 亿美元，处于成长期。成长驱动因素主要是人们对健康与锻炼重要性的认识不断增强。该产业最大的挑战是争夺消费者的闲暇时间。

该产业是竞争性产业。健身中心平均净利率为 9%左右。成功关键因素包括选址、合理的课程与活动组合、鼓励会员参与、一批能干而积极的员工。

4．市场分析

PAF 的营业场所将选在佛罗里达州塞米诺尔县，奥维多就在该县境内。市场分析表明，该县约有 65 400 名 50 岁以上人口，其中 9 800 名现已是健身中心会员。

PAF 的会员人数与盈利目标如下表所示。

PAF 的经营目标

年份	会员数目标/人	总计划盈利/美元
2009	2 100	1 690 398
2010	2 226	2 416 514
2011	2 360	2 561 955
2012	2 502	2 716 124

通过焦点小组调查和 PAF 顾问委员会研究，我们认为 PAF 独特的理念能够吸引到的会员有：50%的会员来源是其他健身中心的现有会员，另 50%为新会员。 如果 50%的收益来自现有市场，则意味着 PAF 需争取到佛罗里达州塞米诺尔县 11.44%的 50 岁以上现有健身中心会员。我们相信能够实现这个目标。

5．市场计划

PAF 营销策略的总体目标是让 50 岁以上人士意识到锻炼的益处，并使他们认为 PAF 就是他们开始或继续锻炼的最佳场所。

企业差异化要点如下。

（1）唯一的目标市场是 50 岁以上人口。

（2）着重强调健身中心的社交功能，强调会员对健身中心的归属感。

（3）专业工作人员，关注老年人的需求与生活。

PAF 采取传统营销与草根营销方式相融合的促销措施。PAF 已与 Central Florida Health Food 和奥维多的 Doctor's and Surgeon's Medical Practice 建立合作品牌关系，并正在进行进一步洽谈,以巩固合作关系。

6. 管理团队和公司结构

PAF 现有 5 人的管理团队，由杰里米·瑞安（46 岁）和伊丽莎白•西姆斯（49 岁）领导。瑞安曾在南佛罗里达成功开办过一家健身中心，并在 3 年内发展到 38 家连锁店，后来他的健身中心被一家大型俱乐部收购，他还有 14 年的本行业从业经验。西姆斯是瑞安上一个健身中心的合伙人，且有19 年注册公共会计师工作经验。

PAF 现有 5 人董事会、4 人顾问委员会和 10 人顾客咨询委员会。

7. 运营和开发计划

PAF 已签约租赁 21 600 平方英尺的场地，租期为 7 年，待交租。合同约定到租期截止时，承租方有权买下该租赁场地。

该 21 600 平方英尺建筑需注资 100 万美元翻新。初步翻新方案已由一位曾设计过老年人健身场所的建筑师制订，该建筑翻新将完全符合企业目标客户群的需要。

8. 融资计划

本商业计划书包含了整套预计决算表、资产负债表和现金流量表（5 年期决算表和资产负债表、4 年期现金流量表）。预计 2009 年（营业第一年)为亏损经营，之后稳步盈利。预计 2010 年投资收益率为 13.1%，2011 年为 10.5%，2012 年为 11.3%。预计 2010 年净收益为 317 740 美元，2011 年为 269 670 美元。从创业期起，PAF 将一直保持正现金流量。

9. 所需资金

PAF 正在寻找 515 000 美元投资。

【案例 2】

“即食泡菜”项目商业计划书

1. 项目背景

泡菜属乳酸菌发酵食品，在我国历史悠久，欧洲于 17 世纪自我国引入。泡菜制作一般采用高盐分、长时间腌渍工艺，其原理是：蔬菜在 5%~10%的高浓度食盐溶液中，借助天然附着在蔬菜表面的有益微生物（主要是乳酸菌），利用蔬菜泡制切割处理时涌出的汁液，进行缓慢发酵产酸，降低 pH 值，同时利用食盐的高渗透压，共同抑制其他有害微生物的生长，经 15~30 天发酵，获得泡菜成品。

国内泡菜企业多采用自然发酵工艺，该工艺的弊端有如下几点。

（1）发酵周期较长，生产力低下。

（2）受卫生条件、生产季节和用盐量影响，发酵易失败。

（3）发酵质量不稳定，不利于工厂化、规模化及标准化生产。

（4）沿用老泡渍盐水的传统工艺，难以实现大规模的工业化生产。

（5）异地生产，难以保证产品的一致性。

（6）亚硝酸盐、食盐含量高，食用安全性差。

而且目前市场上的不少泡菜已走了样。很多泡菜实际上不是采用传统的制作方式泡制的，而是在盆或池子里用盐，甚至是工业盐泡制，这岂不成了"盐渍菜"？餐厅或家庭在食用之前就必须要用水脱盐，这样必然会导致营养流失。有些企业在后期采用柠檬酸等调味，泡菜吃起来就不鲜了。而且目前市场上的泡菜品种较为单一，用的蔬菜也较单一，而且泡制时间长，保存不易，而且不能泡制荤菜等。

即食泡菜的研发正是在这种背景下应运而生的。用特制的容器腌制泡菜，更重要的就是利用乳酸菌发酵，这对人体健康有益。另外，发酵过程中还会产生醇、酯等物质，吃起来很香，这就是所谓的风味，形成清淡、朴实、开胃、无油的即食泡菜。

还有一种制作时间更短，几个小时即成的即食泡菜，味道也挺好。因其简单、经济，正适合我们作为早餐佐粥、午餐开胃的小菜。即食泡菜成为日常餐饮多变的料理和宵夜口味清爽的佳肴，同时也是各餐厅、酒楼为顾客提供的下饭配菜。

2. 指导思想

将这种美味食品，提升为卫生、方便、美味、快捷、人见人爱的产品，将给市场带来新的亮点和卖点。因为它不是所谓超前的产品，而且它以古老的传统和习俗、风味更贴近消费者，一旦进入市场更易于被人们接受。这将使它具有旺盛不衰的生命力。

经过多年研发，不断求索，利用现代食品工程高新技术终于研发出最新型的科技产品——即食泡菜。它继承百年的传统泡菜工艺和配方，用专门设计的泡菜机械设备制成，不仅取代了一些极其烦琐的程序，而且可以随意按泡菜时间的先后顺序生产所需品种。而且无须借助其他捞取工具，避免了污染，从而延长了保存的时间。更为特别的是，由于其快速的泡制方法和传统工艺秘方，其泡制的菜肴具有消食健胃、降压、活血、美容、防癌的功效。

因此，一经上市定会受到消费者的青睐，特别是中老年和工作繁忙的人士更会百吃不厌。如今即食泡菜已不是单纯的节令食品，而成为一年四季随时可吃的佳肴，确实是中小投资者小本创业的好项目。

小泡菜大文章。依靠做泡菜发财的人真是不少，比如天津商学院一位教授下海做泡菜生意，仅仅两年时间，就足足赚了400万元。如今这位64岁的教授又将投资1300万元，打造一个真正意义上的工业化泡菜工厂。

此项目研发，不但考虑了广大消费者的利益，而且考虑了生产上的可行性。固定资产投资较低，回报率较高，发展前景较好。每斤即食泡菜的售价为7~10元，而成本不过是售价的30%。又如，日营业额在2000元左右的餐厅，日销售泡菜近3公斤。还如，一些中、大型城市及周边地区按4万多家餐饮企业年需用泡菜20万吨计算，（自做的每年产量约5万吨）每年需从市场购买（市场年缺口）达15万吨。仅这一缺口就可看出市场的潜力。

此项目技术可以制造多种口味和品种的即食泡菜。而且可制成在常温下保质期6个月的产品，不断给市场制造新亮点和新卖点，给生产和经营企业带来丰厚的利润回报，也给消费者带来不少惊喜和口福。

3．资金投入

（1）固定资产（此投资为先期小规模投入）：人民币 9 万元左右，不包括厂房和压力锅炉（2T）及交通工具。

（2）流动资金3万元。

（3）前期筹建资金1万元。

（4）包装物费用3万元。

（5）市场推广费（营销费用）2万元。

（6）不可预见费2万元。

4．主要任务和步骤

（1）筹备组建企业，从筹备到试产3~6个月。

（2）可分期、分批投入资金、人员等。由小到大，逐步发展。原则是：销售逐步增加，资金逐步投入，厂房逐步扩大，设备逐步增加，人员逐步增加。

（3）做市场应注意以下问题（建议）。

① 可采用多渠道并举（包括电子商务）的营销方式，并做好促销工作。力求尽快达到盈亏平衡点。尽快整合好进入主流渠道的各方面资源及配送体系。

② 尽快进入龙头店，带动二级店，并协调好代理商。并不断逐步扩展形成销售网络，细分好渠道和市场。

③ 逐步推广市场，扩大市场份额（占有率）。

④ 逐步树立品牌和企业形象。

⑤ 进一步把市场细分做透，扩展和延伸，并适时推出新产品。

5．效益分析

（1）年产量：约150吨。

（2）年产值：约210万元（按售价每斤7元计）。

（3）年纯利润：约人民币100万元。

（4）纯利率：约50%。

6．项目所需其他条件

（1）人员：10人。

（2）厂房：100平方米以上。

（3）水：5吨/时。

（4）电：20千瓦。

7．风险预测

此项目采用现代食品工程高新技术。其特点是：研发期长，技术含量较高，自我保护期长，这使之较难仿造、伪造和假冒，从而能够保持强有力的竞争力。

结论：固定资产投入较小，风险较小，回报率较大，市场前景广阔。竞争对手少，见效较快，并易形成垄断的技术、垄断的市场、垄断的利润。

8. 产品发展设想

（1）一个企业能尽快创业和发展，并立于不败之地，离不开四个要素，即营销、资金、技术、团队，使之形成一个企业创业和发展的平台及保证。企业在具备了资源的同时，要突出一个“快”字，快速占领市场，这可避免一些不必要的竞争和消耗。

（2）以上所述产品系面对中档消费群体。面对目前国内城市的市场状况，把其产品定位在精装、高质、中等价格，不失为明智之举。

（3）宜采用多个鸡蛋放在多个篮子中的策略，使其产品品种、规格、口味等呈多样化，从而形成强有力的市场冲击力，并可获得丰厚利润回报。

注：本商业计划书中生产规模按最小生产规模进行设计。

请结合上述案例思考以下问题：

分析评价该商业计划书的特点，是否可以进行完善和修改？

第8章　初创企业管理

业务模式当然是很容易复制的。问题是我们怎样去理解自己的企业，到底是有一种纯粹业务模式的优势，还是有业务模式之外的优势？企业的竞争力，不是通过一种简单的业务模式就可以取得的，需要从内质上去细化、挖掘，才有可能保持持续增长和发展。

学习目标

（1）掌握企业生命周期模型。

（2）明确初创期企业的基本问题。

（3）了解初创企业的经营管理任务。

8.1　企业生命周期及初创企业的基本问题

企业注册成立后，一般会遵循创立初期、成长期、成熟期和衰退期的规律发展，在企业由一个阶段向另一个阶段过渡的过程中，不同的企业会有大不相同的作为，因而得到大相径庭的结果。有的企业成功实现转型，向更高的阶段发展；有的企业会转型失败，遭受挫折或半途而废。企业的初创期究竟有多长，在经营绩效方面需达到什么样的规模与水平，目前尚没有统一标准，但企业在初创期能否健康发展并为今后的发展打下坚实的基础，是十分关键的。

8.1.1　企业生命周期

对于企业生命周期的划分，首先体现在企业成长阶段的划分上，通常将企业创立与发展过程的阶段划分为培育期、成长期、成熟期和衰退期四个阶段。

有很多管理学者对企业发展生命周期进行深入分析，为实施有针对性的管理、提高管理效率提供理论支持。美国的爱迪思咨询公司的创始人伊查克·爱迪思在《企业生命周期》一书中把企业成长阶段划分为成长和老化两大阶段，每个阶段的特点描述得更为细致，在理论界和实践界被广泛接受和推广。

爱迪思企业生命周期模型如图8-1所示。

1．培育期

处于培育期的企业被称为初创企业，或者说是初创阶段的企业。在这一阶段，企业的生存能力还比较弱，市场占有率低，管理工作不规范，市场地位不稳定，很容易受到既有企业的威胁，风险较大。但初创阶段的企业较有活力，富有创业精神，由生存欲望所激发的奋斗精神、创新精神、大无畏精神成为这一时期企业成长的主要动力，是精神转化为物质的阶段。

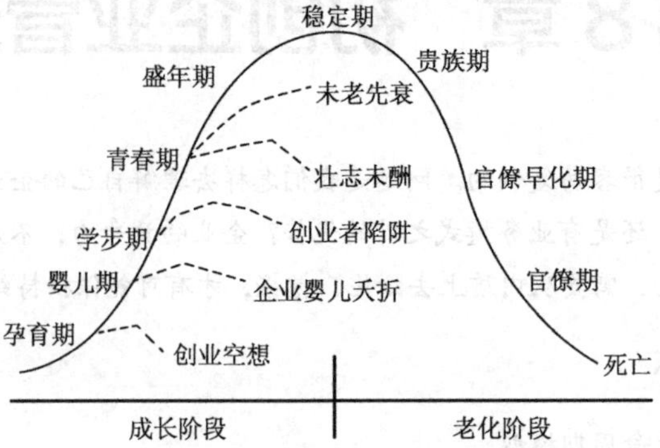

图 8-1　爱迪思企业生命周期模型

资料来源：伊查克·爱迪斯. 企业生命周期[M]. 北京：中国社会科学出版社，1997：96.

在培育期，企业要解决的首要问题不是成长问题，而是生存问题，只要能在市场上站住脚，能活下来，就能为将来的迅速成长创造机会和希望。

2．成长期

企业能经过培育期存活下来，一般会较快地转入成长期。这里的“成长”是狭义的、量的成长概念，指由小企业发展为中型或大型企业的规模扩张状态。处于成长期的企业可以在较短时间内获得较高速度的成长，规模经济开始产生作用，企业经济实力增强，市场占有率提高，员工人数增加，主业日益明显，抵御市场风险的力量加强。

处于成长期的企业都是行业内比较引人注目的企业，往往也是处于激烈竞争环境中的企业，虽然进入成长期，但因经营战略等方面的重大失误，断送企业命运的事例不在少数。成长期的企业依然不能掉以轻心，尤其应该注意不能为众多令人眩目的投资机会所诱使，放弃主阵地，盲目多元化经营，犯战略冒进错误。

3．成熟期

企业过了成长期，就会进入成长速度放缓但利润率提高的收获季节，这一阶段的企业被称为成熟企业。现实中能进入成长期的企业不多，能进入成熟期的企业就更屈指可数了，绝大多数企业在成长期就销声匿迹，被无情地淘汰了。进入成熟期的企业一般规模较大，市场占有率较高，竞争对手已不太容易撼动其地位，因而不需要再做大量的投入，就可以获得比较好的收益。

成熟期后期的企业一般都开始考虑多元化经营的问题。追求可持续成长的企业，会有效地利用成熟期获得的丰厚利润再投入到新的事业领域中去。由于现有事业已经不可能提供满意的成长空间，企业必须寻找其他新的增长点。这一转变被称为企业成熟化或企业蜕变过程。

4．衰退期

成熟期的企业如果不能成功地成熟化和蜕变的话，就会沦为衰退企业（当然也有未成熟先衰退的）。企业步入衰退期的原因很复杂，但以下原因普遍存在：一是企业随某个关键人物（如创业者等）的离去而衰退；二是随产品或服务市场（如电报业务）的消亡而衰退；三是随技术的落后而衰退（如沿用了上百年的铅字排版印刷术被新型电脑照排印刷技术替代）；四是由于企业组织的自然老化而衰退，如患了大公司病的企业，官僚主义横行，本位主义泛滥，创新精神缺失，应变能力下降，等等。总之，衰退表现为企业失去活力或生命力。

表 8-1 将企业生命周期的各阶段的特点进行了概括。

表 8-1　企业生命周期各阶段的特点

时　期	特　　点
孕育期	企业尚未诞生，仅仅有一种创业的意图
婴儿期	行动导向，机会驱动，缺乏规章制度和方针，表现不稳定，易受挫折，管理工作受危机左右，不存在授权，执行直线制组织结构，创业者成为企业生存的关键因素
学步期	企业已经克服资金入不敷出的困难，销售节节上升，企业便显出快步成长的势头，但企业仍坚持机会优先，遵循被动的销售导向，缺乏连续性和重点，因事设人
青春期	企业已脱离创业者的影响，借助授权、领导风格的形成和企业目标的转换而进入发展阶段，“老人”与新来者之间、创业者与管理人员之间、创业者与公司之间、集体目标与个人目标之间的冲突是这个阶段的主要问题
盛年期	企业的制度和组织结构充分发挥作用，视野的开拓与创造力的发挥已制度化，注重成果，能够制定战略，有效落实和贯彻计划，承受增长的压力，企业可能会分化出新的婴儿期企业，衍生新的事业
稳定期	企业依然强健，但开始丧失灵活性，表现为对成长的期望值不高，不努力占领新市场和开发新技术，对构筑发展远景失去兴趣，对人际关系的兴趣超过对冒险创新的兴趣
贵族期	大量的资金投到控制系统、福利措施和一般设备上，强调的是做事方式，而不问所做的内容和原因，企业内部缺乏创新，把兼并其他企业作为获取新的产品和市场的手段，资金充裕，成为潜在的被收购对象
官僚化早期	强调是谁造成了问题，而不关注应该采取什么措施，冲突和内讧层出不穷，注意力集中到内部斗争，忽略顾客
官僚期	制度繁多，行之无效，与世隔绝。只关心自己，没有把握环境变化的意识，顾客无法联络到决策人

8.1.2　初创企业的优势及问题

在初创阶段，由于瞄准了某一市场空白点，竞争者较少，如果推销工作做得好，企业的成长性往往会很好，投资回报率相对于其他阶段要高出许多，企业销售收入快速增长；由于已有资源不多，企业觉得承担风险的代价太大，勇于冒险，创业者充满了探索精神；由于对未来充满期望，创业者往往能够容忍暂时的失误，因此这一时期的创业者对未来的期望值大于已有成就；内部结构简单，办事效率较高，等等，这些都是创业初期的典型优势。

但也正因为以上优势，当企业由小到大快速成长之后，随着人员的膨胀、市场的扩展等，一些管理问题随之而来。一般明显表现在组织结构上：①采用非正式的组织结构，各个部门大多是临时性的，通常一个部门承担多项职能，负责多方面的职责；②采用非正式的信息沟通方式，主要依靠员工相互间直接的信息传递，而且多是口头上的；③尚未建立健全的企业规章制度，企业管理活动的控制主要依靠创业者的亲自监督，创业者必须事事躬亲；④企业组织管理的重心集中在产品的制造、技术、销售和财务职能的管理上，而对企业其他方向的管理活动缺乏足够重视。

由于创业初期，在资金、人才和实力等方面往往都不具备优势，公司被大量不确定性事务驱动和疲于应付的状态在所难免，但公司的管理工作又的确是一件大事，是公司继续发展的重要保证。要妥善处理并解决这对矛盾，其关键仍然在于取得业务驱动和规范运作之间的合理平衡。

初创企业系统相对集权，在缺乏计划和控制的系统下存在高度的灵活性甚至随机性，没有实施专业化管理的条件。在计划方面，初创期的企业更注重对市场机会的开发和把握，以现有可以利用的市场机会确定经营方向，包括远景目标（3~20 年）和实现远景目标的战略（1~3 年）；在领导方面，通过与所有能提供合作和帮助的人进行大量沟通与交流，并提供有力的激励和鼓舞，率领员工朝着某个共同方向前进；在控制方面，尽量减少计划执行中的偏差，确保主要绩效目标的实现。

总之，对于初创期的企业职能而言，没有规范化的管理方式，只有经过大量的实践后，结合企业的实际情况，才能形成符合自身特点的管理风格和企业文化特色。开始时是人来定制度，然后才能用制度管理人，初创企业秩序的实现主要依靠人员的主动性和自觉性，即以“人治”为主。

8.2 初创企业的运营管理

8.2.1 企业运营过程

运营是在生产、运作的基础上发展起来的概念。由于管理学科源于制造业，最初主要限于对有形产品的生产的研究，被称为“生产管理”（Production Management）。后来，随着经济的发展、技术的进步，人们除了对各种有形产品的需求外，对有形产品形成之后的相关服务的需求也不断增加，形成了专门的流通、零售、金融、房地产等服务行业。此外，随着生活水平的提高，人们对教育、医疗、保险、理财、娱乐、人际交往等方面的需求也在增加，相关的行业也在不断扩大。因此，人们开始把对无形产品（提供服务）的“生产”的管理研究纳入生产管理的范畴，即生产管理的范围从制造业扩大到了服务业。这种扩大了的“生产”概念，在管理学界被称为“Operation”，即运营管理。

虽然不同行业有各不相同的工作内容，但生产运营过程都可以归纳为投入、转换、产出三个部分。

（1）生产要素的投入。投入所对应的生产要素就是企业运营所需的经济资源。根据它们在运营中所起的作用，可以分为生产对象、生产手段、生产劳动、生产资金、生产信息五类。

（2）生产过程。一般可分为形态转换、场所转换、时间转换三种。

（3）生产结果。生产的结果是输出有形的产品或无形的服务，实现价值的增值（获取利润）。生产高质量的产品并提供优质服务是运营管理的核心。对运营管理人员来说，应具备时代观念、整体观念、寿命期观念和质量经济观念。

8.2.2 企业运营系统的管理层次

企业运营策略主要是通过运营管理来实现的。企业运营管理是指对一个组织（包括企业或其他任何形式的组织）的生产运营管理系统的战略决策、设计、运行与控制。运营管理的内容也分为三个层面。

1．生产运营战略

生产运营战略主要是确立生产运营系统及其子系统的目标、行动基本方针、发展方向和重点、基本步骤等，具体包括产品战略决策、竞争策略、生产组织方式的设计和选择纵向集成度与供应链结构的设计等问题。

2．生产运营系统设计

生产运营战略决定以后，为了实施战略，首先需要有一个得力的实施手段或工具，即生产运营系统。所以，接下来的问题便是系统设计。它包括产品选择、技术选择、工艺设计、能力规划、选址、设施布置、工作设计、生产运营技术等。其目的是以最快的速度、最少的投资，建立最适宜企业生产、能形成企业固定资产的生产系统主体框架。

3．生产运营系统运行与控制

根据生产运营战略和系统设计方案，对生产运营系统的日常运行进行计划、组织、控制。其目的是按技术和市场需求，充分利用企业资源条件，实现高效、优质、安全、低成本生产，最大限度地满足市场销售和企业盈利的要求。生产运营系统的运行管理包括以下三方面内容。

一是计划。计划主要包括生产计划和生产作业计划。生产计划是生产运营管理的依据，它对企业的生产任务做出统筹安排，规定企业在计划期内产品的品种、质量、产量、产值等指标。企业生产计划确定后，为了便于组织执行，还要进一步编制生产作业计划。生产作业计划是生产计划的具体执行计划，它把全年生产任务具体分配到各车间、工段、班组乃至每个工作地和工人，规定他们在月、旬、周、日乃至轮班和小时内的生产任务。

二是组织。组织是生产过程组织与劳动组织的统一。生产过程组织就是合理组织产品生产过程中各阶段、各工序在时间上和空间上的衔接协调。在此基础上，正确处理劳动者之间的关系，以及劳动者与劳动工具、劳动对象的关系，则是劳动组织的任务。生产组织和劳动组织不是固定不变的，而是动态的，即随着企业经营方针、生产战略的变动而变化，但同时又要具有相对的稳定性。在市场经济条件下，生产运作管理要十分注意提高生产组织形式和劳动组织形式的应变能力。

三是控制。控制是指对生产过程实行全面的控制，包括生产进度控制、产品质量控制、物质消耗与库存控制、设备管理和生产成本费用控制等。生产控制是实现生产计划，提高产品质量，降低生产消耗和产品成本的重要手段。对于现代企业来说，重要的是实行事前控制，即预防性控制，因此，要加强对危机的管理与控制。实行预防性控制的前提是建立健全各种控制标准，加强信息收集和反馈，并根据反馈信息制定正确的方针和对策，这就要加强对中小企业的信用管理以及信息系统的构建等。

8.2.3 不同类型创业企业运营过程的差别

从管理的角度看，有形产品的生产与无形产品的“生产”（也就是运营）实际上是有许多不同点的，具体可见表 8-2。

表 8-2 制造业与服务业产品的区别

特　征	制造业产品	服务业产品
产品特性	产品有形、可触、耐久	产品无形、不可触、不耐久
质量可控性	质量易于测量、评估	质量难于测量、评估
顾客接触	顾客与生产系统极少接触	顾客与服务系统接触频繁
产品储存	产品可储存	产品不可储存
服务范围	可服务于地区、全国、国际市场	主要服务于有限的区域范围内
生产设施	设施规模较大	设施规模较小
要素密集类型	资金密集型	劳动密集型
生产效率	自动化程度和生产效率高	自动化程度和生产效率低

生产产品和提供服务的企业运营有很多区别，主要可以归纳为以下六种。

1. 产品的物理性质不同

制造型企业所提供的产品是有形的、可触的、耐久的；而服务型企业所提供的服务是无形的、不可触的，寿命较短。

2. 绩效的评估方法不同

制造型企业的绩效，如质量、交货期、成本等，可以直接、定量地测量和评估，而服务型企业的绩效是令顾客满意，其性质是无形的，无法直接、定量地测量和比较。这使得测量服务型企业的产品和控制其质量十分困难。顾客满意程度往往受个人偏好的影响，因此，如何客观评价服务型企业产品的质量和效率也比较困难。例如，可以比较一件有形产品修理前后的性能来评价其修理的质量，但对服务来说，这种无形的产品很难加以测量。

3. 与顾客的接触程度不同

制造业的顾客基本上不接触或极少接触产品的生产系统，而对于服务业，顾客往往需要参与服务性运作的过程。例如，销售人员或服务人员的不礼貌是众多服务型企业最关心的问题。因此，如何满足顾客的需求，对这些社会组织的运作过程的设计就提出了更高的要求。

4. 产品储存方式不同

制造业的运营，尤其是标准产品的重复性运营，可积累或减少其成品的存货。相反，理发店却不能在理发淡季将其服务储存起来以便在理发需求高峰时提高服务效率。提供服务的企业经常努力拉平这种需求的高峰与低谷以克服其限制。

5. 产品服务范围不同

制造型企业的生产设施可远离顾客，从而可服务于地区、全国甚至国际市场，这意味着它们比服务型组织有更集中、规模更大的设施，对流通、运输设施的依赖性也更强。而服务型企业，其产品——服务不可能被“运输”到远地，因此，服务设施必须靠近其顾客群，从而使一个设施只能服务于有限的区域范围。这导致了服务型企业的运作系统在选址、布局等方面与制造型企业不同。

6. 资本的密集程度不同

制造型企业多是资本密集型的，而服务型企业相对来说通常是劳动密集型的。总体上看，服务业的进入壁垒、自动化程度以及生产率水平都远低于制造业。

8.3 初创企业的市场营销

初创企业在恰当地明确了市场、选定了目标市场和客户，并且为了满足市场和客户的需求制定了产品和服务之后，创业者或管理者的首要任务是形成一个高效率、低成本的营销组织和营销方法来实现与这些客户和市场的联系。分析鉴别买方行为、选择销售渠道、构建销售队伍和培育销售技巧四个方面是创业者必须要做好的。

8.3.1 辨别买方行为

采取适当的市场营销策略首先要了解买方行为，对目标市场和目标客户进行识别，并判断其类型：新系统购买者、原有系统购买者、新产品购买者，以及通用商品购买者。

新系统购买者是一次性或第一次购买。例如企业购买投资者、银行家以及律师帮助企业进行原始股公开招募所提供的各种服务，购买一个大型的自动化刷车设备。一般新系统购买者需要较长的营销周期，他们在搜索和购买以及集体决策、咨询销售和解决问题当中有很多步骤。销售人员应当是有职业素养的能手。

原有系统购买者，如购买化妆品、汽车保险、基金、家庭健康护理服务等本身就是产品或服务的购买专家，他们进行重复采购时希望通过更多的“关系”销售形式购买。这时的营销周期一般很短，也很简单。对待这样的购买者要实施“优惠老客户”的服务方式，企业的目的就是增加客户。

新产品购买者是那些不断购买新产品及服务的组织，例如购买计算机或软件、照相机、时装等，这种购买不同于一次性或第一次购买，他们对采购的过程相当熟悉。在这种环境中，销售人员既要有良好的成交技巧，又要有不怕被拒绝的心理素质，要擅长展示产品或服务的特色和益处，询问相关问题并能够成为一个良好的倾听者。

通用产品的购买者在采购标准的商品和服务方面非常富有经验，他们通常会根据关系、价格、发送、便利、实用性记忆、客户服务等因素进行定期采购。采购的一般是一些同质的产品或服务，如办公设备、机票等。这时的销售人员不需要主动出击，而是要进行有效的时间管理以及利用信息技术提高效率。

企业可能同时服务这几种或者全部类型的购买者，在这种情况下，企业应该具有混合销售的能力，组建混合销售的组织形式。例如，一家经营香料和调味品的企业，每年的销售额可达 700 万元。其客户中有终年购买相同物品的中等规模的食品加工企业（通用产品购买者），代表需要优惠政策的重复购买者；也有大型的、知名的、不断需要为其新产品定制配料的企业，代表新系统购买者。这家企业不断更新用于生产新的标准产品的生产线，这些新产品销售给所有的购买者，并推荐给大量的购买通用商品的饭店。在分析买方行为后，管理层决定使用分销商来处理那些需要进行重复购买的中等规模的食品加工企业，同时在企业内配备电话销售人员来处理重复订单并向饭店推荐新产品，管理人员还决定使用他们自己的全国客户销售人员充当面向那些大型知名品牌的食品企业销售的咨询伙伴。这三种销售组织都会把新开发的产品推荐给相应的客户。但分销商和电话销售人员在新产品销售或者发展新客户方面的表现不够理想。

企业要根据买方行为制订销售人员的培训计划。例如，应对新系统购买者的销售人员需要很多产品知识和咨询销售技巧的培训；应对原有系统购买者的销售人员需要更多的谈判和关系建立技能；应对新产品购买者的销售人员需要重视卖点推销以及成交方面的培训；应对通用商品购买者的人员在时间管理和信息技术方面需要获得更多的培训。

8.3.2 选择合适的分销渠道

选择合适的分销渠道是达成销售的重要环节，以便能够接近目标客户和相应的细分市场。企业可以使用自己直接的销售人员，也可以使用间接销售伙伴，例如分销商、经纪人、独立的销售代表、电子商务人员、系统集成商以及零售商等。新创企业或处于早期阶段的企业一般采取与间接销售伙伴合作的方式，销售成本更低。但是，某些类型的销售需要直接的销售人员，例如有很多一次性或第一次的购买者，对他们提供咨询等服务的营销周期很长，通常会使用直接销售组织。销售人员在销售中的影响越大，企业的直接销售人员就越重要。一般来说，选择正确的分销渠道取决于销售人员进行销售的方式，如需要对什么类型的买方进行拜访，客户需求，运营服务，所销售的产品或者服务的种类，需要控制的区域，以及资本和成本考虑。企业要每年对这些变量进行重新审视，如果这些变量发生变化，相应的销售渠道也要进行调整。

8.3.3 构建销售队伍

在确定了目标市场和销售渠道之后，主要的产品与服务、产品或服务系列、市场地理分布、顾客类型划分也都确定下来，企业完成销售所需的销售人员和销售组织类型也就确定下来。

如果企业提供的产品或服务范围广泛，并且各不相似或不相关时，可以考虑针对不同的产品系列组建不同的销售队伍，让每一个产品或产品组合、每一个市场都得到高度的专业化销售匹配。如果企业要把大量的产品或服务销售给有限数量的主要客户，可以考虑按照客户来组建销售队伍，建立销售人员与客户相对应的伙伴关系。如果企业要把相似的产品或服务销售给同一行业大量的高度分散的客户，可以考虑按地区划分来组建销售队伍，这样既简化了销售过程，又降低了成本。如果企业要提供那些需要进行售后服务或需要不同销售技能的产品，就应考虑采用双轨制的销售组织模式，国内的许多家电企业就采取了这种模式。总之，企业要根据其产品和服务的特征、目标市场及客户的需求，综合分析组建销售队伍的有效组织模式。

8.3.4 销售技巧

销售技巧在吸引顾客、促进销售方面具有十分重要的作用，创业者需要根据企业所处发展阶段的特点，采取适当的销售技巧。

1．创业初期销售技巧

选定分销渠道，构建销售队伍，是建立在企业一定的发展规模与基础之上的。与成熟的大企业相比，大多数新创企业及企业的早期发展阶段，几乎没有什么创新的基础和条件，其资源贫乏，资金和人员有限，创业者一般不会雇用他人为自己销售。因为雇员不可能拥有和创业者同样的热忱和激情，而且无法给顾客带来同负责人直接打交道的精神享受。另外，企业所需的出色的销售人员往往倾向于寻找“热门”产品，这样可以凭借其销售技巧很快地赚到高额的佣金。因此，企业在创业初期往往采用直销的方式。例如，在美国《有限公司》杂志进行的 500 强的调查中，只有 12%的创业者是通过中介机构取得早期收入的，另外 88%的创业者则是向终端用户直接销售。而且，在几乎所有案例中，创业者（而不是雇来的销售人员）是负责销售的中坚力量。这时创业者行之有效的销售需要在吸引顾客、供应商等方面拥有较高的应变能力与洞察力，学会采用独特的营销手段。实践中的营销手段举不胜举，具体采用何种方式需要根据企业切身的环境与条件量身定做。

2．增长转型期营销技巧

处于增长转型期的企业并没有摆脱缺乏人才与资金的现状，也没有建立大企业所具有的专业化的销售队伍。同时，在竞争性极强的市场中，企业需要不断开发新产品和新服务来保持其竞争力，这是一个不断完善的过程。这时的创业者应该考虑的是在顾客不断变化的需求和竞争性市场信息的基础上，如何针对目标市场，使自己有限的销售团队达到最大化的工作效率。

提高销售技巧之前，需要销售人员和渠道合作伙伴充分地了解产品、客户以及竞争者的信息。信息的来源是多渠道的，通过各种订货会、展销会，以及信息咨询服务机构和信息市场获得市场信息。互联网等都是提供市场信息的好方法；另外还可以通过大量订购报纸、杂志和各种内部信息资料等获得市场信息。同时，一些创业者发现，同收集市场信息的销售人员打交道非常具有启发性，常常会促进新产品的灵感产生。

一些销售人员要同时服务多种类型的购买者，需要分别了解战略和战术层次上的销售技巧。

战略销售技巧主要用于周期比较长、比较复杂的销售中，一般包含以下项目。

① 决策制定程序、决策者、预算与时间框架。

② 与购买中心相关的组织事项（首先要拜访谁）。

③ 关键人士（他们将如何帮助你）。

④ 增值建议和选择性成本。

⑤ 量化的利益。

⑥ 决策者的动机和主要影响因素。

比较基础的战术销售技巧应包括以下项目。

① 量化客户。

② 拜访前计划。

③ 获得拜访机会。

④ 运用探测性问题找出需求和问题所在。

⑤ 展示产品特色、利益和相关证明。

⑥ 得到许诺。

8.4 初创企业的财务控制

新创企业和小公司成功的关键，就是正确、严格进行财务控制。许多融资非常顺利的公司，其商业计划书非常完善，产品或服务满足了市场的某一类需求，销售组织效率很高，市场营销颇为有效，定价也十分合理，却失败了，其关键原因往往是缺乏财务管理控制。

初创企业的财务控制主要体现在确立正确的财务管理理念、控制好财务关键点、对资金进行有效控制和制定实施恰当的财务战略四个方面。

8.4.1 确立正确的财务管理理念

对于创业企业来说，一般会有一个时间长短不一的烧钱期，资金需求紧张，筹资的渠道多样，资金构成也很复杂，因此资金的成本构成也是多样的，不同的财务管理观念与方式会导致财务成本产生巨大差异，先进的财务管理理念对有效控制资金成本、提高资金使用效率意义重大。

1．货币时间价值观念

创业者必须明白货币是有时间价值的，一定量的货币在不同时点上具有不同的经济价值。这种由于货币运动的时间差异而形成的价值差异就是利息。创业者必须注重利息在财务决策中的作用，一个看似有利可图的项目，如果考虑货币的时间价值，很可能会变成一个得不偿失的项目，尤其是在通货膨胀时期。

2．效益观念

取得并不断提高经济效益是市场经济对现代企业的最基本要求，所以在财务管理方面必须牢固确立效益观念。筹资时，要考虑资金成本；投资时，要考虑投资收益率；在资产管理上，要用活、用足资金；在资本管理上，要保值增值。既要“开源”，也要“节流”，有人认为公司经营在本质上是“资金经营”，财务制胜的时代已经来临。

3．竞争观念

竞争是市场经济的一般规律。对现代公司创业者而言，竞争为其创造了种种机会，也形成了种种威胁。在市场经济条件下，价值规律和市场机制对现代公司经营活动的导向作用不断强化，无情地执行着优胜劣汰的原则。市场供求关系的变化、价格的波动，时时会给公司带来冲击。针对来自外界的冲击，创业者必须有充分的准备，要强化财务管理在资金筹集、资金投放、资金运营及收入分配中的决策作用，并在竞争中增强承受和消化冲击的应变能力，不断增强自身的竞争实力。

4．风险观念

风险是市场经济的必然产物。风险形成的原因可以归结为现代公司财务活动本身的复杂性、客观环境的复杂性和人们认识的局限性。从创业者的角度来看，它是现代公司在组织财务活动过程中不确定因素使公司的实际财务收益与预期财务收益发生差异，从而使公司有蒙受经济损失的可能。

8.4.2　控制好财务关键点

新创企业及成长阶段的小公司应当对各种支出加以规划和严格控制。创业者必须对公司的财务关键控制点做出相应的规定，这不仅有助于增加企业的销售额，更重要的是，公司能够从收入中获得利润和现金。这些关键控制点随着行业、组织以及商业类型的不同而不同：是服务还是产品，是新经济还是传统经济，是分销商还是制造商?作为新创企业的管理者，首先要确定财务关键控制点，建立基准并对之进行衡量，然后再采用相应的方法进行监控。公司财务关键控制点，一般要考虑公司大部分收益的来源、主要大众成本的投入点及需要持续投入点，针对具备这些特征的管理项目进行重点、严格控制，需要从以下几方面入手。

1．强化财务控制制度

一是不相容职务分离制度。这要求新创企业合理设置财务会计及相关工作岗位，明确职责权限，形成相互制衡机制。不相容职务包括：授权批准、业务经办、会计记录、财产保管、稽核检查等职务。例如，有权批准采购的人员不能直接从事采购业务，从事采购业务的人员不得从事入库业务。

二是授权批准控制制度。这要求新创企业明确规定涉及财务会计及相关工作的授权批准的范围、权限、程序、责任等内容。单位内部的各级管理人员必须在授权范围内行使职权和承担责任，经办人员也必须在授权范围内办理业务。例如，采购人员必须在授权批准的金额内办理采购业务，超出此金额必须得到主管的审批。

三是会计系统控制制度。新创企业应依据《会计法》和国家统一的会计制度，制定适合本单位的会计制度，明确会计工作流程，建立岗位责任制，充分发挥会计的监督职能。会计系统控制制度包括企业的核算规程、会计工作规程、会计人员岗位责任制、财务会计部门职责、会计档案管理制度等。良好的会计系统控制制度是企业财务控制得以顺利进行的有力保障。

2. 加强现金流量预算与控制

企业财务管理首先应该关注现金流量，而不是会计利润。新创企业应该通过现金流量预算管理来做好现金流量控制。对于初创、早期或成长阶段的企业来说，现金流是极其重要的。要根据年度现金流量预算制定分时段的动态现金流量预算，对日常现金流量进行动态控制。现金流量预算的编制根据“以收定支、与成本费用相匹配”的原则，采用零基预算的编制方法，按收付实现制来反映现金流入流出，经过企业上下反复汇总、平衡，最终形成年度现金流量预算。

现金流的预算与控制是财务控制的一个关键点。因此，无论是为了权益融资或债务融资准备商业计划，还是在做年度或季度预测或预算，都应该分析一下现金流。以现金流量表为依据，将每月实际的现金流与预测或预算相比较，注意各种变化，并要及时采取相应的控制措施。此外，还要研究数字背后的隐蔽信息，分析出现现金流波动的原因。

3. 控制财务风险

财务风险主要是指举债给企业收益带来的不确定性。处于早期或成长期的公司，需要大量的运营资本来应付快速增长的应收账款和存货，举债经营成为企业发展的途径之一。有效的利用债务可以大大提高企业的收益。当企业经营好、利润高时，高负债会带来企业的高增长。但企业举债经营会对企业自有资金的盈利能力造成影响，由于负债要支付利息，债务人对企业的资产有优先的权利。万一公司经营不善，或有其他不利因素，则公司资不抵债、破产倒闭的危险就会加大。例如，爱多公司在其内部股东矛盾被媒体报道后，银行马上停止了对其 4 000 万元的贷款，供货商也纷纷上门讨债，爱多陷入了资金短缺的旋涡，最终走向了衰败。因此，新创企业必须正确客观地评估控制财务风险，采取稳步发展的财务策略。

8.4.3 对资金进行有效控制

资金的控制对新创企业十分重要，主要内容有：货币资金控制、销售与收款控制、采购与付款控制、成本费用控制等。

1. 货币资金控制

对新创企业而言，企业主或创业者一定要对本单位货币资金安全完整负责。企业要按照规定的程序办理货币资金支付业务，一般情况下，不得违反程序。

2. 销售与收款控制

企业必须建立销售与收款控制业务的岗位责任制，明确相关部门和岗位的职责、权限，确保办理销售与收款业务的不相容岗位相互分离、制约和监督。销售部门负责应收账款的催收。财务部门应当督促销售部门加紧催收。对催收无效的逾期应收账款可通过法律程序予以解决。

在市场竞争日趋激烈的今天，新创企业不得不部分甚至全部以信用形式进行业务交易，经营中应收账款比例难以降低。所谓应收账款，是指尚未收回的货款或者提供服务应得的款项。许多大公司认为可以延迟支付小公司或新公司的欠款，因为小公司或者新创公司几乎没有讨价还价的能力。同时，许多新创企业或者处于早期发展阶段的公司通过给那些因为风险很大所以在别处贷不到款的客户更大的个人信誉度（以个人信誉来担保的应收账款）来获得业务。这种做法风险很大，许多初创企业由于未能及时收回欠款或者没有收回欠款而破产。因此，应收账款是一个重要的财务控制点。

3．采购与付款控制

建立采购与付款业务的岗位责任制，明确相关部门和岗位的职责、权限，确保办理采购与付款业务的不相容岗位相互分离、制约和监督。采购与付款业务不相容岗位包括以下工作内容。

① 请购与审批。

② 询价与确定供应商。

③ 采购合同的订立与审计。

④ 采购与验收。

⑤ 采购、验收与相关会计记录。

⑥ 付款审批与付款执行。

在办理付款业务时，对采购发票特别是增值税发票、结算凭证、验收证明等相关凭证的真实性、完整性、合法性及合规性要进行严格审核。

4．成本费用控制

建立成本费用业务的岗位责任制，明确相关部门和岗位的职责、权限，确保办理成本费用业务的不相容岗位相互分离、制约和监督。

建立严格的对成本费用业务的授权批准制度，明确审批人对成本费用的授权方式、权限、程序、责任和相关控制措施，规定经办人办理成本费用业务的职责范围和工作要求。新创企业通常由创业者本人实行“一支笔”审批。

根据成本费用预算内容，分解成本费用指标，落实成本费用责任部门，考核成本费用指标的完成情况，制定奖惩措施，实行成本费用责任追究制度。

8.4.4 制定实施恰当的财务战略

制定与实施财务战略，加强财务战略的执行力。这些都是创业期企业必须提高的能力。所谓财务战略，就是为谋求企业资金均衡、有效的流动和实现企业战略，为加强企业财务竞争优势，在分析企业内、外环境因素影响的基础上，对企业资金流动进行的全局性、长期性和创造性的谋划。特别是对于创业期的企业来说，财务战略是企业总体战略的应用与延伸。对于新创企业而言，可以采用的财务战略包括下列三种。

1．扩张型财务战略

扩张型财务战略以实现企业资产规模的快速扩张为目的。要实施这种财务战略，企业往往需要在将大部分乃至全部利润留存的同时，大量地进行外部筹资，更多地利用负债。随着企业资产规模的扩张，这往往使企业的资产收益率在一个较长的时期内处于较低的水平。扩张型财务战略一般会呈现“高负债、高收益、少分配”的特征。

2. 稳健型财务战略

稳健型财务战略是以实现企业财务绩效的稳定增长和资产规模的平稳扩张为目的的一种财务战略。实施稳健型财务战略的企业，一般将尽可能优化现有资源的配置和提高现有资源的使用效率及效益作为首要任务，将利润积累作为实现企业资产规模扩张的基本资金来源，为了防止产生过重的利息负担，这类企业对利用负债实现企业资产规模和经营规模的扩张往往持谨慎的态度。所以，实施稳健型财务战略的企业的一般的财务特征是“适度负债、中收益、适度分配”。

3. 防御收缩型财务战略

防御收缩型财务战略是以预防出现财务危机和求得生存及新的发展为目的的一种财务战略。实施防御型收缩型财务战略，一般将尽可能减少现金流出和尽可能增加现金流入作为首要任务，通过精简机构等措施，盘活存量资产，节约成本支出，集中一切可以集中的财力，用于企业的主导业务以增强企业主导业务的市场竞争力。“低负债、低收益、高分配”是实施这种财务战略的企业的基本财务特征。

本章小结

本章从企业生命周期理论入手，分析了初创企业的优势及问题，然后探讨了初创企业的运营管理、市场营销、财务控制问题。

思考题

1. 企业生命周期分为哪些阶段，不同阶段的特点是什么？
2. 简述制造业与服务业创业企业运营过程的差别。
3. 初创企业在恰当地明确了市场、选定了目标市场和客户，并且为了满足市场和客户的需求制定了产品和服务之后，亟须做好哪些市场营销工作？
4. 如何做好初创企业的财务管理工作？

案例讨论

常见的五大“小企业病”

本土中小企业的平均寿命不长，大多数人认为是品牌力难以与强势品牌抗衡使然，但是经过我们对武汉市 155 家重点中小企业进行全面系统的文案和现场调研之后，更加坚信中小企业内部管理薄弱是中小企业长不大的症结所在。尽管这些中小企业因为行业背景以及成长阶段、体制性质不同，其问题各有不同，但是也存在一些比较共性的问题，总体来说，主要有以下五大问题。

1. 高速成长掩盖了管理缺陷

中小企业的经营者无不肯定管理的重要性，但是从现实情况来看，其理念与行为背道而驰。究其原因，主要是企业高速成长掩盖了管理落后的缺陷。

相比大型企业而言，中小企业是最有活力的企业，三位数的成长速度几乎只能在中小企业里看到，这有一定的必然性。大多数中小企业在切入市场时，无疑做了慎重的思考和研究，甚至许多中小企业拥有领先国内外的专利技术，其产品概念也大多是颠覆式的，也不乏地地道道的"蓝海"产品。毋庸置疑，在市场方面，中小企业同样具有"惊人"的市场需求，或者潜在需求，经营者一般在立项时，没有这两个硬件，是不会轻易"试水"的。而且，在经营管理上，中小企业因为决策灵活机动、对市场反应快，更容易抓住和把握市场机会，加上企业基数小，常常显示倍数式增长，也不足为奇。当局者常常会认为市场前景一片大好，不禁踌躇满志，在市场开拓上和队伍扩张上不遗余力，但是在内部管理上有些偏废，甚至认为内部管理无足轻重。譬如，在中小企业，约有七成的企业已经或正在通过ISO质量管理体系认证，但是从实施上来看，许多企业只是通过认证让企业的"名片"更加有分量一些，至于质量体系的贯彻执行，会随着文件锁入保险箱而告一段落。这便是以上论点最有力、最生动的论据。其最主要的原因，一是通过企业管理带来的效益很难量化，而且行业快速成长等外生性市场因素对企业的拉动力往往会掩盖管理带来的边际效益，致使经营者在潜意识里认为管理不重要，抑或不是那么迫切；二是企业在如何通过管理来提升效益方面，确实在一定程度上还不知道切入点在哪里。但不管是哪一种原因，问题不在此，管理水平的提升或达到一种层次是一个长期持续改善和优化过程的结果。企业在优越的市场环境中，忽视管理，无疑将自己置入"温水煮青蛙"的陷阱，一旦外在有利因素消失，企业的处境就不言而喻，再恍然大悟管理的重要性也必为时晚矣。这或许正是中国中小企业逃不出"各领风骚两三年"宿命的症结所在。

2. 管理理论与管理工具不能有效结合

在调研中我们发现，从国有企业转制过来的企业，与其经营层探讨管理问题时，在理念上谈得头头是道，而且能够与时俱进，积极吸收新的管理思想与理论；而在与民营企业家的交谈中，发现他们在谈吐上稍逊一筹，但是在现场参观考察的时候，我们发现，从整体管理效果和结果上看，民营企业的管理要比改制企业的管理更细致、更到位。究其原因，民营企业家总是在就事论事地不断思考更有效的管理办法，并开发一些比较"土"但是很实用的管理工具；而改制企业同样很注重学习管理理论知识，但是对于开发有效的管理工具则有所偏废，以至于管理理念不能应用到实际的管理工作当中，难以发挥其经济效益。

在管理上，导致这种结果的根源就是大家对管理理论的运用方法的认识还不够。将管理理论贯彻落实，需要科学的管理工具，毕竟管理理论是抽象性的指导思想，它的意义在于让大家更加透彻地理解管理工具的运用技巧，或指导管理者如何开发实用有效的管理工具。国有企业改制企业缘何难以将管理理论转化为实用的管理工具，大致有以下三点原因。

（1）不适应变革。每一个新的管理工具的导入，意味着新的机制，而变革意味着既得利益的调整，甚至丧失，加上原来国企缺乏变革的企业文化，使管理变革阻力巨大。

（2）偏废管理工具，空读管理理论。毕竟关于管理工具的介绍性书籍是市面上很少能买到的，自身又缺乏动手设计管理工具的能力，以致学习效果不明显。

（3）企业内部缺乏鼓励创新的机制。在民营企业内，可以看到一些非常独到和有创造性的管理办法与管理思维，甚至让人感觉有几分“挖空心思”的意味。譬如，某印刷厂在管理中，鼓励员工将自己在工作生活中的体悟和感悟用比较精炼的口号或标语贴在车间的墙面上，与大家分享。一方面，这活跃了大家积极学习上进的气氛；另一方面，这强化了员工关注工作改进和绩效提升的意识，经过长时间的坚持，这种机制固化下来，形成了有很强变革型和学习型的企业文化氛围，企业再不断地导入新的管理工具和管理方法，也就顺其自然，阻力自然更小。

尽管在细节上做得非常细致和具体，但是因为缺乏系统的理论体系，以至于企业的管理难以成体系，最明显的就是组织职能的不均衡，大部分企业在某一方面管理特别出色，但是在其他方面有所偏废，尤其是在营销方面，营销能力薄弱和营销意识淡漠，几乎是中小企业的通病。营销在企业的价值链上占据龙头地位，这一环不能处理好，是制约企业做大做强的症结所在。简言之，组织职能不均衡的隐患就是直接诱发管理短板效应。

另外，企业的管理难以成体系的明显特征就是，在这些企业里，许多规章制度以及管理机制的导入，是在问题发生之后才想到的，或才予以重视，这只是停留在“救火”的层面上，其本质是一种反馈控制，而无法做到系统、全面、动态地进行全盘规划，应事先做好各个环节的“防火”工作，减少一些不必要的损失。

3. 发展思路缺位

提到企业的发展思路，大部分中小企业没有明确的战略方向，几乎没有企业对市场进行研究，如果被问及“为什么不进行市场研究”时，应答的理由比较集中，一般会说“我们已经浸淫行业××年，对行业情况非常熟悉，对行业和市场的研究都在脑子里”，或者“我们的企业很小，市场空间足够大，哪怕几乎是微小的市场份额，也足够我们发展 10 年以上”。

这听起来似乎很有道理，但是仔细回味一下，一个企业没有明确的发展方向，且不说是停留在“坐商”的思想意识上，就从形成内部协同效应的角度来看，我们也不禁提出很多质疑，没有方向怎么来确定和建立自己的核心竞争优势，以确保持续发展？怎么来确定阶段性的战略目标？每个部门的考核以什么为主线？部门间协调的原则怎么确定？一言以蔽之，整个内部管理如何能协同起来？也就是说，企业的管理无法走出混乱的状态。举例而言，假设在发展思路缺位的情况下，企业有三个不同的业务单元，孰轻孰重，只能是以短期的利润指标，抑或财务指标来考量，这也是中小企业最为惯常的考核方式，而这种思路恰恰就是“管理近视症”的症状。

4．制度不重要

在中小企业，制度流程文件不系统、不健全是不争的事实。中小企业在制度建设上有很多先天的不利条件。譬如，中小企业的组织架构因为组织快速成长而经常调整，以及战略方向因为外在市场不确定因素太多，对企业影响很大而经常调整，以致企业制度和流程的适用性经常发生变化。加上中小企业缺乏管理制度和流程的人才，也没有专门的部门或职员负责，更加导致制度和流程的适用周期缩短。如此种种，从表象上让当局者感觉中小企业不需要制度和流程。从这个角度来看，相对大型企业而言，制度和流程对于中小企业而言没有带来多大的管理效益。但是，相信随着企业的成长，当企业靠经营者亲力亲为无法实现有效管理的时候，经营者才会明白制度和流程其实是管理者管理能力的一种延伸。

这还不是问题的根源，制度和流程的集合是体系化的管理框架。没有这个平台，许多新的管理工具和方法就很难应用，很难落实到位。而且先进的管理思想难以在企业沉淀下来，虽然通过经营者的一时说教可以起到一些即时效果，但是这些宝贵的经验和方法会随着这些人员的流动而流失，不能在企业内传承和发扬，至少会打折扣。

缺乏制度管理和流程管理，企业内部的行为就会因没有标准而显得混乱，从而降低效率，甚至员工会陷入“推一下才动一下”的无序状态。

5．缺乏管理优化机制

对于管理改进和管理提升，几乎没有中小企业将它纳入日常工作的议程，而这恰恰是ISO 质量管理体系中最重要的一个环节。其根源，除了一部分企业经营者对管理知识欠缺，以及缺少专业的管理人才以外，中小企业存在的以上几个共性问题也是主要原因。在实地调查中，几乎没有一家企业有专门管理“制度和流程”的制度和流程，这本身就足以支撑本文的观点。而且，企业发展思路缺位，以及管理体系不健全，本身也说明必要的制度和流程体系都只是停留在“打补丁、防漏洞”的层面上，还谈不上流程与流程之间的无缝对接，当然也无法谈及如何管理“制度和流程”。

当然，也有少数企业通过合理化建议奖励制度来促进管理提升，但是常常只是停留在就事论事的层面，其本质是自下而上提出建议，很难从系统的角度（自上而下）来推动整个管理体系上升到一个新台阶，因而只能“治标不治本”。

请结合上述案例思考以下问题：

（1）你认为案例中的观点是否正确，是否全面？

（2）你认为还有哪些因素是影响创业企业发展初期成长的关键因素？

第9章 企业成长管理

企业的经营，不能只站在单纯的一个角度去看，而要从各个角度分析、观察才行。

学习目标

（1）掌握企业成长的概念及特征。
（2）了解企业快速成长过程中的风险及问题。
（3）明确企业成长的模式。
（4）掌握企业成长的战略。

9.1 企业成长的概念及特征

企业经过培育期存活下来，一般会很快地转入成长期。处于成长期的企业可以在较短的时间里获得较高速的增长，呈现“快速发展、实现规模经济、企业实力增强、市场占有率提高、员工数量激增、主业日益明显”的状态。

但这里谈到的“成长”的含义是狭义的、量的成长概念，指由小企业发展为中型或大型企业的规模扩张状态。英国约翰·霍普金斯大学的佩罗兹教授于 1995 年提出企业成长的概念，她提出：“企业的成长是一个过程，规模是一种状态，成长过程的结果是大规模化。”

9.1.1 格雷纳的企业成长模型

对于处于成长阶段的企业的研究，哈佛大学教授拉里·格雷纳提出的五阶段模型比较深入、准确地表达了这一时期企业发展的特征。他认为：成长期企业每个阶段都是由前期演进和后期变革或危机部分构成，这些变革和危机加速了企业向下一阶段的跃进。每个阶段的演进都具有独特的管理问题和相应的管理方式，而变革则由公司面临的处于支配地位的关键或紧迫管理问题促成，其模式如图 9-1 所示。

格雷纳的企业成长模型说明，在企业成长的过程中，一方面，随着企业更富有经验，逐渐走向成熟，以及规模扩大，企业呈现有利于成长的健康态势；另一方面，推动企业成长的动力与阻碍企业成长的阻力相互作用，使企业在各个阶段呈现成长状态的同时，又呈现阻碍企业更进一步发展的危机和问题，因此，突破阻碍促进企业进入下一阶段的发展是管理的关键。

对与企业生死攸关的因素的变革，使企业获得持续发展的机会，是成长企业管理的重要任务。对企业成长期的演进和变革的相互作用的恰当描述是格雷纳企业成长模型的主要特征之一。

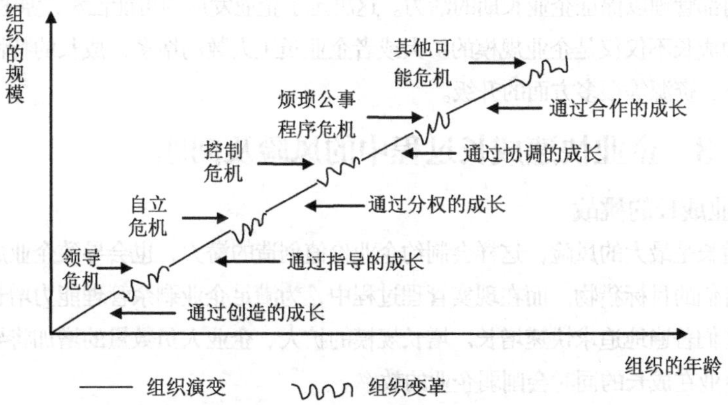

图 9-1　格雷纳的企业成长模型

9.1.2　成长的概念及特征

从哲学的角度来看，成长是事物从无序、无组织到有序、有组织，从低序、低组织水平到高序、高组织水平的发展变化过程，即从低级逐步走向高级演化的过程。

企业的成长是企业内部系统功能从不成熟走向成熟的过程，它包含了相互联系的两个方向：一是“量”的扩大，即经营资源单纯量的增加，表现为资产的增值、销售额的增加、盈利的提高等。二是“质”的变革与创新，表现为经营资源的性质变化、结构重组、分配主体的革新等。高速成长的企业会突破已有的管理体系和经营体系，会因成长而引发更多的矛盾和冲突。例如，企业初创时期创业者开办企业的基本理由是对市场需求有较好的把握和预测，并能够组织资源开发适合市场需求的新产品。在这一时期，企业刚刚步入市场，对市场前景不明确，与竞争对手的正面交锋也很少。创业团队虽然艰苦，但是大家目标一致，高度团结；组织很不规范，没有明确的分工，采取个人独立工作或分散的小组运作方式，但效率较高，大家相互协作，创业的灵魂人物对每个人都能够直接施加影响。而随着市场局面的打开，企业业务快速发展，企业进入成长阶段。

在这一时期，企业会面临来自外部市场的、来自企业内部组织的多方面压力。顾客的产品知识日益丰富，对质量、价格、交货等方面提出了更高的要求；同时，来自竞争对手的压力也越来越大，为了扩大规模，占据有利的市场地位，企业不再满足于现状，开始向产品多元化方向发展。在人员方面，大量新员工涌入，给企业原有的价值观和行为规范带来了巨大冲击，领导者不能再管理到每个人；中层管理者希望有更多的权利和权威；人员素质和水平越来越不能满足公司发展的需要。在组织和流程方面，职责划分不清、流程运作不畅的问题引起效率下降；部门间协作越来越多，出现了大量新的工作、新的问题，大家都看到、议论并评价，但不去解决，部门本位主义日益明显。企业在发展过程中呈现的这些矛盾与冲突就是在“质”和“量”的变化过程，即在成长过程中需要解决的问题。

因此，企业健康成长的关键是在未来的一段时间内，既要有实现“量”的扩张，又要有实现“质”的提高的能力和潜力，重组企业内部系统以达到相对独立部门之间的磨合，完善企业内部管理以保证企业长期的活力。这决定了企业发展的可能性和发展程度。

企业的成长不仅仅是企业规模的扩大或者企业员工人数的增多，成长的特性还表现在组织、战略、资源等很多方面的升级。

9.1.3 企业快速成长过程中的风险及问题

1. 企业成长的挑战

没有增长是最大的风险，这样会制约企业价值创造的潜力，也会导致企业成为视觉敏锐的收购者们的目标猎物。而在现实管理过程中，为满足企业剩余管理能力增长的边际效用，管理者们普遍地追求快速增长。增长规模的扩大、企业人员数量的增加将导致管理难度加大，企业在成长的同时会削弱企业的效率。

企业在成长期快速增长而使控制失效的几种表现如下。

（1）创业者对工作事无巨细，全部包揽，顾此失彼；缺乏前瞻性思维，缺乏管理经验，系统管理能力差，不能在萌芽状态解决问题、控制整体局面、平衡各种因素。

（2）决策得不到有效执行，管理失控。具体原因有很多：创业初期的“人情”管理模式弱化了制度的建设与执行，膨胀发展的业务迫切需要分层次的管理；决策缺乏科学性，受到下层工作人员的抵制；首战告捷的前期胜利（如关键技术的突破、市场接受产品与服务等）冲昏了创业团队的头脑，各种急功近利行为阻碍规范管理的突破。

（3）企业利润状况徘徊不前。企业内部作业流程混乱，市场营销缺乏整体战略，企业资源配置严重失调等，都会导致该现象的出现。例如，广东某企业在 20 世纪 90 年代中后期得到高速发展，初步完成了从小到大的资本积累。企业拥有了较丰富的产品线，研发体系也具有雏形，初步形成了市场网络。正当该企业应集中资源在主营业务上培植核心竞争优势之时，企业的高层经营团队却头脑发热，盲目扩张，动用宝贵的现金资源，大量圈地，超出了企业当时的承受能力，从而阻碍了主营业务发展，企业刚刚建立的竞争优势被白白丧失，企业的发展进程严重受阻。

（4）创业企业的技术创新能力与经营效益失衡。表现为：许多创业企业偏好技术发展，欠缺将技术优势转化为生产力（商品）的能力。由于大多数创业企业的创业者是技术专家出身，他们在对产品开发方面具有较强的优势，不惜重金投入研发，但是，对企业管理方面缺乏较深刻的认识，对如何有效配置企业资源缺乏信心。例如，某企业 CEO 是一名技术专家，在国内外同行业的技术领域有较高威望，热衷于新技术开发，不惜投入大量资金。该企业拥有一大批国家级、省级新产品，其中不少颇受市场欢迎。但是，产品受市场欢迎、有特色并不代表一定能为企业带来良好的经济效益。因为技术转化为商品的过程中，还涉及很多复杂的方面。但该 CEO 恰恰缺乏这方面的才能，导致了企业有一流的研发、二流的生产运作、三流的市场营销，强大的技术优势无法成功转化为良好的经济效益，同样也减缓了企业的发展进程。另外，创业企业对新技术、新产品的推出缺乏整体策划，遇到初期质量问题、市场定位推广问题，一时难以解决，往往造成该项目半途而废，还有许多企业过分追求产品性能指标完美，导致研发时间长、成本高，错过市场黄金时期。例如，某企业由于采用的是国内领先的技术，国内尚没有制定相关产品的行业标准，企业的各种产品性能指标需自行制定。在“确保产品质量超一流”的理念指导下，企业耗费了许多时间以及大量的资源，不断研发完善各项性能指标。可惜的是，等到产品可以批量化生产时，市场环境已发生了很大变化，行业周期性调整已来临。即使产品品质再好，市场需求的萎缩也使企业错过了市场发展的黄金时期。而再次来临的市场机会也将随着产品成熟度的提高而使竞争加剧，市场由技术垄断带来的超值效益性已经丧失。这也说明，企业与竞争对手之间竞争的关键因素是谁能够审时度势，把握先机。

上述问题只是表象问题，其根源在于创业企业缺乏系统管理的能力。因此产生了在企业实践中最困扰管理者的难题：如何平衡管理增长，如何在强调利润和关注风险的情况下保持可持续增长。

2. 企业成长中的管理问题

企业成长过程中的管理是相当复杂的，往往要超出创业者的想象。因此，要充分地了解企业成长中可能遇到的管理问题。很多管理学者在此方面进行了深入研究，为创业企业对成长过程中的关键管理问题进行了归纳分析，比较有影响的是以下几位学者的研究。

（1）邱杰尔和路易斯在 1983 年通过大量的企业案例研究，提出了企业成长过程应该特别关注的八类因素，其中四类与组织有关，另四类与企业创业者或所有者有关。解决这些问题是企业顺利成长的关键。

与组织有关的四类因素是：①财物资源，如现金流和企业借款能力；②人力资源，如组织内部的人数和质量；③系统资源，如企业信息处理、计划和控制系统的复杂程度；④经营资源，如客户关系、市场份额、与供应商的关系、制造和分销过程、拥有的技术及其水平、企业的声誉等。

另外和创业者有关的四类因素是：①个人和企业的目标；②企业基本经营能力，如营销能力和生产能力；③管理他人的能力，是否愿意下放权力和与别人分担责任；④战略规划能力，即前瞻性思维能力和调动资源与人员积极性以捕捉市场机会的能力。

（2）是 1988 年研究者卡占简（Kazanjian）在对一些高技术企业进行实地调查以后，找出了这些企业可能面临的 18 种主要问题，然后他进行了一次大样本问卷调查，来评估这些问题在不同成长阶段的高技术新创企业中的显著性，卡占简区分了企业成长过程中如下六方面的问题。

① 组织系统方面的问题。开发管理信息系统和成本控制系统；明确组织的功能、责任和政策；开发财务管理系统和内部管理控制系统。

② 销售和市场营销方面的问题。实现销售目标；达到利润和市场份额；占领新的地区市场；提供产品技术支持和客户服务系统。

③ 人员方面的问题。吸引高素质的人才；实现良好的人力资源管理。

④ 生产方面的问题。提高产品满足需求的水平；发展可靠的经销商和供应商网络。

⑤ 战略定位方面的问题。确立企业的市场地位和声誉；开发新产品和新技术。

⑥ 对外关系方面的问题。确保融资渠道畅通和外部资金支持，寻求外部智力支持和董事会成员的支持。

（3）1994 年道奇等人在研究了 645 家小企业后，发现以下八个方面的内部问题常常阻碍企业的发展：足够的资本、现金流、生产设备、库存控制、人力资源、领导能力、组织结构、会计系统。同时，这些被调查的企业管理人员认为，以下八个外部问题常常困扰着成长中的企业：顾客联系、市场知识和经验、代销规划、公司选址、出价、产品选择、竞争和扩张。

过去许多人认为，小企业成长的问题主要在于内部不够完善，但与此观点不同，道奇等人发现创业者倾向于认为企业成长中的问题主要是由处理事务不当引起的。而且他们还认为新创企业成长过程中遇到的问题有的是和企业所处的特殊发展阶段有关的，而有的问题是在企业生命周期的所有阶段都可能出现的。

总体而言，新兴企业转变为大型企业要经历一个很长的、多阶段的过程，而不是一次性的变革可以实现的。为了开发必要的资产协调系统，企业通常需要进行数十年的持续投资。企业成长中所受的约束主要有以下几方面。

（1）市场约束。决定企业成长空间的、与市场有关的因素包括：许多竞争和环境因素决定的目标细分市场的规模，市场机遇存在的时间长度，产品或者产品线所处的生命周期的阶段。各种市场的限制条件决定了企业能够成长的期限。例如，目标市场的规模决定了企业能够实现的销售额的最大限度，而且企业产品的生命周期也限制了销售额的规模，这一条件决定了企业能够服务于这个目标市场的时间和市场销售实现的速度。面对市场约束，企业选择合理的市场策略是取得长远成功的重要前提。

（2）组织约束。企业成长中的问题可能发生在企业的所有职能部门，或者是由于组织要素或子系统的缺乏，或者是由于特定的组织系统间的不协调，以及企业内部组织和管理的不完善。组织结构的调整是解决企业成长过程出现问题的核心。

（3）资源约束。企业经营所需的资源包括人、财、物和信息（知识、技术等）。首先，资金是创业企业顺利进入成长期的重要保障。当一项新业务步入正轨时，企业收入相当于从零增长至收支平衡点，达到这一步所需的资本就是投资资金，在短期内无法收回。进入成长阶段后，收入将超过收支平衡点，开始实现利润。收入和利润的增长最终会提供企业所需的现金流量。而企业初创时期利润较小，同时又要满足不断扩大规模的要求，因此企业表现了明显的现金流量短缺。因此，预测企业发展所需的资金并能够找到资金是企业必须解决的重要问题。其次，现代经济越来越突出人力资源和信息资源的重要性。而对信息的有效处理、开发和利用，离不开高素质的人才。另外，随着企业多元化经营的开展，企业可以通过持续不断的产品创新和组织结构创新不断扩展到新的市场、新的行业中，超越单一产品因需求造成的市场约束。而这时企业成长的约束变成企业处理信息能力上的技术约束（包括企业搜索各种信息并不断加工以进行创新的能力）。近年来，信息技术的飞快发展将大大降低企业处理信息和进行技术创新的成本。新产品的开发、新的行业标准、最低成本的购买方式以及最新技术数据，所有这些都可以从互联网上获得。紧跟迅速变化的商业环境是创业企业面临的一项至关重要的任务，尤其是对急剧变化的行业企业来说。

9.2 企业成长模式

9.2.1 建立合资企业

所谓合资企业，即一个包括两个或更多合伙人的独立的企业个体，有时也称为战略联盟，通常包括各种各样的参与者，如大学、非营利性组织、企业、政府部门等。合资企业在很长一段时间内被新创企业用来迅速扩展经营规模。

从合资企业建立的目的来看，合资企业有多种类型。其一，是降低成本，多家企业各自提供自己的优势资源集合在一起进行生产，形成规模效益。其二，是共享技术，形成核心竞争优势。其三，是进入新市场，如为了进入国际市场，与某些企业进行合资。还有些合资企业成立的目的是合作进行研究和开发，其中著名的是成立于 1983 年的微电子及计算机技术公司（MCC），由 13 家美国大公司共同出资组成，有一些借调到此 4 年以上的研究人员和科学家做长期研究。在返回他们各自的公司之后，他们可以将研究成果应用于各自的公司。MCC 对所有研究成果和专利拥有所有权，并保证参与该项目的各公司能够授予其他公司技术使用许可证。还有另一种致力于研究的合资企业，如位于北加利福尼亚的半导体研究公司，参与的公司数目多达 35 个，是一个非营利性组织，公司的目的是资助基础研究，并培养专业人才和工程师，使之成为未来企业的领导者。为进行研究与开发，企业还可以与大学达成合资协议。企业通过研究投资以获得看得见的成果和专利权为目标，希望取得相应的知识产权。而大学可以得到一定的经济利润，并可以通过研究工作获得知识和发表文章。

并不是所有的合资企业都能成功，投资者需要仔细考虑采用这种方式发展企业的可行性，明确有助于成功的要素和需要解决的问题。

（1）若企业合资成功，至关重要的是正确评估各参与公司，考虑在以后的合作关系中如何更好地经营新成立的企业。经营业主合作愉快，合作就会有效；否则，合资企业就会遭到很大的困难，甚至失败。

（2）合作者的“对称性”。这种对称性是从经营目标和资源能力角度而言的，也就是说，合作双方的关系应该是相对平衡的。当一方感到自己付出更多，或者一方追求利润而另一方为产品寻找出路时，问题就会出现。合资企业要取得成功，母公司的经营管理人员及新组成的合资企业的经营人员必须在企业目标及其所能提供的资源的水平方面取得一致。母公司和合资企业的管理人员之间必须建立良好的合作关系。

（3）合资企业经营成果的期望值要合理。在合资企业中，经常会出现这种现象，即至少有一方合资者将合资企业看成解决企业所有存在问题的灵丹妙药。这是不切合实际的，对合资企业的期望一定要务实。

（4）成功建立一家合资企业的最重要因素是对时机的把握。环境不断改变，生产条件和市场条件不断变化，现在是一个成功企业，不久的将来就可能一团糟。不断加剧的竞争会使投资环境变得恶劣，从而大大加大投资风险，创业者要看清合资企业是会提供发展机遇还是会带来不利。

合资并不是企业扩大规模的灵丹妙药，它只是弥补资源扩张时资源不足，对市场竞争和市场机会做出更快反应的众多方法之一。

9.2.2 收购

收购是指一个企业通过购买另一家现有企业的股权而接管该企业。企业收购的流程主要有：收购企业进行自我评估；确定收购对象；收购企业确定交易标准；安排交易。交易涉及收购价格、支付形式和支付时间的安排。

其中，在企业收购过程中，一个重要问题是如何正确估计目标公司的价值，以便确定收购价格。收购价格的确定是双方谈判的核心，往往关乎收购协议的达成。公司价值评估就是要对目标公司的资产状况和经营成果进行科学测算。目标公司价值评估的方法有账面价值法、调整后的账面价值法、清算价值法、重置价值法、现金流量折现法、比较价值法、市盈率法等，每种方法各有其长处和短处，只有结合使用才能相对准确地测定目标公司的价值。

一家企业所有或部分资产被另一家企业以现金、有价证券、股票或雇用合约，或者几种方式的组合收购，付款可以在收购时进行，或在第一年内支付，或其后几年内付清。收购有两种方法：直接购入企业的所有股票或资产；根据自己的能力购入相应的资产。直接购入时，收购者通常需要得到外界的贷款或卖主的贷款。收购方用公司产生的资金在一段时间内付清贷款。虽然这不是一项复杂的交易，但它通常会给卖主带来长期的资本效益，而且买主用于偿付收购贷款的资金需支付双倍的税金。为了避免这些问题，创业者在收购时要量力而行，只买下企业的一部分；用现金先购入 20%~30%的资产所有权，接着用长期有价票据的形式购入剩余部分，长期有价票据可在一定时间内用购入企业的收益偿付。这种交易方式从赋税的角度看对买主和卖主都更有利。

另外，创业者应给予重视的是，企业并购行为的结束并非企业并购战略的结束，而是开端，或者说刚刚进入关键期。有时候，虽然并购可以使企业规模在短时间内迅速膨胀，但这并不意味着企业的工作效率和竞争能力也一定提高。据有关机构调查，20 世纪 90 年代以来，约有 3/4 的并购所产生的收益不足以弥补其成本。在并购活动最为频繁的美国，约 1/3 的因并购而形成的大公司因经营不善而在短期的联合经营之后，又拆解成多家规模较小的公司。其根本原因在于很多企业只重视并购的过程，而忽视并购完成后在人事、战略和文化等方面的整合工作。管理学大师德鲁克指出："公司收购不仅仅是一种财务活动，只有收购后对公司进行整合发展，在业务上取得成功，才是一个成功的收购，否则只在财务上的操纵经常导致业务和财务上的双重失败。"

9.2.3 兼并

企业扩张的另一种方法是兼并。即两个或两个以上的公司并为一个，实行资源共享以实现共同的目标。它与收购不同的是，在兼并后，参与兼并企业的原股东依然是兼并后企业的联合所有者，而收购方式中，被收购企业的股东则不再对被购企业拥有所有权。在兼并中，通常一个新的实体将取代原来的参与合并的企业，而在收购中，被购企业则成为收购者的附属机构或子公司。兼并和收购两个词在商业实务中常混合使用，而在某些情况下，两者又有明确的不同涵义。

如表 9-1 所示，企业之所以选择兼并方式，是因为兼并战略分为防御性或者进攻性，可以保证企业生存、保护企业免受竞争威胁、实现企业多元化经营和扩展企业经营规模等。兼并可以防止市场被竞争者侵占，企业现有产品被创新产品所替代，或使企业处于毫无保障境地的吞并。兼并可以推动企业多元化经营，为企业提供市场、技术、财务和管理等方面进一步发展的机会。

表 9-1 兼并动机

战略特征	防御性 ◀		▶ 进攻性	
战略目标	企业生存需要	抵御竞争	多元化经营	整体成长
原　因	资本结构恶化	入侵目标市场	防止陷入衰退周期	市场地位
	技术过时	低成本的竞争	消除季节性需求影响	技术优势
	失去原材料供应	他人的产品革新	经营国际化	财务状况
	市场丧失	恶意吞并	经营策略多样化	管理天赋

兼并需要创业者精心策划。两个公司的所有者都必须明确兼并的最终目标，尤其是有关未来收益的目标。同时，创业者应仔细考虑兼并对象的经营状况，以确保原有的管理层在未来企业的发展中保持竞争力，已有资源的价值及其使用性也应考虑在内。总的来说，创业者需要对兼并对象进行详尽分析，确保其缺陷不会对兼并后的企业产生很大的负面影响。最后，创业者要营造一种相互信任的环境氛围，消除管理中可能出现的各种隐患。兼并企业定价与收购企业基本相同。

9.2.4 杠杆收购

在 20 世纪 80 年代中期的第四次并购浪潮中，出现了一种新的企业并购方式——杠杆收购。杠杆收购（LBO）又称“利用贷款购买企业”，或“借力收购”，是指拥有较少自有资本的企业，通过多方大量贷款筹措资金收购目标企业，并在收购完成后，用目标企业的现金流来偿还债务的一种并购方式。理论界一般认为，当借款资金占到并购资金的 70% 以上时，则可称之为杠杆收购。美国 20 世纪 80 年代盛极一时的杠杆收购，之所以经过多年的沉寂后重新活跃起来，主要是因为它具有自身特点和较好的应用效果。

由于个人资产和购买一个公司所需资金相比很有限，购买者需要大量融资，但是又不可能额外发行股票增加资金，创业者一般需要通过 5 年以上的长期贷款筹集资金，以所购企业为抵押。提供长期贷款的主体可以是银行、风险投资者、保险公司。LBO 企业的负债率较高意味着投资的风险高。但 LBO 成功的关键不是债务与资产之比，而是创业者通过扩大销售增加利润，提高了偿还本金和利息的能力。这有赖于创业者的经验及企业的竞争力和稳定性。在国内外市场都有许多成功的与失败的 LBO 例子。

对杠杆收购对象的评估主要有以下几个步骤。

第一，收购者必须运用多种定性和定量的分析技术，判断当前所有者的报价是否合理。其中，定性分析内容主要包括：行业竞争力、企业在该行业中的竞争地位、企业产品的独特性和产品生命周期阶段、管理层，以及留在公司中的其他重要员工的经营管理能力等。

第二，决定了合理的收购价格之后，创业者需要估计企业的负债能力。由于创业者尽量以长期债务的方式筹措所需要的资金，债务规模显得至关重要。预期的杠杆收购能够承受的长期债务量将取决于潜在的经营风险和企业未来现金流的稳定性。未来现金流量必须能够支付支持杠杆收购所需的长期债务。由流动资金的缺乏而造成的任何不能由长期债务承担的资金缺口，都应该由创业者或其他投资者以增加股本的方式来解决。

第三，确定了长期债务融资的规模以后，就要确定恰当的一揽子财务计划。财务计划必须综合考虑资金提供者、公司和创业者三方的需要和目的。尽管杠杆收购的风险投资者达成的杠杆收购协议一般会有保证一段时间后，其债务可以转换成普通股的保证条款，但一般情况下，风险投资者往往会要求成立长期债务偿还基金。

9.2.5 特许经营

特许经营，就是特许者将自己所拥有的整套知识产权，如商标、产品专利、专有技术等，以特许经营合同的形式授予被特许者使用，而被特许者则按合同规定，在特许者统一的业务模式下从事经营活动。

特许者就是我们所说的特许商，而被特许者就是我们所说的加盟商。前者与后者的经营活动是分别进行的，后者可以接受前者的全部产品或部分产品。通常，特许权合同要求后者向前者缴纳特许经营所得的利润，而后者按照其经营总销售额的一定比例，从前者处获得工资。前者还要经常提供管理培训、经营设备、装置设计和全国性销售服务。

特许经营的成功推广一般要经过以下步骤：招募计划及标准设置，样板店建立和运营，单店运营手册撰写，招募公告及加盟指南撰写，加盟招募广告和说明会，加盟商报名及筛选，合同签订及开店选址，加盟商首期培训及开店。

1．企业发展特许经营的优势

在技术革新过程中，这一管理方法是有成效的，因为它有助于新技术的普及，同时它也创造了促进新产品发展的环境。特许权合同作为一种管理手段，已被许多行业采用，如小型计算机行业、旅馆和汽车旅馆业以及快餐服务业。麦当劳公司就是应用这一管理手段鼓励技术普及的。

因此，对于寻求再发展的创业企业来讲，授予特许经营权发展连锁经营无疑是创业者的一条可供选择的发展之路，它具有以下优点。

（1）创业企业作为特许人可以使自有的独特资源成千上万次被利用，帮助实现低成本扩张。每一家特许加盟分店都由加盟商出资，加盟商对分店拥有所有权，特许人则提供成熟的经营方式。特许人出售的是本企业的名望、商标、经营模式等无形资产，不仅开分店无须自己出资，相反还能从加盟者手中获得开办费、使用费等，是一本万利、坐收利益的生财之道。由于特许经营不受资金限制，仅凭一纸契约就可以发展新店，迅速扩张规模，速度有时非常惊人。

（2）成熟的特许经营企业具有广泛的销售网络和强大的销售能力，所以特许人可以从供应商那里获得较多的数量折扣和累计数量折扣，降低进货成本，进而降低商品售价，增强竞争力。广告也是特许经营成功的一个重要因素，特许人负责广告的策划和实施，广告开支则分摊到各加盟店，从而降低了特许人的广告宣传成本。

（3）由于特许人无须处理各分店的日常经营事务，因而可以集中精力开发新品，挖掘新货源，做好后勤工作，提高经营管理水平。

（4）特许经营最大限度地调动了受许人的积极性与责任感，有利于特许人的事业发展。受许人是加盟店的真正主人，加盟店的经营状况与受许人的切身利益相关。许多受许人将大半辈子积蓄投入了特许经营事业，一旦破产则血本无归。因此，受许人一般工作勤奋努力，责任心很强。受许人将商店经营得有声有色，特许人的事业、信誉与声望也因此蒸蒸日上。

2．企业发展特许经营模式的风险

发展特许经营虽然具有许多诱人的因素，经营的成功率很高，但也存在诸多风险，对企业也提出了较高的要求。

（1）特许经营的技术风险

技术风险首先表现为特许人的品牌知名度不高。能进入特许经营的特许方，应具有著名的品牌，或者在市场上具有很强的专有技术，有独特的营销管理模式。否则，特许权就毫无使用价值，永远"特许"不出去。如果企业品牌的知名度不高、管理尚未成型、后勤支援不力等现象难以避免，特许经营企业尚停留在商品配送、联购分销层面，这对特许人和受许人双方都非常危险。对特许人而言，由于对加盟店的指导监管不力，加盟店经营管理行为随意性大，会破坏特许经营系统的统一性和形象；对受许人来说，如仅仅从特许人那里批发来一些不知是否适销的商品，投资回报难以保证。

经营体系扩张过快是导致技术风险的另一原因。过分强调发展意味着对现实经营的忽视。结果，总部的物流系统、后勤服务等跟不上规模的发展，对加盟店不能进行有效帮助和指导，加盟店经营过程中出现的问题由于不能引起及时关注与改进而日益蔓延，以致无法控制，使连锁系统名存实亡，成为一盘散沙。因此，特许经营体系扩张过快有可能置连锁企业于死地。如北京的"红苹果"不考虑自身的经济实力而一味扩张，要在短期内发展100家连锁店，轰轰烈烈地开始，却因资金不足失败而终。

此外，缺乏规范化管理也是技术风险的主要原因。特许繁衍的是标准化的复制技术，规范化是其"神经中枢"，要保证各分店经营风格和设施的统一。因此，特许经营组织都不鼓励特许经销商进行革新。相反，新技术产品和工艺技术的开发都是在公司总部进行的，总部的重要职能之一就是不断地试验和检查包括服务的经营情况，以评估变革的需要。例如，在麦当劳公司的特许经营中，设备和食品几乎全部由特许者的总部提供，全套装备都是公司按照统一的设计式样建造的，这都有利于提供高度自动化的服务。虽然麦当劳公司的某些特许经销代理商曾经试图在食谱上加进一些新花样，但公司主要鼓励在公司最高一级进行创新研究。

（2）特许经营的法律风险

中国目前尚无关于调整规范特许经营双方权利义务关系的法律法规。立法上的空白和政策规定的不确定性导致发生矛盾的双方很难用法律来维护自己的合法权益。缺少法律对特许经营的规范，加之理论研究滞后，使许多特许经营业者在运作中遇到各种各样的法律问题，如商标、专利、专利技术、知识产权、商业秘密、知名商品等的保护问题以及特许经营中发生的不正当竞争等，这有待在实际的企业经营过程中探索、完善。

3. 企业发展特许经营的风险规避

特许经营风险规避可以从以下几方面入手。

（1）培育品牌的知名度

目前全球经济进入品牌竞争的时代，一个在管理、经营方面独树一帜、崭露头角的企业，因缺乏资本无力扩张，便可采用特许经营的方式迅速建立自己的连锁王国。例如国内连锁业中的华联、联华等几个知名企业，通过科学规范运作，经过数年的培育，已经初步打造了自己的品牌，知名度不断提高，这成为特许经营中可供转让的“无形资产”。

（2）确定重点发展领域

由于各地区的经济条件差异较大，要发展特许经营，必须先选择重点领域与重点地区发展，然后推广到其他领域及其他地区。

（3）规范化运作

规范化运作是发挥系统整体功能、提高规模效益的基本保证。连锁总部要为加盟商提供全方位的服务，满足加盟店和顾客的需求，从而形成总部、加盟店和消费者的“三赢”局面。国内外成功的连锁企业对加盟店的服务措施可以概括为三个方面：一是按照公司经营理念和行为规范要求，为加盟店分店经营人员提供培训服务，以提高加盟店经营人员的经营水平和对公司理念、行为规范的理解程度；二是通过批量进货、规模采购，使加盟分店获得同行业价位最低的货源，为加盟店降低进货成本、提高经济效益提供可能；三是将现代化大工业流水线生产方式的程序和统一规范引入经营管理，为加盟店提供统一的经营管理标准、CI设计、店面装修、服务礼仪规范等。

4. 企业发展特许经营的体系设计

任何一家企业进行特许经营必然会遵循一种模式，但是对于中国许多开展特许经营的企业来说，这种模式是模糊的、多变的。而加盟商是独立的业主，特许商“事后”的调整很难得到加盟商的广泛支持，从而给经营体系管理造成了许多预先可以避免的困难。所以，经营体系设计首先要确定影响特许经营发展的关键因素，然后在开展特许经营前做好充足准备，精心设计好特许经营体系，即运营的模式。特许经营成功的关键因素如表 9-2 所示。

表 9-2　特许经营成功的关键因素

因　素	说　明
定　位	清晰明确的市场定位
品　牌	一个或多个具有生命力的品牌
文化与潮流	符合当今世界文化发展潮流
业　绩	良好的单店经营业绩
屏　障	核心竞争能力足以对竞争对手形成难易逾越（模仿）的屏障
创　新	具有不断创新的空间和能力

特许经营体系的设计包含以下四个方面。

（1）特许商和加盟商的关系设计

首先要确立加盟模式。特许商通常要在区域主加盟商、区域开发商、普通加盟商、承包加盟商四种关系模式中进行选择。这几种模式之间的选择涉及公司的战略发展、品牌的影响力、资源和控制能力。同一品牌在不同的时期和不同的区域可能要采取不同的加盟模式。

其次要寻找特许商与加盟商间的结合性因素。从特许经营的根本上来说，加盟商有希望独立的倾向，而特许商有希望加盟商留在体系中的愿望，要解决两者之间的矛盾，使系统能够长期稳定存在，特许商必须寻找到将特许商和加盟商黏合在一起的结合性因素。例如，房产中介需要建立中央信息管理系统，服装行业需要建立存货管理系统和货物调配体系等。

另外，还要建立加盟商的甄选标准。选择加盟商的前提是符合公司的扩张战略，即不会在没有计划的情况下超区域发展加盟商。在既定扩张区域内选择加盟商的性格类型、加盟主体的法律身份、个人的资信状况等都应该综合考虑。选择加盟商的另外一个需要注意的问题是对加盟标准的严格执行，国外对于招募加盟商有一句名言：如果这一个不合适，就等下一个，千万不要勉强。

（2）项目经济环境的设计

项目经济环境的设计主要涉及加盟费、市场营销基金、保证金的确立，以及对加盟商初期投资预测、对加盟商的损益预测、对特许商开展项目的损益预测等。项目经济外境的设计绝不能拍脑袋决定，而需要通过建立项目财务预测模型，将上述费用算出来。

（3）项目法律环境的设计

法律环境的体现就是特许经营合同。特许经营合同主要反映了项目经济环境设计的结果，例如合同期就需要考虑加盟商的投资回收期。而专营区域范围要以足以支持一家门店正常经营的足够的目标顾客所在地来进行划分。需要注意的是，特许经营合同通常不是一份合同，而是一组合同，包括供货合同、房屋租赁合同、知识产权授权合同、门店员工聘用合同、同供应商的合同等。

（4）加盟总部组织结构设计

除从事任何行业通常需要的市场部、财务部、信息系统部、行政部等之外，有几个部门是特许经营所特有的，包括扩张部门，也称开发部，从门店的扩张规划、商业调查、门店选址到加盟商的招募、门店的筹建都是这个部门的职责，这个部门是特许经营技术性最强的部门；培训部门，策划在何时何地、以怎样的频次，给什么层次的员工，进行什么内容的培训，这是特许经营的核心部门之一；监控部门，主要职能是通过各种方法来确保各种层次的一致性在门店中得以体现，以使品牌的清晰度能够得到加强；加盟商关系部，维系稳固的特许商和加盟商关系，除了能够使加盟商获得足够的收益外，需要同加盟商建立良好的关系，这就是加盟商关系部的主要职能。

近几年特许加盟的发展模式在我国得到了极大发展，有许多成功的案例。

9.3 企业成长战略

9.3.1 创业企业战略管理的基本点

1．创业企业的核心竞争能力

新创企业在刚开始时绝大部分是中小企业，从某种程度上创业企业进行战略管理还不可能像已经发展了多年的企业那样系统地进行，因此，创业企业进行战略管理时尤其要注意抓住战略管理基本点，发展企业核心竞争能力。

什么是企业核心竞争能力呢?根据麦肯锡咨询公司的观点，所谓核心竞争能力，是指某一组织内部一系列互补的技能和知识的结合，它具有使一项或多项业务达到竞争领域一流水平的能力。核心竞争能力由洞察预见能力和前线执行能力构成。洞察预见能力主要来源于科学技术知识、独家的数据、产品的创造性、卓越的分析和推理能力等；前线执行能力产生于这样一种情形，即最终产品或服务的质量会因前线工作人员的工作质量而发生改变。

2．核心竞争能力的特征

（1）价值优越性。核心竞争能力是企业独特的竞争能力，应当有利于企业效率的提高，能够使企业在创造价值和降低成本方面比竞争对手更优秀。同时，它也会给消费者带来独特的价值和利益。

（2）异质性。一个企业拥有的核心竞争能力应该是企业独一无二的，是其他企业所不具备的（至少暂时不具备），是企业成功的关键因素。核心竞争能力的异质性决定了企业之间的异质性和效率差异性。

（3）难模仿性。核心竞争能力在企业长期的生产、经营活动过程中积累形成，深深打上了企业特殊组成、特殊经历的烙印，其他企业难以模仿。如索尼公司产品创新特别是小型化的能力，松下公司质量与价值的协调能力，海尔公司广告销售和售后服务的能力，以及科龙公司无缺陷制造和销售产品的能力等。

（4）不可交易性。核心竞争能力与特定的企业相伴而生，虽然可以为人们感受到，但无法像其他生产要素一样通过市场交易进行买卖。

（5）难替代性。由于核心竞争能力具有难以模仿的特点，因而依靠这种能力生产的产品（包括服务）在市场上也不会轻易被其他产品所替代。

3．核心竞争能力对创业企业的战略意义

核心竞争能力的特征决定了它对创业企业的长远发展具有重大的战略意义。在中小企业的成长中，如果能够围绕打造和利用核心竞争能力来设计自己的发展路线，不再把自己的企业看成一些制造产品的业务单元组合，而是各种能力的组合，那么企业不仅能够发展壮大，而且能够形成不败的竞争优势。其具体表现如下。

首先，核心竞争能力可以为企业的成长提供指导。由于核心竞争能力具有特殊性、持久性和不可替代性，因此，企业只要具备了某方面的核心竞争能力，就可以将其未来的发展战略紧紧围绕核心竞争能力来设计。在未来市场环境变化更加不确定的环境下，根据自己擅长做的来设定战略无疑是一个明智的选择。因此，创业企业可以为自己的成长找到一个明确的指导方向。此外，核心竞争能力也有助于企业整体实力的增强。核心专长超越了具体的产品和服务及企业内部所有的业务单元，将企业之间的竞争直接升华为企业整体实力间的对抗，重点强化企业在市场中的绝对优势，以控制竞争中的制高点，由此保持企业持续稳定地成长。所以，核心竞争能力的寿命比任何产品和服务都长。创业企业要高瞻远瞩，不应局限于某一具体的业务单元。

其次，核心竞争能力是企业多元化发展的核心基础。核心竞争能力的延展性使得企业可以进入多个相关的领域，为企业创造多种新产品提供基础，提高企业的整体竞争地位，其意义远远超过了企业单纯在某一种产品市场的成败，对企业的发展至关重要。例如，佳能公司在发展早期确立了以技术为主导的经营战略，经过多年的专注经营，佳能公司在照相机的国际市场上占据了领先地位，并且在精密机械和光学领域积累了丰富的技术经验。后来，佳能公司进入同步计数器行业（电子计算器），在公司的专注经营下，也取得了相当大的成功。到 20 世纪 60 年代后期，佳能公司在精密机械技术、光学技术、微电子技术三个技术领域具有了绝对的优势，三者相互结合，构成了图像化方面的核心竞争能力。随后，佳能公司利用其核心竞争能力，进入了复印机、打印机、传真机、医用仪器等新行业，均取得了巨大的成功。1998 年，佳能公司提出“二次创业”，计划进入信息机器、映像机器和液晶装置、半导体这三大有待发展的新领域，“未来佳能”的战略计划从此实施，其基础仍是佳能拥有的核心竞争能力。日本本田公司利用自己在发动机方面的领先能力，进入了割草机、摩托车、汽车、滑雪艇等多种机器设备领域。美国宝洁公司则利用自己在营销方面的独特能力，进入了护发、卫生、洗涤等很多领域，并且也都取得了成功。这与企业在初始发展中形成的强大的核心能力是密不可分的。实际上，当企业在利用自己的核心竞争能力进行多元化发展布局的时候，这种多元化也会进一步地扩充和增强企业的核心竞争能力，两者是相辅相成的。

最后，核心竞争能力能够为企业带来独特的竞争优势。核心竞争能力的不可交易性、

难模仿性与难替代性，以及更多的经验和知识的积累，保证了企业竞争优势的持久性。如果一家企业在市场上拥有独特能力，而它的竞争对手无法与这种独特能力相抗衡，同时，如果其竞争对手模仿这种独特能力的成本很高或需要花费大量的时间，那么这家企业就很容易建立竞争优势。因此，核心竞争能力是企业成功的潜在的重要原因。例如，英特尔公司在快速开发新一代更强大的半导体芯片方面所拥有的独特能力使得其在个人计算机行业拥有了垄断地位；星巴克公司在店内气氛和创新性咖啡饮料方面所具有的独特能力使其成为咖啡零售领域的领头羊；摩托罗拉在无缺陷制造方面所拥有的核心能力大大提高了其在全球移动电话设备市场上的领导地位。

4．核心竞争能力的建立

一个企业如何建立核心竞争能力呢？一般来说，可以通过以下两种途径：一是内部整合；二是外部交易（资本扩张）。内部整合是外部交易的基础；外部交易必须通过内部整合才能将新增的资源变成自己的。资本扩张需要企业投入大量的资源，如果不能及时得到融资，势必影响企业现有业务的运行。成功的资本扩张必须有足够的内部消化能力，对资金和管理的要求是很高的，创业企业一般不应该贸然进行资本扩张。目前对于国内的创业企业来说，通过内部整合建立核心竞争能力仍然是主要途径。

内部整合是指在现有资本结构的基础上，通过调整内部资源，包括控制成本、提高生产率、开发新产品、扩展新市场、提高管理能力，来创造和维持现有的竞争优势。通过内部整合使企业的现有资源得到充分利用，使生产规模在一定的资本结构和技术领域内得以扩大，从而不断增强核心竞争能力。

9.3.2 创业企业适用战略

建立了自身的核心竞争能力以后，应在此基础上进行有目的的外部交易（比如联合或参与 OEM 等），继续获得核心竞争能力。保持创业企业在竞争中制胜的关键是制定合适的竞争战略，这种战略必须能够扬长避短，获得竞争优势。具体从成本和市场营销的角度来看，以下战略可能比较适合创业企业。

1．成本控制战略

要求企业积极地建立并达到有效规模的生产能力，在经验基础上全力以赴降低成本，搞好成本管理费用的控制，最大限度地减少研发费用和品牌树立等方面的费用。通过对我国创业企业分布状况的研究发现，创业企业大多集中于两种类型的产业：一类是分散型产业，包括服务业、零售业、批发业、木料加工和金属组装业、农产品行业、风险性行业等；另一类是新兴产业，包括新技术、新材料、新能源等。在这方面，日本企业的做法值得借鉴，其设计的既便于生产制造又有市场需求的简单、组装产品，这样对成本的控制就变得可行。

2．重点集中战略

创业企业一般没有能力满足大部分的市场需求，如果与行业内的大企业争夺同样的顾客群，创业企业将处于不利的地位。重点集中战略是主攻某个特定的顾客群，或某产品系列的一个细分区间，或某个地区的市场。围绕如何很好地为某一个目标市场服务这一核心，公司制定的每一项产品开发方针都要考虑自己的市场定位，把精力集中在目标顾客上，以提高效率。重点集中战略更适合服务业的创业企业采用，比如美国的西南航空公司，在航空业里是规模较小的，但是其盈利能力是那些大的航空公司望尘莫及的，其成功的原因就是坚持自己的服务特色和市场定位。由此可见，重点集中战略也有助于降低成本费用。值得注意的是，目标市场和产品定位一经确定，就不应该频繁地改变，坚持服务自己的顾客往往要求企业敢于拒绝其他少数顾客的需要和市场机会诱惑，坚持“有所为有所不为”的做法。

3. 创业企业的发展战略

（1）加强型战略

市场渗透、市场开发和产品开发战略统称加强型战略，因为它们要求加强努力的程度，以提高企业现有产品的竞争地位。

市场渗透战略是通过更大的市场营销努力，提高现有产品或服务在现有市场上的市场份额。这一战略被广泛地单独使用或同其他战略结合使用。市场渗透的做法包括增加销售人员、增加广告开支、采取广泛的促销手段或加强公关宣传努力。尤其适合采用市场渗透战略的情况有以下 5 种。

① 企业特定产品与服务在当前市场中还未达到饱和。

② 现有用户对产品的使用率还可显著提高。

③ 在整个产业的销售额增长时主要竞争者的市场份额在下降。

④ 在历史上销售额与营销费用曾高度相关。

⑤ 规模的提高可带来很大的竞争优势。

市场开发战略指将现有产品或服务打入新的地区市场。特别适合采用市场开发战略的情况有以下 6 种。

① 可得到新的、可靠的、经济的和高质量的销售渠道。

② 企业在所经营的领域非常成功。

③ 存在未开发或未饱和市场。

④ 企业拥有扩大经营所需要的资金和人力资源。

⑤ 企业存在过剩的生产能力。

⑥ 企业的主业属于正在迅速全球化的产业。

产品开发战略通过改进和改变产品或服务而增加产品销售。进行产品开发通常需要大量的研究和开发费用。例如，大众汽车公司正在开发一种轻型卡车，以便在快速增长的市场中参与竞争。大众公司在美国市场上进展顺利，1999 年上半年的销售额比上年同期增长 344.6%。大众公司首席执行官费迪南德·皮克说，大众公司将努力生产“同小轿车一样舒适的高负载量小卡车”。

特别适合采用产品开发战略的情况有以下 5 种。

① 企业拥有成功的、处于产品生命周期中成熟阶段的产品。此时可以吸引老用户试

用改进了的新产品，因为他们对企业现有产品或服务已具有满意的使用经验。

② 企业所参与竞争的产业属快速发展的高技术产业。

③ 主要竞争对手以可比价格提供更高质量的产品。

④ 企业在高速增长的产业中参与竞争。

⑤ 企业拥有非常强的研究与开发能力。

（2）一体化战略

一体化战略是企业成长采用的一种主要战略形式。一体化战略就其本质而言，就是一个方向性的选择问题。企业可以选用纵向一体化，向自己的上游供应商或下游销售商扩展。企业也可以对少量的相关产品进行横向一体化的经营，同时利用自己的优势，拓展市场上的机会。当企业有较大的竞争优势，但市场机会不多的时候，企业适合采取多样化经营战略，把企业带向有更大发展空间的市场。另一种进入新领域的方法是寻找合作或合资经营的机会，企业可以通过纵向一体化，进入上游或者下游行业。

当一个企业发现它的价值链上的前面环节对它的生存和发展至关重要时，它就会加强对前向环节的控制。典型的实施这一战略的例子是可口可乐公司，当它发现决定可口可乐销售量的不仅仅是零售商和最终消费者，分装商也起了很大作用时，它就开始不断地收购国内外分装商，并帮助分装商提高生产和销售效率。

（3）多元化战略

多元化战略是企业扩张采用的一种普遍模式，是指企业在发展过程中向非主营业务领域的投资战略。关于多元化的争议，从它诞生的时候开始，一直伴随它的成长过程，但今天多元化经营已经成为全球顶尖企业的必然模式。多元化经营可以划分为以下 3 种形式。

① 集中多元化经营：增加新的但与原有业务相关的产品与服务，被广泛地称为集中多元化经营。从冰箱到空调等各类制冷家电就是集中多元化经营。实行这种战略的例子之一是，美国电话电报公司以 1 200 亿美元收购有线电视公司，以便使美国人通过电视而不是电话线上网。该公司的集中多元化经营战略还促使其与美国在线公司商谈合资经营或合并，以便使美国在线用户可以通过电线上网。

② 横向多元化经营：是指向同样的顾客提供新的、与原有业务不相关的产品或服务。海尔的业务扩展从制冷家电到 16 种白色家电、黑色家电到小家电，都是横向多元化经营。这种战略不像混合式经营那样具有很大的风险，因为企业对现有用户已比较了解。

③ 混合多元化经营：增加新的与原有业务不相关的产品或服务被称为混合多元化经营。例如，海尔进入软件和医药行业就是混合多元化经营。一些公司采取混合多元化经营战略，部分是基于这样一种预期，即通过分解和部分出售被收购公司而获利。

实施多元化经营并有效地规避风险，对创业企业的发展尤为重要，不能急于追求企业的规模扩大，实施多元化战略应坚持以下 4 个基本原则。

① 已有产业要基础扎实。

② 新旧产业要做到不冲突。

③ 新产业要能够进得去。

④ 新产业要能够站得住、打得赢。

本章小结

本章首先介绍了企业成长的概念和特征，然后探讨了企业快速成长过程中的风险及问题；在此基础上系统研究了企业成长的具体模式，包括建立合资企业、收购、兼并、杠杆收购、特许经营；最后分析了创业企业战略管理的基本点及创业企业适用战略。

思考题

1. 什么是企业成长？企业成长的模式有哪些？
2. 试分析企业成长中将会受到哪些因素的约束。
3. 简述核心竞争能力对创业企业的战略意义。
4. 简述创业企业的发展战略及适用条件。

案例讨论

高科技行业现行的成长策略能否奏效

近年来，在美国经常以初创企业形式发展的高科技行业加快了发展速度。但随着这一行业日臻成熟，很多企业已经成为大型企业。如果这些企业再想扩大市场规模、打进新市场或创新，经常会采取并购策略，尤其是面对可以低价收购当下陷入困顿的标杆企业。

最近，高科技行业的公司正在经历一场并购盛宴。过去五年，专长于数据库管理和相关商用软件的甲骨文公司（Oracle）完成了67起并购。近期并购案例中，不少被收购企业已经失去了昔日的品牌光辉或市场份额，收购企业趁价低大胆并购，并想借此重振品牌。例如，Palm在Pre智能手机项目斥巨资，意图将其开发成公司的核心业务。但是，此举并未奏效：2010年2月，Palm公司削减了公司收入预测，3月报出第一季度亏损2 200万美元，4月公司再次调低收入预期。4月28日，惠普公司宣布以12亿美元收购Palm公司，在解决Palm公司现有的问题的同时，希望借用Palm公司颇受市场欢迎的Web OS手机操作系统来与苹果的iPad竞争。

甲骨文公司是世界上最大的企业软件公司，向遍及145个国家和地区的用户提供数据库、工具和应用软件以及相关的咨询、培训和支持服务。甲骨文公司总部设在美国加利福尼亚州的红木城，全球员工超过40 000名，2003财年收入达95亿美元，是财富全球500

强企业。自 1977 年在全球率先推出关系型数据库以来，甲骨文公司已经在利用技术革命来改变现代商业模式中发挥了关键作用。甲骨文公司同时还是世界上唯一能够对客户关系管理-操作应用-平台设施进行全球电子商务解决方案实施的公司。

甲骨文公司 1989 年正式进入中国市场，成为第一家进入中国的世界软件巨头，标志着刚刚起飞的中国国民经济信息化建设得到了甲骨文公司的积极响应，甲骨文公司首创的关系型数据库技术也从此开始服务于中国用户。1991 年 7 月，经过了近两年时间的努力开拓，为了更好地与迅速发展的业务相适应，甲骨文公司在北京建立了独资公司——北京甲骨文软件系统有限公司。2000 年 8 月 8 日，甲骨文公司正式启用位于北京国贸大厦的办公新址，成为公司立足于长期服务中国市场的又一里程碑，也是长期扎根中国市场的新起点。目前，甲骨文公司在北京、上海、广州和成都均设立了分支机构，向中国市场全面提供 Oracle 9i 电子商务平台、Oracle 电子商务应用软件以及相关的顾问咨询服务、教育培训服务和技术支持服务。甲骨文公司在中国的员工达 483 人。2002 年 10 月，甲骨文公司在深圳成立甲骨文中国研发中心，服务于技术开发、产品认证和本地化、技术支持等关键领域。第二个研发中心也于 2003 年 10 月在北京揭幕。

甲骨文公司在中国的目标是：通过提供并传授领先技术，帮助中国软件企业在快速增长的经济大潮中取得成功，促进中国软件业的发展，同时也为中国的广大用户提供性价比高、可靠、安全的企业软件，为其业务增长做出贡献。发展策略是：推进本地化建设，建立牢固的合作伙伴关系，对中国市场实现承诺。目前，公司在中国 91%的业务是通过本地合作伙伴进行的。公司还与中国人才交流基金会合作，每年为 4 000 名中国软件工程师进行培训，以满足市场对软件专业人员的上升需求。

SUN 微系统公司是一家全球性的企业，1982 年创建于美国斯坦福大学，创始人为 Andy Bechtolsheim、Bill Joy、Vinod Khosla 和 Scott McNealy。SUN 公司 1986 年上市，在 NASDAQ 的标识为 SUNW，2007 年改为 JAVA。SUN 的足迹遍及全球 100 多个国家和地区，1987 年进入中国市场，并成立了太阳计算机系统（中国）有限公司。

SUN 这个名字来源于斯坦福大学网络（Stanford University Network）的首字母缩写，创立伊始，SUN 就率先提出“网络即计算机”的独特理念，并以此指引 SUN 各项技术的发展。SUN 专注于计算机协议、服务器技术、操作系统平台、存储等产品的研发，其产品素以质量稳定性能卓越而著称。同时，SUN 还是开放式网络计算的领导者。SUN 所有产品中著名的就是 Java 软件平台。Java 软件平台的“一次开发、多处使用”的理念极大地方便了开发人员，大大简化了开发人员的工作量，凡是基于 Java 软件平台开发的产品，几乎在所有系统的 Java 环境中均可以直接运行，而不用进行代码的重新编写工作。自成立之初，SUN 就率先提出了开放标准、互操作性、异构和参与等思想，希望在开放社区的基础上，将世界各地的人们联系在一起。这些在当时是很激进的思想，但经过多年后，这些思想已在世界各地开花结果。如今，SUN 已成为向全球用户提供最具实力的硬件、软件与服务的领先供应商。

SUN 是开放式网络计算的领导者。22 年来，SUN 一直对客户恪守体现“开放思想”

的重要承诺：促进多种选择，提供创新技术，提升客户价值。SUN 是世界上最大的 UNIX 系统供应商，主要产品有基于 Ultra SPARC 和 AMD Opteron 处理器的系列服务器、工作站，Sun Ray 桌面系统、Storage Tek 存储设备等硬件系统，Solaris 和 Java 软件，以及 Sun Grid 等各类服务，并以其高度灵活性、缩放性、安全性和可用性等优异特性赢得全球各行业客户的青睐。2005 年 12 月，SUN 基于其突破性“酷线程”专利技术推出新的“绿色经济型”服务器产品线，开启了网络计算的新时代。

SUN 的足迹遍及全球。在全球 100 多个国家和地区，在美国、欧洲、中东、非洲和亚太等地区，SUN 产品的市场份额都在攀升。SUN 面对众多客户的喜爱和欢迎，预示它在新的世纪中取得更加辉煌业绩的美好前程。SUN 着重“共享”市场的战略，并专注四条原则帮助客户实现目标：简单化与标准化；提高开放性和互操作性；坚持安全性和对法规的依顺性；SUN 在所有的解决方案中提供身份识别管理功能，确保安全性和对法规的依顺性。

2009 年 7 月 16 日，太阳计算机系统公司股东投票支持甲骨文公司以每股 9.50 美元/股的价格现金收购公司，这扫清了收购协议进展道路上的一个主要障碍。太阳计算机系统公司股价下跌 3 美分至 9.18 美元/股，而甲骨文公司股价则上涨 3 美分至 21.53 美元/股。甲骨文公司并购太阳计算机系统公司时，该公司持续亏损，2009 财年亏损 22 亿美元，收入下滑还有多个项目正在重组。甲骨文公司 2010 年 1 月以 56 亿美元完成收购后，对外表示太阳微系统公司缺乏效率，体制过于松散，并将为此推出一个修复计划。

请结合上述案例思考以下问题：

（1）甲骨文公司并购太阳计算机系统公司后主要的危机有哪几方面？应该如何防范？

（2）甲骨文公司并购的目的是什么？

（3）甲骨文公司并购后应采取哪些策略来促进成功？

第10章 企业再创业管理

股东投资求回报，银行注入图利息，员工参与为收入，合作伙伴需赚钱，父老乡亲盼税收。只有消费者、股东、银行、员工、社会、合作伙伴六者“均衡收益”，才是真正意义的“可持续收益”；只有与最大多数人民命运关联的事业，才是真正“可持续的事业”。

学习目标

（1）掌握企业再创业的概念、动因、本质及特征。

（2）了解企业再创业类型及其与个体创业活动的不同。

（3）明确企业再创业活动的步骤。

（4）了解企业再创业的障碍及管理策略。

10.1 创业再创业概述

10.1.1 再创业的涵义

1983 年，以丹尼·米勒在《管理科学》上所发表的论文为标志，有关企业再创业的系统研究逐渐得以发展，成为创业理论的一个重要领域。对于企业再创业有不同的说法，有的称为公司创业、内部创业，有的称为企业再创业等。

公司再创业主要指已有组织发起的创造、更新与创新活动，公司创业活动是由在组织中工作的个体或团队推动的。公司创业是在已有企业中的创业，为已有组织中的管理者提供了采取主动和尝试新鲜创意的自由舞台。公司创业活动的主体是企业内部具有创业精神的组织成员，他们通常被称为内部创业者。在实践中，一些成功的公司创业已经在许多企业中展开，如 3M、柯达、施乐、宏基等知名的大公司。这些大型企业通过建立内部市场和规模较小的自治或半自治的经营部门，以一种独特的方式利用企业资源生产产品，提供服务或技术。

10.1.2 企业再创业的动因

现有的企业之所以允许内部创业现象的存在，并且采取各种方法鼓励这种创业尝试，主要有以下几方面的原因。

1．应对激烈竞争环境的需要

20 多年来，速度、创新、知识、创造力等替代了秩序和稳定性，成为企业竞争优势的关键来源，而这些正是创业精神的本质，并使得大企业感受到从未有过的压力。蒂蒙斯认为，大企业已经感觉到了来自新兴公司的威胁，宏观环境与市场变化之快超出了这些普遍带有官僚作风、行动缓慢的大企业所能做出的反应速度。100 年前美国最大的 100 家工业公司，现在只有 3 家还在排行榜上；30 年前美国最大的 100 家工业公司，现在有一半已经被像 Google、微软、思科、苹果这样的新型高科技公司取代了。变化让大企业开始被迫关注这些新兴力量，大企业到底缺少了什么，大企业需要哪些改进，正是新兴的力量促使大企业开始关注和学习创业。

公司创业为大企业提供了一种机会，用于适应日益变动、竞争激烈的外部环境，这是保证企业创造和保持竞争优势的重要手段。大企业越来越意识到创业的重要性，它们开始对自己进行再创业演练。它们起步之初都经历过创业，现在只是回过头去重复这个过程。事实上，创业不仅是一种商业创作，更包括对机会的追求，不断地创造新的机会。

2．留住可能流失的优秀员工

自主创业逐渐形成潮流，成功的创业者成为“时代英雄”，在经济社会中的地位不断上升，这对年轻而富有经验的员工来说非常有吸引力；与此同时，创业环境的改善也激发了人们独立创业的热情。这些变化和发展都在鼓励那些具有创新思想的人脱离大公司，为自己而奋斗。从创业者这一稀缺资源的角度出发，自主创业和公司创业是两种并存的、相互之间存在效率竞争的创业机制。

面对日益高涨的自主创业浪潮，企业并不是无能为力的，在越来越多的人谈到内部创业体制的时候，总有些人认为这是“替他人做嫁衣”的事情，只要薪酬合适，就能留住优秀员工。但事实是，一般企业对待优秀管理者，大多会给予高薪、高职以及高福利，但很多优秀员工最后还是离职了，这表明只有高薪、高职以及高福利，似乎并不能满足优秀员工的要求。赫茨伯格曾提出著名的“激励-保健”双因素理论。保健因素就是指那些类似于工资、福利、良好的工作条件等利于员工安心工作的必要条件。而真正能够对员工产生更积极效果的只有激励因素，也就是那些能够满足自我实现需要的因素，包括成就、认可、更加富有挑战性和发展机会的新工作等。为了吸引和留住优秀的人才，企业可以提供内部创业机会给员工，这样既能通过创业活动推动企业成长，又能满足员工的创业愿望，实现其个人价值，这是对他们最好的激励，也是留住人才的上策。

3．利用内部创业提高公司收益

诸多实证研究结果显示，公司创业活动与企业财务绩效之间具有明显的正相关关系。加里·哈默尔（Gary Hamel）和普拉哈拉德认为，创业有助于企业成功开发新产品和寻找新市场，以增强企业的竞争优势，产生卓越的企业绩效。公司创业改善了企业的竞争地位，对企业及其市场和产品进行变革，以开发和利用创造价值的创新机会。

公司创业还使企业通过内部化进程推动企业的核心业务多元化。由于存在组织和高层管理者的惰性，现有企业适合基于已有技术和顾客的渐进性创新，在原有组织系统内很难进行突破性创新，所以突破性创新与原有组织应该完全分离。进行突破性创新的企业，一般由主流组织保持核心业务的开发，高度适应成熟市场，而由创新单位建立一种新的创业文化和惯例，回应环境的剧烈变化，这样整个组织既保持了原有技术和市场的开发能力，又使创新单位超越了原有组织的路径依赖，能够集中资源和人力专注于新机会的探索和创新能力的开发。

4．合理安置老员工

企业经过多年的发展后，必定会留下大量的老员工，特别是一些创业元老，企业决策者不得不面对如下几个问题：首先，随着这些老员工年龄的增长，人的生命周期决定了他们对新知识的反应不够灵敏，对企业创新缺乏动力，同时他们占着企业的高层位子，在企业平稳发展后，没有更多的职位招聘新人，造成企业新鲜血液的缺乏和创新能力的减弱；其次，随着老员工工作年龄的增长，他们的薪水一般积累到了很高的水平，工作时间越长，雇用成本就越高；另外，如果老员工得不到升迁，就会打击其工作积极性，而任何企业也不可能有大量的升迁机会。将企业的部分非核心业务交给这些公司元老去经营，不仅可以促进年轻员工的迅速成长，而且可以给元老们找到很好的归宿，能稳定企业的新老交接和企业发展的顺利转型。

10.1.3 企业再创业的本质

企业再创业的本质就是在创新中求发展，也就是努力实现创新，通过创新获得企业的发展。

首先，企业再创业的本质是为了实现企业的可持续发展。所谓企业的可持续发展，是指为谋求永续发展，企业应努力实施既可满足消费者需要，又可合理使用自然资源和能源，并保护环境的生产方法和措施，通过追求综合效益（经济、社会和环境效益的统一），以实现本企业与社会、竞争者、消费者之间的和谐共存。其具体内涵体现在以下 5 个方面。

① 企业要由传统的追求销售增长向追求组织自身发展转变。

② 企业发展模式要由“牧童式”向“宇宙飞船式（轨道式）”转变。

③ 企业利用资源、能源要由耗费型向节约型转变。

④ 企业对污染的控制要由末端控制向全程控制转变。

⑤ 企业竞争优势要由四要素（质量、价格、服务、时效）竞争模式向五要素（质量、价格、服务、时效、环保）竞争模式转变。

其次，企业持续发展的阶段性表现为通过再创业实现不断的跨越，其核心支点在于企业能够不断地创新，因为创新是企业的生命。正如熊彼特的观点：“创新主要是指建立一种新的生产函数”，为企业的创新提出理论指导，从生产要素和生产条件的“一种新组合”的角度，即“引进新产品；开辟新市场；引进新技术、采用新的生产方法；引用新的原材料、控制原材料的新的供应来源；实现企业本身的新组合”，寻求创新的途径与方法，具体分析如下。

（1）企业技术创新

企业技术创新特指与企业生产技术、工艺发展相关的创新活动，是企业整体创新的一个重要构成，它制约着企业制度创新、企业金融创新等活动。在当今世界新技术革命浪潮推动下，在剧烈的市场竞争中，企业技术创新关乎企业的生存与发展，必须对企业技术创新的内涵和运作模式做出分析。企业的技术创新固然离不开设备更新和工艺流程创新，但是就市场经济中的技术进步来看，企业的一切技术创新都是围绕产品的不断升级换代而展开的。因而，产品创新是企业创新活动的核心。

（2）企业生产组织形式的创新

根据产业经济理论，现代企业生产组织正面临两大挑战：其一，大批量生产与市场多样性、多变性的矛盾。进入买方市场，顾客多样化、个性化成为消费主导，原有的大批量生产方式不适应；其二，产品设计与生产相互割裂，难以适应消费需求快速变动。过去，新产品是设计部门设计，工艺部门进行工艺制作，生产技术部门进行工艺设备检测和技术准备，采购部门采购，之后才投产，延长了产品上市时间。为了使企业组织体制适应技术创新需要，必须实现新的技术组织创新。

（3）市场营销方式的创新

进入买方市场，我们应当考虑：①对市场的预测要定性与定量分析相结合；②警惕他人新产品的竞争；③对于高科技企业，要避免经营规模过大，因为高科技产品生命周期短，不可做太大投入，较小的工厂、较小的批量、较小的库存是高科技企业的生存之道；④打破企业边界，将顾客纳入企业创新，尤其是重视领导型、专家型顾客的意见，善于从顾客的建议中吸收灵感；⑤培育消费者的新消费知识；⑥遵循梯度技术进步的原则，如精密机床生产商的产品应先在发达国家销售，然后再推广到新兴工业化国家，最后再向较为落后的国家推销。

（4）管理创新

管理创新与管理现代化是适应企业技术创新的要求，具体表现在以下几个方面：①管理思想现代化，树立市场观念、服务观念、竞争观念；②管理组织合理化，建立完善管理体制和管理机构，正确配备人员，建立以责任制为核心的、科学的、严格的规章制度，不断提高工作效率和生产效率，并且随环境变化而进行调节；③管理手段电子化，把计算机信息管理系统广泛地用于管理领域，及时、准确地对生产经营活动进行最优控制；④管理人员知识化，要求管理人员成为具有现代管理知识、经验丰富、头脑敏捷、视野开阔的外销型人才。

（5）品牌创新

品牌创新是企业技术创新能力的综合反映。品牌是产品的标识、商家的招牌，一经确定就具备一定的稳定性。品牌是企业技术创新的集中体现。名牌出市场、出效益、出财富，因而名牌是一种无形资产，其附加价值远远大于自身的价值。品牌的直观印象是产品名称、商标，其背后是产品的质量、功能、价格和售前售后的服务，决定性因素则是企业生产经营管理水平。品牌代表了厂家，代表了实力，反映了企业的水平和信誉。

10.1.4 企业再创业的特征

企业再创业的目标就是要建立一种新的企业，这种新型的企业与传统企业相比，应该具有以下特征。

（1）新企业的目标

新企业的经营目标由利润最大化转向价值最大化，这是新企业经营理念的重大转变。新企业不再仅仅只将注意力集中在企业利润极大化的目标上，而是通过为顾客创造价值的同时实现自身的价值。

（2）新企业的理念

现代科技的发展日新月异，产品技术变化的速度日益加快，顾客需求日益多样化，全球经济向一体化发展，市场竞争日趋激烈，所有这些正引导经济进入一个新的时代，这个时代市场飞速变化，新产品迅速更新换代，企业组织结构与管理都必须跟上发展的步伐。为适应这一形势，新企业的理念是“快速应变、永远领先”，塑造快速应变的核心能力。

（3）新企业的追求

新企业的追求就是成为一个真正的全球企业。经济全球一体化既给企业带来了机遇和挑战，又给企业带来了残酷的竞争和严格的要求。企业如果将自己的视野只限于某一地区或某一国家的市场，就等于自束手脚，拱手将市场让给竞争对手。新企业的生存意识应站在全球竞争的高度，在全球范围内进行资源的最优配置，实施全球化的竞争战略。

（4）新企业的本质

新企业的本质表现为两个方面：一方面，高速度企业；另一方面，知识型企业。在当今激烈动荡的市场环境中，企业竞争呈现动态化特征，竞争结果取决于对市场趋势的预测和对变化中的顾客需求的快速反应。企业战略的核心在于其行为反应能力，在于企业的高速度。在新经济条件下，许多传统经济的法则已不再适用。速度经济的本质是速度已取代规模，成为企业获得长期竞争优势的制胜之道。因此，与新经济环境相适应的新企业必然是一个高速度公司。所谓新企业的高速度，包括四个方面的内容：对市场需求变化的快速应变，对技术进步的快速创新，对知识创造的有效管理以及对新问题可以快速决策。知识型企业是新企业的本质之一，具体表现在：企业的员工是高学历高知识的知识型员工；决定生产要素配置的是知识；企业生产的产品与服务本质上是在创造新的知识；知识创造可以导致公司价值倍增。

10.1.5 企业再创业与个体创业活动的比较

公司创业与个体创业活动同属创业活动，因此具有一些共同的特征，如机会导向、创造性地整合资源、价值创造、超前行动、创新和变革等，但公司创业和个人创业活动由于最初的资源禀赋、组织形态、战略目标等背景和条件不同，在创业的风险承担、成果收获、创业环境、创业成长等方面存在较为明显的差异。

1. 初始条件

个体创业者在创业初期不得不从市场上寻求创业企业所需要的资源。个体创业的资金来源主要是创业者个人、创业伙伴、家庭及亲戚朋友的个人财产，创业资金往往成为制约个体创业取得成功的瓶颈。而公司创业者通常从组织内部寻求资源，这些资源目前往往未能得以利用或未能有效利用。只要内部创业活动获得了掌握资源分配权力的组织内高层管理者的支持，母体公司就可以为其提供制造设备、供货商网络、技术资源、各类人才、营销网络以及企业品牌等资源。创业者不必费时向外界筹措创业资金，使得公司创业在本质上具有先天优势。

2．报酬与风险

个体创业者拥有并控制自己的企业，所有权与控制权是合一的，从理论上讲，他们的潜在收益是无限的，实现的形式包括薪水、分红、许可费、资本收益等，当然，与这种无限收益相对应，他们也承担着财务、职业和个人生活等方面的诸多风险，一旦创业失败，创业者往往面临个人生活的重大挫折。而在公司创业中，作为组织成员，内部创业者通常具有企业的所有权，即使内部创业以独立单位的方式来运作，其获得的股权激励也是有限的。在公司创业中，大部分风险由公司承担，创业者只需要承担与职业发展相关的风险。尤其是当公司创业活动遇到暂时的阻力，甚至失败时，组织可以依靠丰富的资源储备而表现出相当高的容忍度，而不像个体创业者那样非常关注短期结果。

3．独立性

个体创业者具有较高的独立性，因为他们具有企业的所有权，是“自己的老板”，因此呈现更大的灵活性，可以根据内外部环境的变化迅速做出决策。创业者对创业活动具有直接的影响力和控制力，初创企业的经营活动基本上反映了创业者的个人意志。在独立性方面，公司内创业者较弱，因为现有企业已经建立了较为复杂的行政和控制系统，这些系统意味着创业活动会受到一些原则、政策、程序的约束。为了获得必需的资源，企业内创业者不得不与其他组织成员进行沟通，建立互相依赖和互相信任的关系，甚至要努力克服层级组织结构对创业行为本质上存在的阻力。

10.1.6 企业再创业的类型

造成企业不能持续发展、面临严峻生存危机的因素是多种多样的，在不同的情况下，企业应该采取不同的再创业行为。我们可以将企业的再创业行为划分为三种类型：比较优势衰退下的企业再创业、技术衰退下的企业再创业和需求衰退下的企业再创业。

1．比较优势衰退下的企业再创业——价值链全球分布

计算机技术、通信技术的快速发展将人类社会带入信息时代，全球经济出现了。万联网将全球虚拟连接，融入和拓展了开放和互利的观念，各国间经贸联系和相互交流频繁，全球经济一体化格局日益明显。在这种情况下，各国所拥有的比较优势带来的竞争优势业已不再明显，这就要求企业必须有国际化经营战略，学会“无国界经营”。

价值链的各个环节所要求的生产要素相差很大。价值链的下游呈现“劳动密集”倾向；而价值链的上游则呈现“资金或知识密集”的倾向。由于各国生产要素拥有程度不同，各种要素的价格也不同，这就给价值链的全球布局提供了可能性。图 10-1 展示了一个价值链全球布局的典型企业。

图 10-1 将一个典型企业的价值链分为信息采集和分类、研究和开发、适量生产、生

产试销、引进-批量生产、装配和市场开发七个环节。如果将全球区域或国家资源优势简化为资金和劳动力两个参考量，图中的前三个环节相对来说是资金密集型的，后两个环节是劳动密集型的，中间的两个环节处于资金密集型和劳动密集型之间。同时，发达国家（DC）相对来说资金较为密集，而发展中国家（LDC）劳动力较为密集，新兴工业国家（NIC）处于两者之间。此时，企业可以考虑将其价值链进行全球布局，在发达国家进行信息采集和分类、研究和开发及适量生产；在发展中国家进行装配和市场开发；在新兴工业国家进行价值链的中间两个环节。

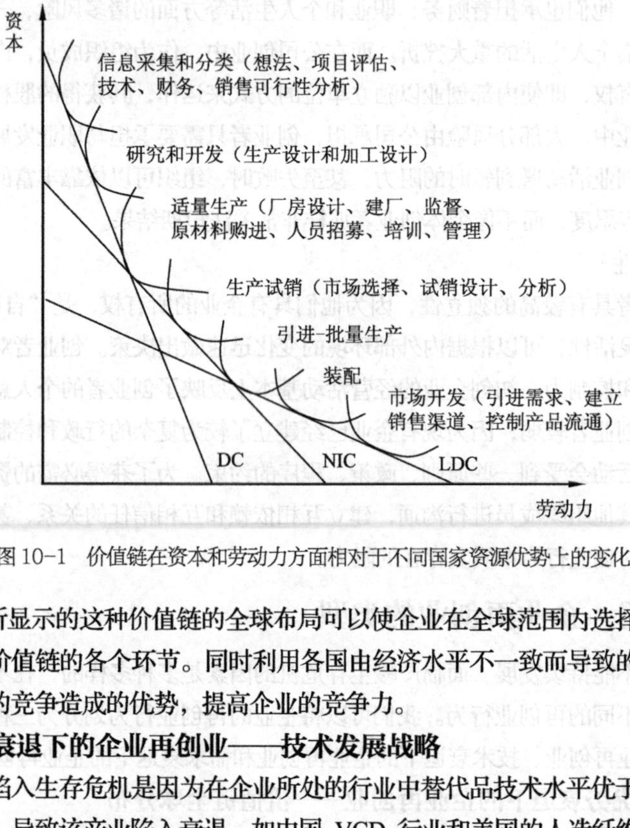

图 10-1　价值链在资本和劳动力方面相对于不同国家资源优势上的变化

图 10-1 所显示的这种价值链的全球布局可以使企业在全球范围内选择最有竞争力的国家完成企业价值链的各个环节。同时利用各国由经济水平不一致而导致的产业生命周期不一致对企业的竞争造成的优势，提高企业的竞争力。

2．技术衰退下的企业再创业——技术发展战略

有些企业陷入生存危机是因为在企业所处的行业中替代品技术水平优于衰退产业中企业的技术水平，导致该产业陷入衰退，如中国 VCD 行业和美国的人造纤维行业就是典型的技术型衰退产业，前者受到替代品 DVD 的挑战而陷入衰退，后者受到尼龙和钢材的挑战而陷入衰退。对于技术型衰退产业，企业可以考虑实施技术发展战略。技术发展战略可以使衰退产业中的企业在一段时间内抵消替代品的威胁，使产业的生命周期出现一个小小的跳跃（见图 10-2），延缓其衰退过程。但这一战略实施成功主要还是取决于替代品的技术发展速度和消费者对替代技术的看法，因此实施该战略有很大的风险性。

3．需求衰退下的企业再创业——产业转移与价值创新

当企业所面临的危机是由市场需求的萎缩造成时，企业或者实施转移战略，撤离该产业，或者反思其战略制定的范式，依托系统性思考找到全新战略，如价值创新战略，才有

可能走出衰退的沼泽。

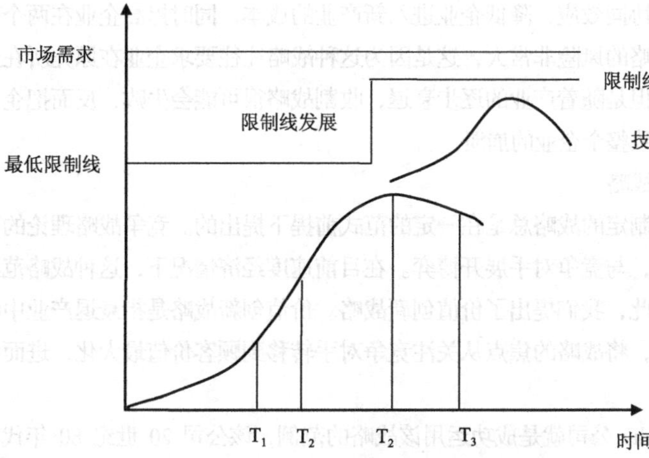

图 10-2　技术发展战略对产业生命周期的影响

（1）产业转移战略

产业转移战略是指企业依托其对产业整体发展规律的把握，选择适当的时机，退出衰退产业，进入全新产业的战略。产业转移战略可以逐步进行，也可以一次到位（完全转移）。据此可以将产业转移战略分为完全转移战略和逐步转移战略。

产业完全转移战略是指企业依托自己在长期的市场竞争中培育的核心能力，彻底离开原来的衰退产业，进入一个全新的产业。图 10-3 对衰退产业中的企业如何依托核心能力参与新产业的竞争进行了归纳。图中将企业所从事的产业分为两个部分，竖直虚线的左边是企业在衰退产业中以核心能力为支撑设计的核心产品，在核心产品的基础上演化出许多最终产品；右边所在产业进入衰退时，企业可以购买其他厂商的核心产品或参与研发核心产品，形成新的最终产品，而这种新产品所在的产业是不同于企业原来所处衰退产业的新兴产业。依托核心能力实行完全转移的主要优点是可以降低竞争性投入费用、技术开发费用，提高初始进入时的竞争力，同时可以降低退出成本。

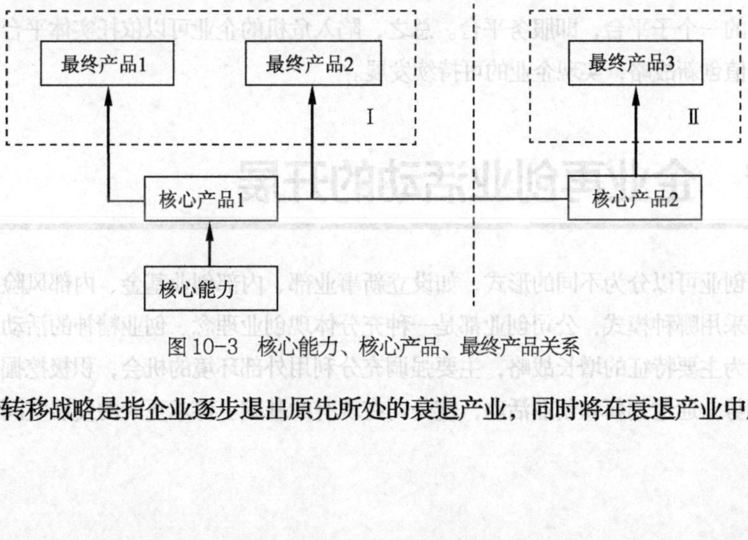

图 10-3　核心能力、核心产品、最终产品关系

逐步转移战略是指企业逐步退出原先所处的衰退产业，同时将在衰退产业中所得现金

流投入新兴产业的一种战略。其主要优点是企业可以在原先所处的衰退产业与新兴产业之间实现范围经济和协同效应，降低企业进入新产业的成本，同时提高企业在两个产业中的收益。但是这种战略的风险非常大，这是因为这种战略往往要求企业在原先所在衰退产业中实施收割战略，但是随着产业的逐步衰退，收割战略很可能会失败，反而把企业拖进现金流陷阱，进而导致整个企业的崩溃。

（2）价值创新战略

企业的管理者制定的战略总是在一定的范式前提下提出的。竞争战略理论的范式前提就是关注竞争对手，与竞争对手展开博弈。在目前速度经济情况下，这种战略范式已不能适应时代要求。据此，我们提出了价值创新战略。价值创新战略是指衰退产业中的企业改变传统的战略逻辑，将战略的焦点从关注竞争对手转移到顾客价值最大化，进而实现企业的高速增长。

比利时 Kinepolis 公司就是成功运用该战略的范例，该公司 20 世纪 80 年代在比利时经营电影放映，当时电影放映行业陷入严重的衰退、纷纷倒闭时，余下的企业为了争夺市场展开激烈竞争，而且大多采取了类似的竞争策略。比如，拓宽片源吸引不同的顾客群体，扩展食品和饮料服务项目等。Kinepolis 公司却独树一帜，运用价值创新战略来经营公司。其注意到顾客最关注的是停车费用，屏幕、音响和座位，以及电影的质量。为此，Kinepolis 公司采用各种方式，如提供免费停车服务、在城郊建特大型影院等，提高消费者享受的价值，最终使企业实现了利润和收入的高增长，而且使比利时的电影放映业摆脱了衰退。

既然价值创新战略对陷入危机的企业实现高速增长非常有帮助，那么企业应该如何实施价值创新战略呢？企业可以从价值创新的实体平台和虚拟平台方面同时进行或单独进行。实体平台包括三个子平台，即产品、服务与发送平台。一般来说，产品平台就是有形的产品；服务平台包括维修、售后服务、质量保证书以及对零售商和分销商的培训等；发送平台包括后勤供应和向顾客输送产品的渠道建设等。在这三个平台之间还存在信息交流，信息交流包括信息聚合、组织、选择、综合和发布，这些功能的创新对顾客价值的提高也非常有帮助，这种平台可以称之为虚拟平台。Kinepolis 公司的价值创新主要集中于实体平台中的一个子平台，即服务平台。总之，陷入危机的企业可以依托实体平台和虚拟平台进行价值创新战略，实现企业的可持续发展。

10.2　企业再创业活动的开展

公司创业可以分为不同的形式，如设立新事业部、内部创业基金、内部风险投资机构等。不管采用哪种模式，公司创业都是一种充分体现创业理念、创业精神的活动，以公司内部发展为主要特征的增长战略，主要强调充分利用外部环境的机会，积极挖掘公司内部的资源优势，通过创新和创业活动，使公司在现有的基础上谋求更大的发展空间。可以对公司创业活动进行如下描述：积极引入新产品和新技术，寻求市场创新和生产制造环节的创新；在竞争中主动出击，倾向于做领先者而不是跟随者；敢于承担风险。简而言之，即创新、超前行动和风险承担，图 10-4 描述了企业再创业活动的步骤。

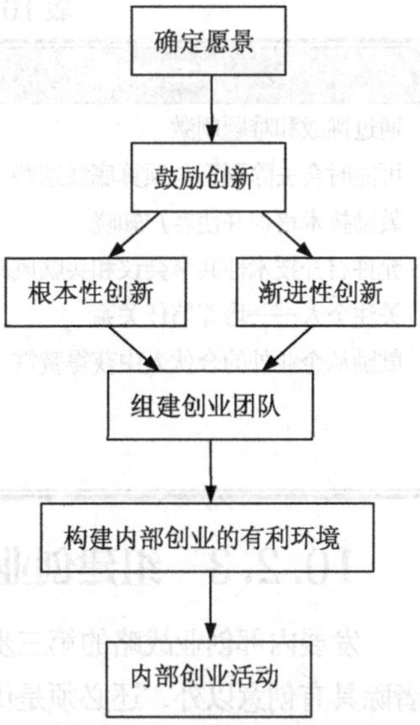

图 10-4　企业再创业活动的步骤

10.2.1　确定愿景

公司规划内部创业战略的第一个步骤就是共享公司领导人希望达到的创新愿景。由于公司创业活动来自组织内部人员的创造性才能，员工必须知道和了解这个愿景。所以，共享愿景的重要性就成为追求更高成就的战略关键要素。发展共享愿景要求公司创业战略各个目标之间以及实现这些目标所需的项目之间保持一致。许多大型组织有明确的愿景。高层管理者应当对公司创业的愿景进行概念化，并向组织内的员工传达，使内部创业者从事创新活动时有一个遵循的方向，并能与公司的战略相结合。愿景来自于组织的顶层，而创业行为则来自整个组织。推动公司创业的企业首先在政策上要能够支持与鼓励创新行为，并向员工明确传达下述政策："只要符合企业的发展策略，有助于实现企业的远景目标，由员工主动发起的创新活动将被容许，并且可获得资源上的支持。"

10.2.2　鼓励创新

对于追求建立内部创业战略的公司而言，下一个步骤是鼓励员工创新，发掘企业内部具有创业潜力的人才，并加以鼓励支持。企业内创业者追求的不只是金钱的报酬，还包括成就感、地位、实现理想的机会、拥有自主性以及自由使用资源的权力。一般内部创业者大多具有远见，是行动导向的人，有献身精神，能为追求成功而不计眼前的代价，但创业行为也不能只凭一腔热诚，创业者必须要有创意，并能提出具体的可行方案。一般来说，存在两类创新：根本性创新（也可称突破性创新）和渐进性创新。这两类创新都需要愿景和支持，为了有效开发，需要不同类型的支持。

根本性创新（Radical Innovation）代表的是前所未有的突破（如个人计算机、报事贴、一次性尿布、隔夜快递）。这些创新采用的经验与制定的愿景并非完全可控，但必须被意识到并加以培育。相反，渐进性创新（Incremental Innovation）指的是，产品或服务进入更新、更广阔市场的系统演进，这类例子包括：微波爆米花、将爆米花用为包装材料（替代塑料泡沫）以及冻酸奶。很多时候，渐进性创新会接着根本性创新引入一项突破后出现，诸如营销、速效之类的公司传统职能领域及其正式系统，都有助于实现渐进性创新。根本性创新和渐进性创新的特征见表 10-1。

表 10-1 根本性创新和渐进性创新的特征

根本性创新	渐进性创新
通过挑战和难题刺激	对出现的机会给予灵活基金
可能时会去除预算与顶算底线这些约束	用自由与资本奖励新项目和利益
鼓励技术培训并使客户知晓	设置系统目标与预算底线
允许召开技术性共享会议和头脑风暴会议	通过竞争压力进行刺激
关注个人——培养信任关系	鼓励技术培训并使客户知晓
鼓励从企业外的合伙人中获得赞赏	每周召开包括关键管理人员与营销人员参与的会议
	委托以更多责任
	对完成目标以及符合预算底线要求设置明确的财务奖励

10.2.3 组建创业团队

发展内部创业战略的第三步，关注的是创业团队，并寻求组织内的保护人。内部创业者除具有创意以外，还必须是优秀的领导人，能够在组织内部吸引所需要的专业人才，共同组成创业团队，同时新事业在开创过程中，还需要一位具有影响力的高层支持者作为保护人，协助获得所需资源，并排除创业过程中的企业内部阻力，使创业团队能够安然度过艰辛的创业初始期。赋予创业团队行动自由，但同时要求其承担创造价值的责任。企业对于内部创业团队的创新与创业活动，应给予很大程度的行动与决策自主，在一定额度范围内，创业团队可拥有自由支配资源的权力，但同时也要向其提出创造价值和利润的要求，以增强创业的责任感。

10.2.4 构建有利于内部创业的环境

研究者发现，企业如果希望促进内部创业，除了确立公司创业方式和培养内部创业者之外，还需要构建有助于具有创新意识的人员发挥其全部潜能的环境。高层管理者重视对这种创新环境的形成是十分重要的，这不仅影响创业者潜力的发挥，而且对创业项目成功将产生重大影响。

内部创业环境的构建主要包括四方面的内容：①管理层的支持，即管理层对公司创业活动支持的程度，管理者应当让员工相信，创新是组织中所有成员职责的重要组成部分。反映管理层支持的表现有：员工想法迅速被采用、赏识提出想法的人员、对小的试验项目予以支持、提供项目启动的种子资金等。②员工的工作自主权，即员工是否具有决定如何完成自己工作的决定权，企业应当允许员工做出关于工作进展的决定，并避免对员工在创新时的错误进行批评。③采用红利分配与内部资本的双重奖励制度，来激励内部创业行为。一般员工对企业奖惩的认知是，冒险创新成功的报酬太低，而失败时的惩罚太重，因此宁愿保守应对。激励制度对于企业创新活动有至关重要的影响，所以重视公司创业的企业大多能够容忍创新时犯错，对于创业成功的奖励，除给予升迁外，还设计分享成果红利，以及给予可供自由支配的内部资本作为额外奖赏。④给予充裕的时间。新的创新想法需要个人有一定的时间来形成，企业必须合理分配员工的工作负担，避免在员工工作上给予较多的时间约束。同样，管理层对一个创业项目同样要承诺有足够长的时间以等待结果，鼓励多次试验和风险承担，这样，新项目会有更多的成功机会。

10.2.5 完成创业活动

这一阶段是创业项目的实际运作阶段，类似于创业者创办了自己的创业企业。公司创业需要对产业环境进行分析，制定进入策略和一系列经营决策，通过实现价值创造以完成对机会的开发。在这一过程中，公司创业项目需要"借用"公司内部的资源——这些资源也许是分配给公司内的其他用途，或者利用外部资源，如从外部招聘员工、引进技术等。

如果公司创业项目没有成功，可能会遭到分解，其资源由公司重新吸收。如果创业项目取得成功，那么公司可能会追加投资，其在正式的组织结构中的地位得以确立，在某些情况下，公司创业项目还有可能从企业中分立，成为一家完全独立的公司，通过公开上市和转让股权，实现资本的增值。

10.3 企业再创业的障碍及管理策略

大企业在开发和利用内部创业机会方面具有某些优势，如可以直接利用现有企业的资源，内部创业者的个人风险较小等。然而，公司创业要想成功实施，也存在一些障碍，最主要的障碍就是企业的官僚体系以及传统的管理模式。

10.3.1 传统管理模式对企业再创业的阻碍

由于社会环境的变化，顾客群体越来越难以区分，同时，政府也不断地增加管制和法律标准（如表 10-2 所示）。随着外部环境的极端改变，企业在更大的压力下进行生产，将面临一系列问题：资源专业化、细分的市场、资源和产品过时的风险以及缺乏长期的总体控制等。对企业而言，过去的经验已微不足道，创新和风险承担却变得举足轻重。为应对这些新的严峻挑战，企业往往会采取以下一系列行动：裁员、聚焦核心业务、再造、分权、外包、重组等。

表 10-2 环境的复杂性及其对管理的挑战

环　境	描　述	环　境	描　述
技术环境	加速/过时	经济环境	不可预测的
竞争环境	增加的，危险的	市场环境	苛刻的，细分的
资源环境	稀缺的，不可知的	顾客环境	多样性的，挑战性的
管制环境	增加的，强烈的	全球环境	上升的，成熟的

但是，哪里才是"游戏的终点"呢?在层出不穷的理论、概念和新方法中，什么才是

企业真正的需求呢?答案就是，持续保持竞争优势。然而，随着规则的改变，竞争优势已经不能简单地表现在较低的价格、较高的质量或更好的服务上；相反，它应当体现在以下方面：适应性、弹性、速度、进取精神、创造性，这些方面可以归结为一个词——创业。公司创业成为竞争优势的重要源泉。企业持续竞争优势的获得在于找到能让其重新拥有创业精神与能力的方法。除了应对复杂多变的外部环境，认识到传统企业管理方法的缺陷和避免具有创新思维的员工因不再留恋官僚机构而出走，也是企业积极从事内部创业活动的主要原因。

创业管理能力是企业成功的至关重要因素。成长需要迎接改变，而对改变的管理是管理者最不熟悉的技巧。因为它常常包括平衡稳定动态因素的技巧，尤其是，当企业越来越成熟时，组织就越来越教条化和官僚化。组织越官僚化，就越不倾向于以创业的方式采取行动。官僚化的组织惯性和创业精神与活动是难以和平共处、相容共生的。不仅如此，基于公司创业活动与传统经营管理活动的明显差异，传统的管理实践对公司创业具有一定的反作用，如表10-3所示。

表10-3 传统的管理实践对企业再创业的反作用

传统的管理实践	对企业再创业的反作用
执行标准程序以避免错误	创新的解决方案受到阻碍，浪费资金
根据效率和投资回报率来管理资源	失去竞争优势，市场渗透低
根据计划进行控制	忽视了应当替代假设的事实
长期计划	目标不可变更，失败成本高
从功能上管理	创业者失败和/或创业活动失败
避免使基本业务承担风险的活动	机会丧失
不惜代价保护基本业务	当基本业务受到威胁时放弃创业
根据以前的经验判断新的步骤	对竞争和市场做出错误的决策
统一的薪酬	激励性低，操作效率低
提拔能与别人相互协调的个人	失去了创新者

公司创业活动与传统经营管理活动的差异主要表现在以下几个方面。

1．“计划-执行”与探寻机会

传统管理强调“计划-执行”逻辑，而创业活动则注重探寻机会。计划是管理的首要职能，传统的经营管理活动实际上是计划的制订和执行过程的总和。经营管理活动的质量和水平，一是体现在预测和计划制订水平上，二是体现在执行力上。传统经营管理活动的本质是效率，是把事情做对。但对于创业活动的主体——创业者来说，一般不可能事先制订周密的计划，而往往是“摸着石头过河”，在不断的试错过程中找到适合企业发展的路子，找到成功的模式。在对效率与效果的追求中，创业者更关注如何做正确的事情。

2．技术、资源占有与资源整合

传统管理强调技术和资源，创业活动关注能够撬动资源并整合资源的杠杆。传统的经营管理活动，主要从所有权控制出发，强调所有活动必须以自身对技术和资源拥有为前提。而创业管理活动则是"不求所有，但求所用"，强调对技术和资源的整合能力。创业活动要求创业者把握撬动资源的杠杆，比如社会资本、商业创意、信息资源、团队和组织网络等。借助这些杠杆，创业者可以将资源劣势转化为创业优势，利用并非自己所有的资源创造价值。在创造价值的形式中，既有实物的产品，也有非实物的服务；既有流程的创新，也有商业模式的创造。创业活动相比于一般的经营管理活动对社会具有更大的贡献，对经济发展的促进作用更显著。

3. 稳定性与快速行动

传统管理强调稳定性和秩序，而创业活动则关注速度和行动。一般的经营管理活动适合在稳定、未来可预见的环境下，组织企业的生产运行和市场营销活动，其最大特点是按部就班和持续不断，因此，在一般经营活动中，更强调组织层次、自上而下的统一指挥系统。而创业活动，不管是创造新事业的活动，还是对现有资源的重新"组合"行为，均是对旧有事物的"否定"或"破坏"，需要快速行动和准确把握机会的能力。

传统管理强调流程和过程的改进，而创业管理关注成果和细节。大企业管理是传统管理方式的典型，在组织规模日益膨胀、业务不断扩大、机构逐渐臃肿的情况下，单纯依靠企业家个人能力已无力控制企业的发展，这时需要规范的管理流程，注重分工合作，以保证产品和服务质量。而发生在小的、新事业单位内的创业活动还未形成规则和约束，具有更强的探索性，需要分阶段、分步骤实施，减少失误和风险，保证发挥有限资源最大的效果和能力，以获得创业成功。

与此同时，为了在新旧业务的此消彼长中寻求一种平衡，公司创业难免需要面对和处理企业探索能力和开发能力的管理悖论。在动态复杂的环境下，成功的组织体现了既能够有效地运作当前的事业，又能够主动地适应明天要求的特征。詹姆斯·马奇（James March）1991 年使用开发（Exploitation）与探索（Exploration）来描述这样的组织能力。开发能力包括从事效率、复制、选择和实施等的活动。通过开发能力，组织将其已有的知识复制应用于已有领域的经营活动，通过对已有知识的提炼和传统惯例的承袭来营造组织的可靠性和稳定性。探索能力是指从事变异、试验、柔性、冒险和创新等活动的能力。因此，探索能力涉及搜索新的组织实践以及发现新技术、新事业、新流程和新的生产方式等的活动。正如马奇所指出的那样，开发能力与探索能力就是影响组织绩效的两个重要但又差异很大的基本构成要素。

开发能力能够拓宽组织已有的知识和技能，改善已有设计，并提高已有产品和服务的性能以及已有销售渠道的效率等。因此，开发能力是建立在已有知识和加强已有技能、流程和结构的基础上的，而探索能力则用于满足新出现的顾客与市场需求，能为组织提供新的设计，开拓新的市场和发展新的销售渠道等。相应地，探索能力能够帮助组织发现新的组织实践以及新的技术、事业、流程和产品等。因此，探索能力是建立在新的知识与技能、流程和结构的基础上的。两类能力在目标、结果、知识基础、来源和绩效影响方面存在比较显著的差异，具体情况如表 10-4 所示。

表 10-4 探索能力与开发能力的差异比较

比较项目	探索能力	开发能力
目　标	为了满足正在出现的顾客或市场需求	为了满足已有的顾客或市场
结　果	新的设计、新的市场、新的营销渠道等出现	已有的设计、目前的市场、已有的营销渠道和技能等的改善
知识基础	需要新的知识或是从已有知识中升华得到新的知识	扩展已有的知识与技能
来　源	搜索、变异、柔性、试验、冒险	提炼、复制、效率、实施
绩效影响	长期绩效	短期绩效

以上两类能力并不能够自然而然地在组织内获得平衡，因此组织需要在探索能力与开发能力之间进行不断的取舍（Trade-off），也就始终面临如何在探索能力与开发能力之间配置资源的两难选择。这样的两难选择导致了组织发展中的悖论（Paradox）。这样的悖论在每一个组织身上都会得到体现，组织正是在处理各种悖论的过程中积累经验、发现机会、整合资源，最终发展自我的。公司创业管理在某种意义上也是对这一悖论的管理。现有企业作为已建的组织，在一个相对稳定、静态的环境中，通过惯例、程序和已有竞争力等获得竞争优势，去年发生的事也极有可能在今年或明年发生，如果有变化也较小，但在今天的市场上，信息和知识快速变化，环境瞬息万变，经济全球化等新的竞争背景日益凸显，由组织悖论带来的管理挑战也越来越明显。

10.3.2　促进企业再创业的管理策略

针对传统管理方式给公司创业活动带来的一些反作用，管理层应当采取一些策略以促进公司创业活动的开展。

1. 提高对各种机会的感知能力

创业行为是寻找机会的行为。创业战略表达了寻找和开发还未被使用的机会的要求——这些机会来自组织内部和外部的各种不确定领域。如果每个员工都被认为是一个潜在的创业者，那么发现机会的能力就相当大了。员工没能看到机会，是因为在他们的周围一方面有很多限制，另一方面也有很多危机。但颇具讽刺意味的是，企业寻找机会的行动会使员工对各种机会更为敏感。

2. 使变革成为一种制度

变革是件好事，它能使人们变得更充实，并增加经验和提高洞察力。变革能为员工带来新的机会。企业有时会使用各种战略来维持现状，在某些情况下这并非出于人们的本意。在创业型企业中，应当把战略看成进行变革的工具。事实上，在新的竞争环境中，战略在企业环境和市场上都为变革指明了重点和方向。与接受现状截然相反的行动是不断挑战一项业务的各个方面，寻找更好的处理方法、不同的流程以及可以被淘汰的事务。

3. 逐步向员工灌输希望他们有所创新的想法

创业在企业中的表现形式多种多样，只有当管理层明确了企业希望采取的创业形式以及希望在企业的哪些部门进行这些创新后，鼓励各种创新活动的战略才会有效。创新组合强调了追求创新的需要、各种创新活动的风险程度、连续或不连续的创新、以产品为导向和以流程为导向以及拥有各种不同的市场潜力。创新组合的观点表明创新可以来自企业的方方面面，并不是每个员工都必须发动或倡导创新活动，但每个员工都应在某个时候在一项或多项创新任务中发挥作用。如 3M 公司要求各级经理必须在本职工作以外花一定的时间进行创新，该公司希望那些并未将自己看成创新者的员工也进行创新。创新的欲望来自参与感、当家作主的感觉以及对创新项目的责任感。

4．致力于员工想法的投资

各种想法加之员工对企业的承诺，是一个企业最大的财富，但令人遗憾的是，企业往往会像对待射击场的靶子那样处理各种想法，使出了各种最激进的手段来击落这些靶子，或通过意见箱来决定是否支持某个想法。培养员工产生各种想法，需要管理层不断耕耘这片土地，对各种情报收集活动进行投资是很有必要的，当然还需要有支持信息储存、报告和共享的基础设施。这些必须通过企业的各种规章所尊崇的价值观得以加强，企业应举办各种论坛来传播其想法，积累用于购买各种想法的资本。各级管理者必须在聆听、考虑生产力上的可能性，认可、培养、资助和购买了员工的想法后再定义工作。组织中最宝贵的几个字应当是“要是……怎么办”，如果采取了这样的方式，企业的内部环境将成为一个想法市场，战略管理也就变成了促进市场有效工作的一组活动。

5．与员工共同承担风险和对其给予奖励

创业与风险和奖励密不可分，它们之间有着非线性的直接关系，这是创业行为和投资者行为的一个基本规则。如果在企业内发展创业战略时忽视了风险与奖励的关系，那么也就失去了创业的所有意义。作为创业行为的功能之一，它必须使员工具有成为千万富翁的潜力。事实上，奖励的力度是次要的考虑因素，但可持续的创业需要员工经历一些风险并获得一定的奖励。它的意义在于如果项目失败或表现不佳，个人和团队将失去相关的薪水、奖金、自由、研究上的支持和其他资源；当项目很成功时，他们也就能得到这一切。

6．认识到失败的重要性

失败是体验、学习和进步的标志。负责人如何处理在创业过程中遭受的各种阶段性、局部性的失败，会影响整个项目的成败。创业就是进行试验，尝试某种事物，如果不成功，再换一种事物进行尝试。重要的是，试验者要从不忽视任何尝试，他们能从容地承受各种拒绝和失败，开明地接受新的方法或修改原来的方法。在达到成功之前，他们需要进行许多次尝试。

本章小结

本章首先从企业再创业的概念入手，分析了企业再创业的动因、本质及特征，在此基础上比较了企业再创业与个体创业活动的异同；然后探讨了企业再创业的具体步骤：确定愿景，鼓励创新，组建创业团队，构建有利于内部创业的环境，完成创业活动；最后系统研究了企业再创业的主要障碍以及应采取的管理策略。

思考题

1. 简述再创业的涵义及特征。
2. 试比较企业再创业与个体创业活动的异同。
3. 简述企业再创业活动的步骤。
4. 简述公司创业活动与传统经营管理活动的主要差异。
5. 企业再创业的会遇到哪些障碍？应该采取怎样的管理策略？

案例讨论

成熟企业追求新平台的教训

对于任何一家企业来说，增长都是至关重要的，因为每家企业都要靠利润的增长来为股东创造价值。但是也有大量的有力证据表明，一旦一家企业的核心业务成熟了，随着企业的成长，势必诞生对新的平台的追求，而随之而来的就是这种追求可能导致的巨大风险。每 10 家企业中，大约只有一家能够维持良好的增长势头，从而能在之后的很多年里一直以回馈股东们高于平均水平的回报率增长。但更常见的情况是，太多企业为了成长而付出的努力反而拖垮了整个企业。因此，大多数企业高管处在一个两头不讨好的位置：公平的市场竞争要求他们推动企业成长，但是没有告诉他们应该如何成长，而盲目追求进步的结果甚至比原地踏步更糟糕。

让我们来看看 AT&T 公司（美国电话电报公司）的案例吧。1984 年，在按照政府规定分拆了其本地电话业务之后，AT&T 公司转型为一家长途通信服务提供商。分割协议签订后，AT&T 公司便可以开始投资新的业务，因此，几乎整个管理层立即开始谋求增加收入的途径，以期从新的增长中获取更大的股东价值。

第一次的类似尝试起源于当时对计算机系统和电话网络集中化的普遍认知。AT&T 公司开始首次尝试建立自己的计算机部门，以求在这两大领域的交界点谋得一席之地，但这次尝试使 AT&T 公司承担了每年亏损 2 亿美元的后果。AT&T 公司在一项业务上反复攻坚，最终被证明无从下手，然而其不但没有吸取教训及时退场，反而在 1991 年决定投入更大的赌注：以 74 亿美元的价格收购 NCR 公司（安讯资讯），当时的世界第五大计算机制造商。而之后的事实证明，这笔钱不过是首付而已：AT&T 公司为了完成收购行动，又支付了 20 亿美元。1996 年，AT&T 公司最终放弃了这一增长愿景，以 34 亿美元的价格出售了 NCR 公司，仅收回了 1/3 的投资本金。

然而，公司的成长不能就此止步。即使遭遇了收购 NCR 公司的惨败，AT&T 公司仍在寻找更接近其核心技术的发展机会。在看到其名下分离的几家本地电话公司在无线电话服务方面取得了成功之后，AT&T 公司汲取经验，在 1994 年以 116 亿美元的价格购买了麦考蜂窝通信公司。该公司当时是美国最大的移动运营商，这一次 AT&T 公司砸下了 150 亿美元，建立了其自身的无线业务。但随之而来的是华尔街分析师的抱怨，他们不知道该如何为高速成长的无线业务和增长率低下的有线通信公司进行捆绑估值。AT&T 公司由此决定在 2000 年单独将无线业务包装上市。当时该项业务市值为 106 亿美元，仅为 AT&T 公司在这一轮冒险投资中所付出资金成本的 2/3。

尽管这次行动使 AT&T 公司回到了原点，但公司仍然不得不继续前行。于是在 1998 年，AT&T 公司又开始了一项新的战略行动，全面进军并改造本地电话业务，使之与宽带技术相结合。在这次行动中，AT&T 公司以 1120 亿美元的总价收购了 TCI 公司和 Media One 公司，AT&T 公司从此成为美国最大的有线电视运营商。然而接下来的悲剧来得比任何人预见的都要早，该计划的实施和相应的集成工作遇到了无法克服的技术困难。2000 年，AT&T 公司忍痛以 720 亿美元的价格将有线电视资产出售给了美国最大的有线系统公司康卡斯特（Comcast）。

在短短十年多的时间里，AT&T 公司浪费了大约 500 亿美元，同时付出了更为惨重的代价——股东价值受损，而造成这一后果的原因是公司想要通过成长来提升股东价值。

令人叹息的是，AT&T 公司并不是唯一的个案。在核心业务成熟之后去尝试创造新的增长平台，类似的企业案例可谓不胜枚举。它们的经历反映出了同样的问题：当核心业务趋向成熟，投资者就开始产生新的增长需求，企业高管们提出貌似合理的战略方案并付诸实施。尽管他们进行了大量的投入，却没能实现预期的增长率，于是失望的投资者纷纷抛售股票，高管被解雇，新的管理团队把一切恢复原样——延续原先赢利能力。

请结合上述案例思考以下问题：

（1）AT&T 公司实施再创业进行了多次尝试，都采用了哪些可行的方式？

（2）几次再创业实施过程中失误在哪里？违背了哪些重要原则？

（3）你认为可以有哪些改进和建议？

参考文献

［1］李家华，等. 创业基础（第2版）. 北京：清华大学出版社，2015.

［2］李乾文，等. 大学生“三创”案例策划与评选. 北京：经济科学出版社，2013.

［3］张远凤. 社会创业域管理. 武汉：武汉大学出版社，2012.

［4］国家级大学生创新创业训练计划专家工作组. 国家级大学生创新创业训练计划工作手册. 南京：东南大学出版社，2013.

［5］应秀芳. 创办我的企业. 杭州：浙江大学出版社，2011.

［6］郎宏文，等. 创业管理. 北京：科学出版社，2011.

［7］郎宏文，等. 企业管理学. 北京：科学出版社，2015.

［8］尹隆森. 组织结构与职位设计实务. 北京：人民邮电出版社，2004.

［9］邢以群，等. 组织结构设计：规范分工协作体系. 北京：机械工业出版社.

［10］李海峰，等. 管理学——原理与实务. 北京：人民邮电出版社，2014.

［11］大学生创新创业导论编写组. 大学生创新创业导论. 北京：高等教育出版社，2016.

［12］张玉利，等. 创业管理（第2版）. 北京：机械工业出版社，2011.

［13］亚历山大·奥斯特瓦德，伊夫·皮尼厄. 商业模式新生代. 北京：机械工业出版社，2011.

［14］鲁智. 跟马云学创业理念——马云给创业者的12条忠告. 北京：台海出版社，2012.

［15］陈炜煜. 创业学. 北京：中国物资出版社，2010.

［16］雷家骕，等. 创新创业管理学导论. 北京：清华大学出版社，2014.

［17］李家华. 创业基础. 北京：北京师范大学出版社，2013.

［18］共青团中央，等. 大学生KAB创业基础. 北京：高等教育出版社，2007.

［19］林嵩，等. 创业学：原理与实践. 北京：清华大学出版社，2008.

［20］葛建新，等. 创业学. 北京：清华大学出版社，2004.

［21］武春友，等. 创业管理. 北京：高等教育出版社，2008.

［22］杨安，等. 创业管理——成功创建新企业. 北京：清华大学出版社，2009.

［23］杨梅英，等. 创业管理概论. 北京：机械工业出版社，2008.

［24］林光. 创业学. 北京：清华大学出版社，2008.

［25］张光辉，等. 创业管理概论. 大连：东北财经大学出版社，2006.

［26］初明利，等. 创业学导论. 北京：经济科学出版社，2009.

［27］李时椿，等. 创新与创业管理. 南京：南京大学出版社，2006.

［28］杰弗里·蒂蒙斯，等. 创业学（第六版）. 北京：人民邮电出版社，2005.

[29] 伊坦·谢辛斯基，等．自由企业经济体的创业、创新与增长机制．上海：东方出版中心，2009.

[30] 迈克尔·波特．竞争战略．北京．华夏出版社，2003.

[31] 唐纳德 F.库拉特科，等．创业学：理论、流程与实践（第六版）．北京：清华大学出版社，2006.

[32] 唐纳德 F.库拉特科，等．新创企业管理：创业者的路线图．北京：机械工业出版社，2009.

[33]〔美〕《商业周刊》．向顶尖 CEO 学创新．北京：清华大学出版社，2009.

[34] 亚当斯·乔利．创新．海口：海南出版社，2003.

[35] 周伟林．企业选址智慧——地理·文化·经济纬度．南京：东南大学出版社，2008.

[36] 李大玲，等．企业创办实训教程．北京：经济科学出版社，2006.

[37] 北京岳成律师事务所．如何开办公司．北京：北京大学出版社，2010.

[38] 李彬．自主创业速查手册．北京：法律出版社，2007.

[39] 赵晓光．公司登记操作指南：《中华人民共和国公司登记管理条例》适用精解．北京：法律出版社，2006.

[40] 李正清，等．公司企业设立运营转让全程指南．北京：法律出版社，2006.

[41] 邱庆剑，等．到会计师事务所拿高薪：验资和企业登记一看就会．北京：电子工业出版社，2010.

[42] 布鲁斯 R.巴林杰．创业计划：从创意到执行方案．北京：机械工业出版社，2009.

[43] 朗达·艾布拉姆斯．成功的商业计划（第四版）．北京：中国人民大学出版社，2005.

[44] 吴家曦．中小企业创业经营法律风险与防范策略．北京：法律出版社，2008.

[45] 钟声．小老板开店创业必读——小生意的大智慧．北京：电脑报电子音像出版社，2010.

[46] 蒋云飞．赢在创业：草根创业者白手起家的黄金法则．北京：机械工业出版社，2009.

[47] 杨吉．伟大的 CEO 必读的 50 本书．南京：南京大学出版社，2009.

[48] 阿尼尔 K.古普塔，等．称雄全球之路．北京：机械工业出版社，2009.

[49] 梅强，等．创业案例集．北京：经济科学出版社，2009.

[50] 蔡践．第一桶金：福布斯 86 位富豪创业史．北京：中国长安出版社，2008.

[51] 李时椿，等．大学生创业与高等教育创业．北京：国防工业出版社，2004.

[52] 应成翠．自立门户：近看大学生创业．哈尔滨：哈尔滨大学出版社，2008.

[53] 梅雨霖，等．农民工创业指南．北京：农村读物出版社，2007.

[54] 于反，等．最杰出的商人：温州人创业启示．北京：经济管理出版社，2009.

[55] 南京大学商学院 MBA 教育中心．台州民营企业考察报告——鸟瞰、印象和感悟，2009.